高职高专经管类专业精品教材系列

企业财税基础与实务

（第三版）

李　莉　杨　进　主编
周　瑞　张　卉　副主编

清华大学出版社
北京

内 容 简 介

本书坚持"以就业为导向"的职业教育指导思想，以任务驱动方式构建学习内容。全书由3个项目组成，每个项目均以任务驱动方式，按照企业财税工作的内容和流程编排学习内容。每个项目下设若干学习任务，全书共10个任务。项目1主要介绍企业创建的相关知识及对会计的初步认知；项目2主要介绍会计核算的基本理论、方法、流程以及伴随企业生产经营活动所涉及的财税实务的具体应用；项目3主要介绍企业财务报表的解读与分析。在项目2部分，配有相应的会计核算资料（包括全真的原始凭证、记账凭证、会计账簿和财务报表等资料），体现教、学、做一体化的教学模式，强化对基本理论、方法的理解和操作应用，其他部分则配有相应的案例等，有助于学生对各部分知识的理解和掌握。

本书既可作为职业院校经管类非会计专业财税基础或会计基础等课程的教学用书，也可作为在职人员培训用书或自学财务、会计、税收等财税知识的读物。

图书在版编目(CIP)数据

企业财税基础与实务/李莉，杨进主编. —3版. —北京：清华大学出版社，2017(2024.1重印)
(高职高专经管类专业精品教材系列)
ISBN 978-7-302-47702-0

Ⅰ.①企… Ⅱ.①李… ②杨… Ⅲ.①企业管理－财务管理－高等职业教育－教材 ②企业管理－税收管理－高等职业教育－教材 Ⅳ.①F275 ②F810.423

中国版本图书馆CIP数据核字(2017)第157994号

责任编辑：左卫霞
封面设计：傅瑞学
责任校对：赵琳爽
责任印制：刘海龙

出版发行：清华大学出版社
网　　址：https://www.tup.com.cn, https://www.wqxuetang.com
地　　址：北京清华大学学研大厦A座　　**邮　　编**：100084
社 总 机：010-83470000　　**邮　　购**：010-62786544
投稿与读者服务：010-62776969，c-service@tup.tsinghua.edu.cn
质量反馈：010-62772015，zhiliang@tup.tsinghua.edu.cn
课件下载：https://www.tup.com.cn，010-62770175-4278
印 装 者：三河市君旺印务有限公司
经　　销：全国新华书店
开　　本：185mm×260mm　　**印　　张**：16　　**字　　数**：381千字
版　　次：2011年7月第1版　2017年9月第3版　　**印　　次**：2024年1月第7次印刷
定　　价：49.00元

产品编号：072704-02

第三版前言

FOREWORD

本书自出版以来，得到了社会各界的一致好评，被多家院校、培训机构及社会公众作为教材或读本，在此，我们对广大读者的厚爱表示最真诚的谢意。

近年来，国家在财税方面进行了一系列改革，出台了若干财税政策和文件，本书为给读者提供更好的服务，适时进行了更新、修订和完善。2016年“营改增”全面完成，本书在第二版的基础上，再次进行了大幅度的修订和完善。主要修改内容如下。

(1) 根据高职非会计专业人才培养目标的最新定位和要求，教材结构和内容做了较大调整，由原来的五个项目精炼为三个项目，教材所涉及内容均为非会计专业学生必备的财税基本知识和能力。

(2) 教材形式做了调整，增加了“学中做”等小栏目，增强学生动手能力的训练。

(3) 针对国家财税政策的最新变化对相关内容进行了及时调整，包括“营改增”相关业务的计算与核算。

(4) 精心设计了项目2的实训业务，替换了部分已陈旧的原始单据，进一步规范了账务处理中会计凭证和账簿的内容。

(5) 充实了每个学习项目课后实训的训练题量。

本次修订由李莉教授统筹，包括教材结构和内容的设计，项目1～项目3部分内容的重新编写；张卉老师参加了项目1任务3的重新编写；周瑞老师参加了项目2任务2、项目3的重新编写；余欣悦、孔广欣两位老师参加了项目1、项目2部分内容的重新编写以及项目实训的编写。四川工商职业技术学院财经系杨进副主任参与了本书结构、内容的设计和最后的审稿。

由于编者水平有限，书中不足之处恳请读者批评指正。

编　者

2017年6月

第二版前言

FOREWORD

本书自出版以来，得到了社会各界的一致好评，被多家兄弟院校、培训机构及社会公众作为教材或读本，在此，我们对广大读者的厚爱表示最真诚的谢意。

为给读者提供更好的服务，我们对本书进行了全面的修订和完善，本书在第一版的基础上作了如下修改。

(1) 针对近年来国家财税政策的最新变化进行及时调整，重新修订了项目1中过时的资料和数据，加入了营业税改征增值税的内容，调整了最新个人所得税的计算内容，修改并增加了例题。

(2) 修改了项目2中部分会计凭证和账簿的数据。

(3) 2014年2月14日，国家工商总局发布工商企字〔2014〕28号文《工商总局关于停止企业年度检验工作的通知》(以下简称《通知》)，《通知》指出："国务院发布的《注册资本登记制度改革方案》将企业年度检验制度改为企业年度报告公示制度。据此，总局决定，自2014年3月1日起停止对领取营业执照的有限责任公司、股份有限公司、非公司企业法人、合伙企业、个人独资企业及其分支机构、来华从事经营活动的外国(地区)企业，以及其他经营单位的企业年度检验工作"。据此，本书第二版删除了原有的1.2.4节"办理工商营业执照年检"的内容。

(4) 对各项目的课后实训进行了修订。

本次修订主要由李莉教授负责，卢芬副教授和曹屹副教授参加了全书的校对工作。

由于编者水平有限，书中不足之处恳请读者批评指正。

编　者

2014年3月

第一版前言

FOREWORD

多年来，在财经类非会计专业的相关会计专业课程的教学中，各院校会计专业教师往往局限于系统的会计基础理论与知识教学，却忽略了财经类非会计专业学生学习此类课程的相关性和有用性，如在其工作中同时需要具备一定的报表阅读与分析能力，掌握税收、金融及理财等相关知识，这些内容在传统的财经类非会计专业学生会计课程的教学中往往被忽略，而对会计账务处理方面的知识介绍却又过于详细。笔者所在的教学团队经过调研以申报研究课题的形式改革财经类非会计专业学生的会计课程内容，最终形成了财经类非会计专业的通用会计教材读本《企业财税实务》。

《企业财税实务》能较准确地把握财经类非会计专业学生以及企业管理人员应掌握的会计、金融、税收、财务管理、企业内部控制等相关知识，并按照项目导向、任务驱动模式设计教材体例，在内容上注重实用性，在形式上注重通俗性，条理清晰，体系完整，语言陈述浅显易懂，普及性较强。

本教材由四川商务职业学院李莉副教授、卢芬讲师编著。具体编写分工为：李莉编写项目一、项目三和项目四并负责全书的统稿总纂，卢芬编写项目二，曹屹编写项目五。

由于编者水平有限，加之对财经类非会计专业学生所需的会计专业知识和能力结构的认识或许不够全面、成熟，书中难免存在不足之处，恳请读者批评指正，多提宝贵意见和建议，以便修订再版时进一步完善。

编　者

2011 年 4 月

目　录

CONTENTS

项目1　企业创建与会计初识

【项目导读】

创建企业，作为创办者，首先要清楚自己要创办一个什么样的企业，应从以下两个方面予以考虑：一是企业的组织形式；二是企业的财税待遇。不同组织形式、不同经营性质的企业享受的财税待遇是不同的。接下来创办者还得考虑到哪儿去注册企业，是普通地区还是开发区、自贸区、科技园区，不同地区企业的财税成本也是不同的。

企业注册完成，开始生产经营活动，伴随业务开展就会产生各种各样的纳税义务，以及其他经营管理活动。熟悉国家的税制体系，及时足额地缴纳税金，设置健全的会计账簿，全面、完整、系统地核算企业所开展的生产经营活动，则是会计工作的基本职责。掌握上述企业在创建阶段的工商注册、税务知识，以及初步认识会计工作的性质和内容，是本项目学习的目的所在。

【职业能力目标】

1. 了解企业的类型和企业的经营过程，熟悉企业创设的相关流程和规定。
2. 能按照规定程序创建企业；并依序办理工商登记等企业注册事宜。
3. 了解会计的产生与发展历史，明确会计的含义、特点、目标与作用，理解会计信息的质量要求。
4. 熟悉我国的税制体系，掌握增值税、企业所得税、个人所得税的计算、申报与缴纳方法。

任务1.1　注册企业

【任务导入】

张欣从某大学工商管理专业毕业后，决定自主创业。通过对市场的调研以及根据自己的兴趣爱好，他选择代理销售某一体育服装品牌，在父母的资金资助下，他独自成立一家企业，企业名称拟为爱伦体育服装公司。请问，张欣同学要开办这家企业，需如何具体操作，来完成企业设立的所有流程呢？

投资者依据目的去注册企业，注册一个什么样的企业是一个很重要的选择。企业类型不同，税收待遇不同，会计核算也存在一定差异。

1.1.1　认知企业

1. 企业概述

企业是指从事生产、运输、贸易等经济活动，以营利为目的，实行自主经营、独立核算、依法设立的经济组织,如工厂、农场、商店、矿山、运输公司等。

企业与行政机关、学校等事业单位和其他社会组织是有区别的。营利性是企业区别于非企业的一个最根本的标志,凡是不具备这一根本标志的经济组织就不是企业。企业要自负盈亏,用自己的收入弥补发生的相应支出,讲求经济效益;而政府、学校等属于非营利组织,它们均不以营利为目的。政府等行政组织其经费开支主要依靠财政拨款,一些社团组织的活动经费则主要来自于会员的会费和社会赞助。

2. 企业的类型

纵观我国目前的企业类型,极为庞杂。按不同的标准分类,可以分为以下两类。

1) 按所有制形式分类

(1) 个人独资企业。个人独资企业是指依照《中华人民共和国个人独资企业法》在我国境内设立,由一个自然人投资,财产为投资个人所有,投资人以其个人财产对企业债务承担无限责任的经营实体。个人独资企业自诞生起就盛行于家庭作坊、手工业、零售业、服务业、农业、林业、渔业等领域,是世界上最古老、最简单的一种企业组织形式。在大多数情况下,所有者也是管理者。个人独资企业一般多为小型企业,如开在居民小区的餐馆和日杂商店,以及独立执业的医师、律师等专业人士。

◆ **知识链接**

个体工商户

个体工商户,简称个体户,是我国企业的一种特殊类型。它是指在我国境内以个人财产或者家庭财产作为经营资本,依照《个体工商户条例》经核准登记,并在法定的范围内从事工商经营活动的个体经营者。个体工商户多以自然人或家庭的名义对外从事经营活动,多采取商铺门店或摊位等经营方式,其经营者与所有者合体,且对外以个人财产或家庭财产承担无限责任。如以个人名义申请登记的个体工商户,个体经营,收益也是归个人的,其债务由个人清偿;如以家庭共同财产投资,收益的主要部分供家庭成员消费的,其债务由家庭共有财产或夫妻共有财产清偿。

(2) 合伙企业。合伙企业是指自然人、法人和其他组织依照《中华人民共和国合伙企业法》(以下简称《合伙企业法》)在我国境内设立,由两个或两个的自然人通过订立合伙协议、共同出资经营、共负盈亏、共担风险的企业组织形式。如医师、律师或会计师等常合伙组建企业,提供专业服务。合伙企业可能是小型企业,也可能是巨型企业。如国际会计师事务所普华永道有好几千个合伙人。合伙企业又分为普通合伙企业和有限合伙企业两类。普通合伙企业由普通合伙人组成,合伙人对合伙企业债务承担无限连带责任;有限合伙企业由普通合伙人和有限合伙人组成,普通合伙人对合伙企业债务承担无限连带责任,而有限合伙人以其认缴的出资额为限对合伙企业债务承担责任。依据《合伙企业法》的规定,国有独资公司、国有企业、上市公司以及公益性事业单位、社会团体不得成为普通合伙人。

(3) 公司。公司是指依法设立的、全部资本由股东出资、以营利为目的的企业。根据我国现行《中华人民共和国公司法》(以下简称《公司法》),公司类企业分为两种主要形式:有限责任公司和股份有限公司。

① 有限责任公司。有限责任公司又称为有限公司,是依据《公司法》由全体股东共同出

资设立的，每个股东以其出资额为限对公司承担责任，公司以其全部资产对公司债务承担责任的企业。根据《中华人民共和国公司登记管理条例》，要求50个以下的股东出资设立，不公开募集资本。有限责任公司包括国有独资公司以及其他有限责任公司。

◆ 知识链接

一人有限责任公司与国有独资公司

1. 一人有限责任公司

一人有限责任公司是指只有一个自然人股东或一个法人股东的有限责任公司。《公司法》规定：一个自然人只能投资设立一个“一人有限责任公司”；且应当在公司登记中注明自然人独资或者法人独资，并在公司营业执照中载明；每一个会计年度终了时需编制财务会计报告，并经会计师事务所审计；“一人有限责任公司”的股东不能证明公司财产独立于股东自己的财产的，应当对公司债务承担连带责任。

2. 国有独资公司

国有独资公司是指国家单独出资、由国务院或者地方人民政府授权本级人民政府国有资产监督管理机构履行出资人职责的有限责任公司。《公司法》规定：国有独资公司章程都由国有资产监督管理机构制定，或者由董事会制定报国有资产监督管理机构批准；公司不设股东会，由国有资产监督管理机构行使股东会职权，也可以授权公司董事会行使股东会的部分职权，决定公司的重大事项，但公司的合并、分立、解散、增减注册资本等事项，必须由国有资产监督管理机构决定；公司设立董事会和监事会，董事每届任期不得超过3年，且成员中应有公司职工代表，监事会成员不得少于5人，其中职工代表的比例不得低于1/3。中央企业的全资子公司一般都属于国有独资企业。

② 股份有限公司。股份有限公司又称为股份公司，其资本为股份所组成，其全部资本分成等额股份，通过发行股票筹集公司资本，股东以其所持股份为限对公司承担责任，公司以其全部资产对公司债务承担责任，是规模相对较大的企业。在我国设立股份有限公司，要求发起人应为2人以上200人以下，注册资本的最低限额为人民币500万元。

◆ 知识链接

上市公司

上市公司是股份有限公司的一种。所谓上市公司，是指所发行的股票经过国务院或国务院授权的证券管理部门批准，在证券交易所上市交易的股份有限公司。上市公司到证券交易所上市交易，除了必须经过批准外，还必须符合一定的条件。

【思考】爱伦体育服装公司是一家个人独资企业，如果将其转化为公司，最大的优点是什么？

2）按从事经营活动内容划分

(1) 工业企业。工业企业是指为满足社会需要并获得盈利从事工业性生产经营活动或工业性劳务活动、自主经营、自负盈亏、独立核算并且有法人资格的经济组织。

(2) 商品流通企业。商品流通企业是指组织商品购销活动的、自主经营和自负盈亏的经济实体。商品流通企业的主要经济活动是组织商品流通，即商品的购进、销售、调拨和储存,将社会产品从生产领域转移到消费领域,以促进工农业生产的发展和满足人民生活的需要,从而实现商品的价值并获得盈利。与工业企业相比,商品流通企业的主要特点是,其经营过程主要包括商品购进与销售过程,没有产品生产过程。

(3) 服务型企业。服务型企业是指从事劳务及服务产品生产与销售活动的企业。服务型企业提供的服务产品与其他产业产品相比,具有非实物性、不可储存性和生产与消费同时性等特征。如从事餐饮、酒店、旅游、交通运输、仓储、租赁、建筑、安装、邮电、通信等劳务及服务行业的企业均属于服务型企业。

◆ **知识链接**

高新技术企业与小微企业

1. 高新技术企业

我国为扶持和鼓励高新技术企业发展,根据《中华人民共和国企业所得税法》和《中华人民共和国企业所得税法实施条例》有关规定,制定了高新技术企业的认定管理办法,被认定的高新技术企业可享受一定的税收优惠。所谓高新技术企业,是指在《国家重点支持的高新技术领域》内,持续进行研究开发与技术成果转化,形成企业核心自主知识产权,并以此为基础开展经营活动,在中国境内(不包括港、澳、台地区)注册的居民企业。认定为高新技术企业须同时满足以下条件。

(1) 企业申请认定时须注册成立一年以上。

(2) 企业通过自主研发、受让、受赠、并购等方式,获得对其主要产品(服务)在技术上发挥核心支持作用的知识产权的所有权。

(3) 对企业主要产品(服务)发挥核心支持作用的技术属于《国家重点支持的高新技术领域》规定的范围。

(4) 企业从事研发和相关技术创新活动的科技人员占企业当年职工总数的比例不低于10%。

(5) 企业近三个会计年度(实际经营期不满三年的按实际经营时间计算,下同)的研究开发费用总额占同期销售收入总额的比例符合如下要求。

① 最近一年销售收入小于5 000万元(含)的企业,比例不低于5%。

② 最近一年销售收入在5 000万元至2亿元(含)的企业,比例不低于4%。

③ 最近一年销售收入在2亿元以上的企业,比例不低于3%。

其中,企业在中国境内发生的研究开发费用总额占全部研究开发费用总额的比例不低于60%。

(6) 近一年高新技术产品(服务)收入占企业同期总收入的比例不低于60%。

(7) 企业创新能力评价应达到相应要求。

(8) 企业申请认定前一年内未发生重大安全、重大质量事故或严重环境违法行为。

2. 小微企业

小微企业是小型企业、微型企业、家庭作坊式企业、个体工商户的统称。小微企业是国民经济的生力军,在稳定增长、扩大就业、促进创新、繁荣市场和满足人民群众多方面需求方面,发挥着重要作用。因此,近年来,国家制定一系列对小微企业减负的政策措施,涵盖金融贷款、行政事业性收费、免税减税等若干方面。在税收方面,小微企业的界定标准主要包括三个方面:一是资产总额,工业企业不超过3 000万元,其他企业不超过1 000万元;二是从业人数，工业企业不超过100人，其他企业不超过80人；三是税收指标，年度应纳税所得额不超过30万元。同时符合这三个标准且必须从事国家非限制和禁止行业的企业才是税法认定的小微企业。

1.1.2 企业注册

1. 我国企业的注册管理制度

在我国注册企业，首先要取得行业许可证，才能到工商行政管理部门进行工商登记领取营业执照，然后拿着营业执照到公安部门申请刻章（公司的公章、财务章、合同章、法人代表人名章等），再拿着营业执照和公章到税务局部门进行税务登记、领取税务执照并购买发票，再到银行开户购买支票。办齐了这些证照，并购买了发票和支票，就具备开业经营条件了。

1）行业许可（许可证）

我国对很多行业的企业生产经营实行许可制度，即市场准入制度。比如从事食品生产、食品流通、餐饮服务，应当依法取得食品生产许可证（市场准入标准——QS标志，由县级以上质量技术监督审批）、食品流通许可证（县级以上工商行政管理审批）和餐饮服务许可证（县级以上食品药品监督管理审批）等。若从事音像制品经营活动，则需要获得文化部门颁发的“音像制品许可证”；从事其他行业的经营活动，基本都需要行业管理部门颁发的经营许可证。

在实行市场准入制度的行业注册公司，应先取得行业许可证后，方能进行工商注册。

2）工商注册

依据2014年2月20日国家工商行政管理总局颁布的《公司注册资本登记管理规定》（工商局令第64号），投资人注册企业必须经过工商注册登记，满足工商登记要求，才准予经营。

3）银行开户

根据国家有关规定，凡独立核算的新办企业或公司在取得工商行政管理部门颁发的法人营业执照后，都必须在当地银行开设账户。银行存款账户是各单位通过银行办理转账结算、信贷以及现金收付业务的工具，具有反映和监督国民经济各部门经济活动的作用。企业在银行开设账户后，除按银行规定的企业库存现金限额保留一定的库存现金满足企业日常零星开支外，超过限额的现金都必须存入银行。企事业单位经济活动中所发生的一切货币收支业务，除按国家《现金管理暂行条例》中规定的可以使用现金直接支付的款项以外，其他都必须按银行支付结算办法的规定，通过银行账户进行转账结算。企业开设的银行账户主要包括以下几种。

（1）基本户

基本户即银行基本账户，是指存款人（企业）办理日常转账结算和现金收付的账户。企业的工资、薪金等现金支出，只能通过基本存款账户办理。一个企业只能开立一个基本存款账户，但可以开设多个一般存款账户。

开设基本户需要持经营执照正副本、组织机构代码证正副本、国税登记正本、法人身份证、经办人身份证、法人证明书、授权委托书等证件办理；如从他行转户过来，还需提供原基本户的销户回执单。

(2) 一般户

一般户即一般存款账户,是指存款人因借款或其他结算需要,在基本存款账户开户银行以外的银行营业机构开立的银行结算账户。这个账户可办理转账结算和现金缴存,但不能提取现金。

开设一般户需持营业执照正副本、组织机构代码证正副本、国地税登记证正本、法人身份证、经办人身份证、法人证明书、授权委托书、开户申请公函、开户许可证等证件办理。

(3) 外汇账户

若企业经营涉及外币,还要开设外汇账户。外汇账户是指境内机构、驻华机构、个人按照有关账户管理规定在经批准经营外汇存款业务的银行和非银行金融机构以可自由兑换货币开立的账户。

开设外汇账户需持营业执照正副本、组织机构代码证正(副)本、国地税登记证正本、法人身份证、经办人身份证、法人证明书、授权委托书、开户申请公函、开户许可证等证件办理。

(4) 保证金账户

若企业涉及证券投资业务,还要开设保证金账户,也称透支账户或信用账户。保证金账户是投资者在证券公司开设的一种账户形式。通过账户,投资者可以用股票作抵押,按账户资产总值的一定比例借用证券公司资金进行投资。

保证金账户的开户资料与一般户的开户资料大致相同,但需提供证券公司客户经理开具的通知书。

除了这些账户外,企业在注册或经营过程中还可能要开设临时户,也即临时存款户。临时户是指存款人因临时需要,如设立临时机构、异地临时经营活动等,并在规定期限内使用而开立的银行结算账户。但临时账户的有效期最长不得超过两年。

以基本户为例,企业到银行开立账户及后续管理的流程如下。

存款人申请开立基本存款账户,应填制开户申请书,提供盖有存款人印章的印鉴卡片,经银行审核同意,并凭中国人民银行当地分支机构核发的开户许可证开立账户。基本存款账户的开立及后续管理流程如图1-1所示。

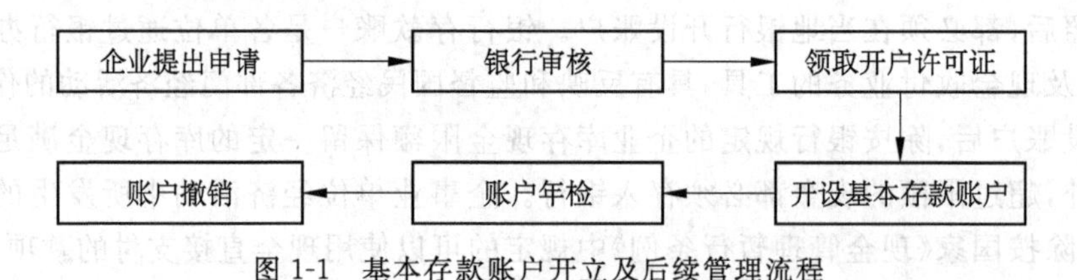

图1-1 基本存款账户开立及后续管理流程

◆ **知识链接**

《公司法》修订公司注册事项

第十二届全国人大常委会第六次会议2013年12月28日决定,对2006年修订的《公司法》再次做出修改,并自2014年3月1日起施行。本次公司法修订主要涉及三个方面。

首先,将注册资本实缴登记制改为认缴登记制。即除法律、行政法规以及国务院决定对公司注册资本实缴另行规定的以外,取消了关于公司股东(发起人)应自公司成立之日起两年内缴足出资,投资公司在五年内缴足出资的规定,取消了一人有限责任公司股东应一次足额缴纳出资的规定。转而采取公司股东(发起人)自主约定认缴出资额、出资方式、出资期限等,并记载于公司章程的方式。

其次,放款注册资本登记条件。除对公司注册资本最低限额有另行规定的以外,取消了有限责任公司、一人有限责任公司、股份有限公司最低注册资本分别应达到3万元、10万元、500万元的限制;不再限制公司设立时股东(发起人)的首次出资比例以及货币出资比例。

最后,简化登记事项和登记文件。有限责任公司股东认缴出资额、公司实收资本不再作为登记事项。公司登记时,不需要提交验资报告。

---

2. 选择注册区域

注册企业的目的是从事生产经营活动,获得一定的盈利。而企业盈利的途径无外乎两个途径:一是提高收入;二是降低成本。企业要降低成本,在注册企业时即可进行规划。因为企业可以通过选择注册区域来降低企业的纳税成本。因此到哪里去注册企业就成了企业在创建时需要首先考虑的基本问题。在其他条件相同的情况下,投资人一般应到低税区去注册企业。

所谓低税区,是指征收税率较低或可以享受减、免、退税等税收优惠的地区、行业或企业。

1) 低税区

低税区包括境内低税区和境外低税区。

(1) 境内低税区

我国境内的低税区主要包括开发区、自贸区和西部地区等区域,这些区域执行不同的税收优惠政策。

① 开发区。我国的开发区分为国家级开发区和地方开发区两个不同级次。

国家级开发区是由国务院批准在城市规划区内设立的实行国家特定优惠政策的经济技术开发区、保税区、高新技术产业开发区等,属于国家对区域发展的一种高规格的制度支持。入驻开发区的企业除审批手续和环节简洁、金融扶持等优惠政策外,还可以统一享受减、免、退税等各种税收优惠政策。

地方开发区是地方政府为了发展当地经济,在自己的地盘划定的开发区域,入驻这些区域的企业,可以享受地方政府制定的包括税收优惠在内的"土"政策,比如地方政府从自己分成的增值税中拿出一部分返还入驻企业。但入驻企业不能享受国家级开发区的优惠政策特别是税收优惠政策。

② 自贸区。自贸区全称自由贸易区(Free Trade Zone)。自贸区是在主权国家或地区的关境以外,划出特定的区域,供企业入驻、经营。入驻自贸区的企业,在贸易和投资等方面,除了享受比世贸组织有关规定更加优惠的政策外,还享受很多税收优惠政策,如准许外国商品豁免关税自由进出。实质上自贸区是采取自由港政策的关税隔离区。

2013年8月,国务院正式批准设立中国(上海)自由贸易试验区,这也是我国自贸区的起点。入驻上海自贸区的企业,可以享受该地区的各项包括税收在内的优惠政策,尤其是留住人才的优惠政策。自贸区吸引企业的,也正是它突破现有制度和机制的限制,在税收制度、管理机制方面有所创新的运作机制。

2015 年,天津、广东、福建、上海自贸区扩展区域加入自贸区行列,2016 年党中央、国务院又决定新设立辽宁省、浙江省、河南省、湖北省、重庆市、四川省、陕西省 7 个自贸试验区。自此,全国共有 11 个自贸区。

【思考】自贸区和保税区有何区别?

③ 西部地区。西部大开发是国家重要的战略决策,财政部、海关总署、国家税务总局近年来陆续出台相关税收优惠政策,鼓励投资人到西部注册企业,从事生产经营活动。《关于深入实施西部大开发战略有关税收政策问题的通知》(财税〔2011〕58 号)进一步明确,自 2011 年 1 月 1 日起至 2020 年 12 月 31 日,对设在西部地区以《西部地区鼓励类产业目录》中规定的产业项目为主营业务,且其当年度主营业务收入占企业收入总额 70%以上的企业,经企业申请,主管税务机关审核确认后,可减按 15%税率缴纳企业所得税。

我国划定的西部地区包括重庆市、四川省、贵州省、云南省、西藏自治区、陕西省、甘肃省、宁夏回族自治区、青海省、新疆维吾尔自治区、新疆生产建设兵团、内蒙古自治区和广西壮族自治区。湖南省湘西土家族苗族自治州、湖北恩施土家族苗族自治州、吉林省延边朝鲜族自治州,可以比照西部地区的税收优惠政策执行。

除此以外,入驻西部的企业,还可以享受地方政府配套的各项优惠政策。

(2) 境外低税区

境外低税区相对繁杂,既可能是岛国,也可能是某些国家的一些岛屿。岛国或岛屿多散落在美丽的太平洋或大西洋,并环绕发达国家,其风光优美,但资源较匮乏,因此,这些岛国或岛屿采用极其优惠的税率,吸引国际上的投资者,到那里注册公司,可以规避这些岛屿所在国其他地区采用的高额税负,由此岛国或岛屿就演变成为国际避税地,如开曼群岛、所罗门群岛等。

这些低税区或低税国吸引投资者的主要魅力就是不征税或少征税。

纵观世界税收,大致可分为三大税种:所得税、商品税和财产税。这些境外低税区从税收优惠政策来看,大致分为两种类型:一是完全不征所得税和一般财产税的国家和地区,如开曼群岛、巴哈马、百慕大等。二是只征收较低所得税和一般财产税的国家和地区。如英属维尔京群岛、所罗门群岛等。针对某些税种而言,这些岛国可能是无税区,自然吸引世界各国的投资者。

除了这些岛国或岛屿外,还有一些国家或地区也是国际避税地,比如巴拿马、海地、我国的香港等地,在征税方面,这些国家或地区完全放弃居民管辖权(居民管辖权即税收征管的属人原则,只要是本国或本区居民,在哪里取得的收入都要征税),只行使地域管辖权(地域管辖权即税收征管的属地原则,不论是哪国的居民,在本地区取得的收入都要征税),即仅就纳税人在本地区域内取得的收入征税,也即"我的地盘我征税",纳税人不在自己地盘取得收入,就不征税了。还有一些国家或地区,像希腊、荷兰等,有正常的税收制度,但提供某些特殊税收优惠——比如免除利息税、股息税等,也属于某些税种的低税区。

投资者到境外低税区避税的基本方法是:在低税区建立"信箱公司",比如贸易公司、控股公司或金融公司,借助"低进高出"的转移定价机制,或控股机制、投资机制等,向"信箱公司"转移财产、利润和其他所得,以减轻、规避母公司或其他子公司所在国的高额税负。这些避税公司又被叫作"离岸公司"。如在开曼群岛的公司名录中,能找到我国很多知名企业。

2）低税区行业

我国的低税区行业主要涵盖农业和外贸业。这两个行业历来都有很大力度的税收扶持政策。

(1) 农业的税收优惠

自2004年以来，中央一号文件连续13次聚焦"三农"，足见历届政府领导人对农业的重视。为配合大局，我国的税收优惠政策也一直向农业包括涉农企业倾斜，大力支持"三农"的发展。

农业的税收优惠主要包括免税和减税两种形式。

① 免税政策。

a. 增值税的免税项目。农业生产者销售的自产农产品免征增值税。

部分农业生产资料如农膜、复混肥、批发和零售的种子、种苗、农药、农机等免征增值税；部分饲料产品免征增值税。

农业机耕、排灌、病虫害防治、植物保护、农牧保险及相关技术培训业务，家禽、牲畜、水动物的配种的疾病防治项目免征增值税，农民专业合作社销售本社成员生产的农业产品，视同农业生产者销售自产农业产品免征增值税。

农民专业合作社向本社成员销售的农膜、种子种苗、农药、农机，也免征增值税。

"公司＋农民"经营模式的企业免征增值税。

b. 企业所得税的免税项目。蔬菜、谷物、薯类、油料、豆类、棉花、麻类、糖料、水果、坚果的种植所得免征企业所得税。

农作物新品种的选育所得，中药材的种植所得，林木的培育和种植所得，牲畜、家禽的饲养所得，林产品的采集所得，免征企业所得税。

灌溉、农产品初加工、兽医、农技推广、农机作业和维修等农、林、牧、渔服务业项目所得免征企业所得税。

远洋捕捞所得免征企业所得税。

"公司＋农户"经营模式的企业免征企业所得税。

除此之外，农业领域减免的税种还有城镇土地使用税，例如直接用于农、林、牧、渔生产用地免征城镇土地使用税；在渔业船舶管理部门登记为捕捞或者养殖船的船舶，减免车船使用税。

② 减税政策。减税的税种包括增值税，如农业产品的增值税税率由17％减调为11％（增值税一般纳税人购进农业生产者销售的免税农业产品的进项税额扣除率也为11％）。

(2) 外贸业的税收优惠

外贸业是从事互通往来的行业，丝绸之路和马帮小道就是古代外贸业留下的脚印。相对而言，外贸商品的差价较大，利润丰厚，为了赚取其中的利益，每个国家都是希望把商品卖到境外去，所以在税收方面也就没有例外地制定了"鼓励出口、限制进口"的政策。针对出口业务，我国制定的是"退(免)税"优惠政策，但限制出口的东西例外；而对进口业务，则要征收关税、增值税和消费税，但国家需要的技术设备等项目也不例外；涉及民众的进口业务也有优惠政策，比如边民通过互市贸易进口的生活用品，每人每日价值在人民币8 000元以下的，免征进口关税和进口环节税。

自贸区也属于外贸业的探讨领域，下面以上海自贸区的主要税收优惠政策为例进行介绍。

① 鼓励投资政策。上海自贸区鼓励投资的政策主要包括以下两项：一是注册在自贸区

的企业或个人股东,因非货币性资产对外投资,资产重组行为而产生的资产评估增值部分,可以在不超过五年时间内分期缴纳所得税。这个政策简称"非货币性资产投资政策"。二是对试验区的企业以股份或出租比例等股权形式给予企业的高端人才和紧缺人才的奖励,实行已经在中关村等地区试点的股权激励所得税纳税政策,也可以分期缴纳个人所得税。这个政策简称"股权激励政策"。

② 鼓励贸易政策。上海自贸区鼓励贸易的政策主要包括以下五项:一是将在试验区内注册的融资租赁企业或金融租赁公司在实验区内设立项目子公司,纳入融资租赁出口退税试点范围;二是对试验区内注册的国内租赁公司或租赁公司设立项目子公司,经国家有关部门批准,从境外购买的空载在25吨以上的给航空公司使用的飞机,享受进口环节的增值税政策;三对设立在试验区内生产企业加工的货物,根据企业的申请,试行对内销货物,按照对应的关税政策,简称"选择性征税政策";四是在现行的政策框架下,对试验区的生产企业和生产性服务企业,进口所需的机器设备等货物予以免税,但生活性的服务企业进口的货物,以及法律法规和相关规定明确不以免税的政策除外;五是完善起运港退税的政策。

自贸区的税收优惠政策在以后的运行过程中还要调整、优化,我国以后的自贸区也会比照制定相关优惠政策,包括税收优惠政策。

3) 低税区企业

我国的很多企业享受低税率或减、免税等税收优惠政策。下面选择高新技术企业和小微企业予以介绍。

(1) 高新技术企业的税收优惠政策

高新技术企业是指拥有核心自主知识产权,同时符合国科发火〔2016〕32号文件认定条件业,也是国家税收鼓励企业群体。其税收优惠政策主要包括以下内容。

① 高新技术企业。经认定为高新技术企业,可以减按15%的税率征收企业所得税,并有"两免三减半"的优惠政策——自成立之日起,企业所得税两年免征,三年减半征收。

② 软件企业与集成电路企业。境内新办的集成电路设计企业和符合条件的软件企业,经认定后,自获利年度起享受"两免三减半"的所得税优惠。

③ 研发费用加计扣除。内部自主研发无形资产费用化支出加计扣除50%,资本化支出形成无形资产的按成本150%摊销。

④ 技术转让所得税减免。居民企业技术转让所得不超过500万元的部分,免征企业所得税;超过500万元的部分,减半征收企业所得税。

⑤ 企业进行技术转让、技术开发以及与之相关的技术咨询、技术服务取得的收入(简称"四技收入"),经过有关部门认定后,增值税先征后返。

⑥ 重点扶持行业税收优惠。对符合条件的节能服务公司实施合同能源管理项目,取得的增值税应税收入,增值税先征后返。自取得第一笔生产经营收入所属纳税年度起,第一年至第三年免征企业所得税,第四年至第六年按照25%的法定税率减半征收企业所得税。

⑦ 对用于研发的固定资产,单项价值100万元以下的,允许一次性计入成本。

若高新技术企业入驻西部地区,还可以享受再减半的税收优惠,比如15%的税率可减按7.5%缴纳企业所得税。

(2) 小微企业的税收优惠政策

小微企业在我国是个庞大的群体,很多大企业也是从小微企业"长大"的。我国的税法几近苛刻，但对小微企业却有一系列的税收优惠政策。

在所得税方面，小微企业执行20%的企业所得税税率，比一般企业的所得税税率低5%，此外，对年应纳所得税额低于30万元(含30万元)微小型微利企业，其所得减按50%计入应纳税所得额，按20%的税率缴纳企业所得税。也就是说，小微企业的应税所得低于30万元，按10%的税率缴纳企业所得税。但超过30万元的，则停止享受这条减半征税政策。

◆ 知识链接

小微企业所得税最新优惠政策

2017年6月6日，财政部、国家税务总局联合发布财税〔2017〕43号文，为进一步支持小微企业发展，扩大小型微利企业所得税优惠政策范围：自2017年1月1日至2019年12月31日，将小型微利企业的年应纳税所得额上限由30万元提高至50万元，对年应纳税所得额低于50万元(含50万元)的小型微利企业，其所得减按50%计入应纳税所得额，按20%的税率缴纳企业所得税。

在增值税方面，除享受一般税收优惠政策外，对月收入3万元以下的小微企业，免征增值税；征收人若已开具了增值税发票，需追回所开发票的所有联次，才能享受这条免税政策。

除此之外，小微企业还阶段性享受一些优惠政策，比如免征贷款合同印花税等。

3. 企业注册流程

首先，公司注册需要准备相关材料，主要包括：公司章程；公司设立登记申请书；补充信息登记表；公司地址证明(房产证等)；公司成员身份证；工商注册指定委托书。

其次，完善公司信息，包括：公司名称；公司的地址注册相关信息；公司的注册资本与经营年限；公司成员信息。

再次，由工商管理部门进行核名，并核发“企业(字号)名称预先核准通知书”。

核名之后，向工商管理部门预约交件、提交材料，即在工商核名完成后，在工商局网上提交注册信息，并预约提交纸质材料时间，需要在规定的时间现场提交纸质材料。提交的材料会当场进行审核，如果材料出现问题，根据地方规定的不同，可能产生不同的影响。

材料提交成功后，将由工商部门进行执照办理。

最后，刻章备案：营业执照办理完成后，需要到指定部门进行刻章备案，公司印章主要包括公章、财务章、合同章、发票章、法人代表人名章。

◆ 知识链接

企业注册制度的最新演变

随着社会和不同时期经济发展的需要，我国的企业注册制度也在不断地适时调整。2014年企业注册制度发生了巨大变化，比如“三证合一”制度和“一元注册公司”制度，均是方便企业注册和纳税人的创新制度，2016年又推出了“五证合一”制度。

1.“三证合一”制度

“三证合一”就是将企业的工商营业执照、组织机构代码证和税务登记证三个证件合并成一个证件，也称“一照三号”。这个最大限度降低社会成本和行政成本的举措是我国企业注册制度的一个进步，也是注册公司的投资者的福音。

“三证合一”创新了企业注册制度，但最早出现在基层。2014年7月1日，湖北省枝江市在安福市镇率先试点实行市场主体登记“三证合一”制度，并发放了全国第一份加有组织机构代码证号和税务登记证号的营业执照。2014年12月1日起，深圳在全国率先推行营业执照、组织机构代码证、税务登记证和刻章许可证“四证合一”登记新模式。将原有商事主体营业执照、组织机构代码证、税务登记证和刻章许可证分别由商事登记部门统一受审、审核，四个部门之间信息互认、档案共享，在组织机构代码登记部门实现四证同发、企业一次领取四证的高效办证目标。截至2014年年底，全国有36个省市不同程度地启动了“三证合一”工作，其中28个省市出台了“三证合一”的相关方案。其业务模式可分为两种：一是保留现有证照仅对业务流程进行整合的“三证合办”模式；二是对现有证照进行整合的“一证三号”模式。2015年10月1日起，在全国范围内实施“三证合一，一照一码”的企业登记制度。

2.“五证合一”制度

2016年7月5日，国务院办公厅发布《关于加快推进“五证合一、一照一码”登记制度改革的通知》，决定从2016年10月1日起正式实施“五证合一、一照一码”。

五证合一是指在工商营业执照、组织机构代码证、税务登记证“三证合一”登记制度改革的基础上，再将社会保险登记证和统计登记证合并，将五证合并为一个证件，登记部门直接核发加载统一社会信用代码的营业执照，相关信息在全国企业信用信息公示系统公示，并归集至全国信用信息共享平台。企业不再另行办理社会保险登记证和统计登记证。俗称“五证合一、一照一码”。

从“三证合一”到“五证合一”，降低费用、节省时间，对于创业企业来说，就是抢得了市场的先机。这项改革最重要的就是减少企业创立时的各种制度性成本，意味着开办一家企业越来越便利，将会有越来越多的人投身创业大军，也将促进就业增加和经济社会持续健康发展。

3.“一元注册公司”制度

“一元注册公司”制度是指部分企业在注册时，注册资金从注册制改为实缴制。既然是实缴，那缴一元也是缴，这就是“一元注册公司”说法的由来，它体现了我国的企业注册制度的变革。

依据新修订的《公司法》，自2014年3月1日起，“有限责任公司的注册资本为在公司登记机关登记的全体股东认缴的出资额。法律、行政法规以及国务院决定对有限责任公司注册资本实缴、注册资本最低限额另有规定的，从其规定。”新修订的《注册资本登记制度改革方案》也规定，不再限制公司设立时全体股东的首次出资比例，不再限制公司全体股东的货币出资额占注册资本的比例，不再规定公司股东缴足出资的限额等。

由此，我国的注册制度对成立一些公司最低资本取消限额要求，使“一元注册公司”成为现实。

1.1.3 税制解读

1. 我国税制体系

1）税收的含义与特征

税收是国家为行使其职能、满足社会公共需要，凭借公共权力，按照法律所规定的标准和程序，参与国民收入分配，强制地、无偿地且较为固定地取得财政收入的一种形式。

税收的含义可从以下四个方面来理解：①国家征税的目的是行使其职能，满足社会成员获得公共产品的需要；②国家征税凭借的是公共权力（政治权力），税收的征收主体只能是代表社会全体成员行使公共权力的政府，其他任何社会组织或个人没有征税的权力，与公共权力相对应的必然是政府运用税收来管理社会和为民众提供公共产品的义务；③税收是国家财政收入的主要来源；④税收必须借助法律形式进行。

税收是政府履行社会管理职能所依托的收入来源，但同时，税收对社会经济发展产生重要调节作用，并通过杠杆作用对居民收入产生再分配效果。它具有以下三个特征。

(1) 无偿性

税收的无偿性是指国家征税以后，税款一律纳入国家财政预算，由财政统一分配，而不直接向具体的纳税人返还或支付报酬。税收的无偿性是指国家征税以后，其收入就成为国家所有，不再直接归还纳税人，也不支付任何报酬。税收的无偿性有两层含义：一是针对具体纳税人是无偿的，但对全体纳税人而言是有偿的；二是虽不能直接偿还，但还是要间接地偿还给纳税人。

(2) 强制性

税收的强制性是指国家凭借其公共权力以法律的形式对税收征纳双方的权利义务进行制约，既不是由纳税主体按照个人意愿自愿缴纳，也不是按照征税主体的意愿随意征税，而是按照法律进行征税；纳税人必须依法纳税，否则就要受到法律的制裁。征税方式的强制性就是由税收的无偿性决定的。

(3) 固定性

税收的固定性是指国家征税预先规定了统一的征税标准，包括纳税人、征税对象、税率、纳税期限、纳税地点等。这些标准一经确定，在一定时间内是相对稳定的。

2) 税收制度的构成要素

各个国家的税收制度一般都比较复杂，但都由若干要素构成。如纳税义务人、征税对象、税目、税率、纳税期限、减税免税、纳税环节、纳税地点等。其中，征税对象、纳税人和税率是税收制度的三大基本要素。

(1) 征税对象

征税对象又叫课税对象，是指对什么征税，是税法规定的征税的目的物，是区别一种税与另一种税的重要标志。课税对象主要包括商品或劳务、收益额、财产以及资源等。与征税对象相关的要素还有税目、计税依据等。税目是征税对象的具体项目，具体规定一个税种的征税范围。计税依据是指征税对象的计量单位和征收标准，分为从量税和从价税两种。

(2) 纳税人

纳税人又叫纳税义务人或纳税主体。纳税人是指按照法律规定直接负有纳税义务的单位和个人。包括自然人和法人。与纳税人相关的要素还有负税人和扣缴义务人。负税人是指最终负担国家税款的单位和个人。扣缴义务人是指按照税法规定的，在经营活动中负有代扣税款并向国库缴纳税款义务的单位和个人。

【思考】何谓自然人和法人？

(3) 税率

税率是应征税额与征税对象的比例，是计算税额的尺度。税率的高低，直接关系到国家的财政收入和纳税人的负担。我国现行的税率形式主要有以下几种。

① 比例税率。比例税率是指对同一征税对象或同一税目不分大小,都按规定的同一比例征税。如我国的增值税即采用比例税率形式。

② 累进税率。累进税率是指随征税对象数额的增大而逐步提高的税率。累进税率又分为超额累进税率和超率累进税率两种。

超额累进税率是指把计税金额按数额多少分成若干级距,对每个级距分别规定相应的差别税率,应税所得额每超过一个规定的级距,对超过的部分就按高一级的税率计算征税。如我国的工资、薪金所得计交的个人所得税即采用超额累进税率形式。

超率累进税率是指以征税对象数额的相对率划分为若干级距,分别规定相应的差别税率,相对率每超过一个规定的级距,对超过的部分就按高一级的税率计算征税。如我国土地增值税即采用超率累进税率形式。

③ 定额税率。定额税率是指按征税对象的计算单位,直接规定一个固定的税额。如我国的车船税即采用定额税率形式。

3) 我国的税制体系

一国税收制度的形成,都有其历史的、文化的、政治的和经济的诸多因素的影响,其中最基本的一点,就是必须与一国的经济发展水平所对应的经济运行制度相适应。当一国的经济发展水平与经济运行的制度、体制发生变化,税收制度也要相应发生变化,对税收制度进行重新构造和改组,即税制改革。

我国现行税制体系是以流转税和所得税并重、其他税类为辅助税种的复税制体系。这种复税制体系可以使我国税收多环节、多层次地发挥作用。各税类包括的具体税种如下。

(1) 流转税类

流转税类包括3个税种,即增值税、消费税、关税。流转税是我国现行税制中的主体税种之一。这些税种通常是在生产、流通或者服务领域中,按照纳税人取得的销售收入、营业收入或者进出口货物的价格(数量)征收的。

(2) 所得税类

所得税类包括2个税种,即企业所得税、个人所得税。这些税种是按照生产、经营者取得的利润或者个人取得的收入征收的。

(3) 行为目的税类

行为目的税类包括6个税种,即车辆购置税、印花税、契税、城市维护建设税、耕地占用税和土地增值税。这些税种是为了达到特定的目的,对特定对象和行为进行调节而设置的。

(4) 财产税类

财产税类包括2个税种,即房产税和车船税。财产税是以纳税人所有或属其支配的财产为课税对象的一类税收。它以财产为课税对象,向财产的所有者征收。财产税属于对社会财富的存量课税。

(5) 资源税类

资源税类包括2个税种,即资源税和城镇土地使用税。这些税种是对从事资源开发或者使用城镇土地者征收的,可以体现国有资源的有偿使用,并对纳税人取得的资源级差收入进行调节。

(6) 农业税类

农业税类包括1个税种,即烟叶税。烟叶税是国家对烟草实行“寓禁于征”政策的延续。

它与增值税的征收紧密相连，但它又延续了烟叶特产税的税收分配办法，其收入全部归地方政府，是增加地方政府财政收入的有效方式，既有助于缓解地方财政的压力，也有利于地方经济健康发展。

总之，我国现行的税制体系共包括16种税，分为3大类，其中流转类税收3种，所得类税收2种，财产及其他类税收11种。

另外，从2012年1月1日起，我国开征船舶吨税。船舶吨税是海关对进出中国港口的国际航行船舶征收的一种税。其征收税款主要用于港口建设维护及海上干线公用航标的建设维护。

2. 增值税的解读

1）增值税概述

(1) 增值税的概念

增值税是对商品生产、商品流通、交通运输等领域的新增价值或商品附加值征收的一种流转税，也即对商品或劳务的增值额征税的一个税种。在现实经济生活中，对增值额这一概念可从以下两个方面予以理解。

其一，从一个生产经营主体来看，增值额是指该生产经营主体销售货物或提供劳务服务的收入额扣除为生产经营该种货物(包括劳务)而外购的那部分货物价款后的余额。

其二，从一项货物来看，增值额是指该货物经历的生产和流通各个环节所创造的增值额之和，也就是该项货物的最终销售价格。

例如，某纺织企业以1 000元(不含税价)采购一批棉花，然后加工成布料，以1 200元(不含税价)卖出，则200元(1 200－1 000)就是这一道流转环节所产生的增值额。

(2) 增值税的特点

增值税作为流转税的一种，与其他流转税相比而言，既保留了按商品流转额纳税的优点，又避免了按商品流转额全额纳税的缺点。主要特点如下。

① 增值税只对增值额计税。任何纳税人缴纳增值税，归根到底都按生产、经营过程中新创造的那部分价值课税，即以商品的销售额为计税基础，允许从税额中扣除上一道环节已经缴纳的税款，以实现按增值因素计税的目的。这是增值税最基本的特点。

② 增值税征收范围较广，基本涵盖我国全行业。

③ 增值税实行价外计税。增值税以不含增值税的价格为计税基础。销售商品时，开具专用发票，发票上分别注明增值税税款和不含增值税的价格，以消除增值税对成本、利润和价格的影响。

④ 增值税连续征收而不重复纳税。某一产品(商品)从生产到最后实现消费，经过许多环节，但统一实行根据增值税专用发票注明的税款进行税款抵扣的制度。即在上一环节购进货物、获得应税劳务支付款额时，取得的增值税专用发票注明的价外税款，可在计算本环节销售货物或提供应税劳务应纳税款时，予以扣除，以避免出现重复纳税的现象。

⑤ 增值税税负公平合理。增值税实行同一产品(商品)、同一税负，因此，它不会因生产流通环节变化而影响税收负担，体现了公平税负的原则。

(3) 增值税纳税义务人

增值税纳税义务人(简称纳税人)是指税法规定负有缴纳增值税义务的单位和个人。具体包括在我国境内销售、进口货物或提供加工、修理、修配劳务、应税服务、销售不动产以及转让无形资产的单位或者个人。

◆ **知识链接**

增值税纳税人(含单位和个人)的具体范围

增值税的纳税人中所提及的单位和个人具体范围如下。

(1) 单位。一切从事销售货物、进口货物、提供应税劳务的单位,都是增值税纳税人。包括国有企业、集体企业、私有企业、股份制企业、其他企业和行政单位、事业单位、军事单位、社会团体和其他单位。

(2) 个人。凡从事销售货物、进口货物、提供应税劳务的个人,都是增值税纳税人。"个人"主要是指个体经营者及其他个人。

(3) 外商投资企业和外国企业。凡从事销售货物、进口货物、提供应税劳务的外商投资企业和外国企业,都是增值税纳税人。

(4) 承租人和承包人。企业租赁或者承包给他人经营的,以承租人和承包人为增值税纳税人。

(5) 扣缴义务人。境外单位或个人在境内销售货物或提供劳务,在境内未设有经营机构的,其应纳税款以其境内代理人为增值税扣缴义务人;在境内没有代理人的,以购买方为增值税扣缴义务人。

我国增值税纳税人根据经营规模和会计核算是否健全等标准划分为一般纳税人和小规模纳税人两种,采取不同的计征和管理办法。

① 一般纳税人。一般纳税人的认定标准如下。

a. 年应税销售额超过小规模纳税人认定标准的企业和企业性单位。年应税销售额指年应征增值税销售额超过《增值税暂行条例实施细则》规定的小规模纳税人标准的企业和企业性单位。即工业性及主营工业(工业销售额占50%以上)的企业,年应税销售额不低于50万元的;商业性企业及主营商业的企业,年应税销售额不低于80万元的;对提供应税服务的企业,年应税服务销售额不低于500万元的。

b. 年应税销售额未超过小规模企业(商业企业除外),账簿健全,能准确核算并提供销项税额、进项税额,并能按规定报送有关税务资料的,经企业申请,税务部门可将其认定为一般纳税人。如会计核算健全,年应税销售额不低于30万元的工业小规模企业。

c. 非企业性单位如果经常发生增值税应税行为,并且符合一般纳税人条件的,可以认定为一般纳税人。

d. 个体经营者符合增值税暂行条例规定的条件,经省级国家税务局批准,可以认定为一般纳税人。

凡符合一般纳税人标准的增值税纳税人,都必须主动向企业所在地的主管税务机关申请办理认定手续。

此外，除国家税务总局另有规定外，纳税人一经认定为一般纳税人后，不得转为小规模纳税人。

一般纳税人增值税的征收采取凭增值税专用发票实行税款抵扣的制度。

② 小规模纳税人。小规模纳税人是指年应销售额在规定标准以下，并且不能正确核算增值税的销项税额、进项税额和应纳税额，不能按规定报送有关税务资料的增值税纳税人。具体认定标准如下。

a. 从事货物生产或者提供应税劳务的纳税人，以及以从事货物生产或者提供应税劳务为主，并兼营货物批发或者零售的纳税人，年应征增值税销售额（以下简称应税销售额）在50万元以下的。

b. 从事货物批发或零售的纳税人，年应税销售额在80万元（含80万元）以下的。

c. 对提供应税服务的纳税人，年应税服务销售额在500万元以下的。

d. 年应税销售额超过小规模纳税人标准的其他个人按小规模纳税人纳税；非企业性单位、不经常发生应税行为的企业可选择按小规模纳税人纳税。

小规模纳税人会计核算健全、能够提供准确税务资料的，可以向主管税务机关申请一般纳税人资格认定，成为一般纳税人。

小规模纳税人增值税采取简易征收的管理办法。

(4) 增值税的征收范围

① 销售或者进口货物。货物是指有形动产，包括电力、热力、气体在内。销售货物是指有偿转让货物的所有权。凡进入我国的国境或者关境的货物，在报关进口环节，除了依法缴纳关税外，还必须缴纳增值税。

② 提供加工、修理修配劳务。提供加工、修理修配劳务是指有偿提供加工、修理修配劳务，但单位或个体经营者聘用的员工为本单位或雇主提供加工、修理修配劳务，不包括在内。加工是指受托加工货物，即委托方提供原料及主要材料，受托方按照委托方的要求，制造货物并收取加工费的业务；修理修配是指受托对损伤和丧失功能的货物进行修复，使其恢复原状和功能的业务。

③ 提供应税劳务。提供应税劳务是指利用纳税人的技术、设施等资源为客户提供各种非实物形态的服务。具体包括交通运输服务、邮政电信服务、现代以及传统服务业、文化体育服务、金融服务、建筑安装服务、鉴证咨询、广播影视服务等。

④ 销售不动产。销售不动产是指有偿转让不动产所有权的行为。不动产是指不能移动，移动后会引起性质、形状改变的财产。

⑤ 转让无形资产。转让无形资产是指转让无形资产的所有权或使用权的行为，包括转让土地使用权、转让商标权、转让专利权、转让非专利技术、转让著作权、出租电影拷贝以及转让商誉等行为。

(5) 增值税税率

一般纳税人增值税税率分为三档：基本税率17%、11%、6%。小规模纳税人增值税征收率为3%。增值税不同税率（含征收率）的适用范围如表1-1所示。

表 1-1 增值税不同税率(含征收率)的适用范围

税率	适用范围
17%	增值税一般纳税人销售或者进口货物,提供加工、修理修配劳务以及有形动产租赁
11%	交通运输、邮政、基础电信、建筑、不动产租赁服务、销售不动产、转让土地使用权 纳税人销售或者进口下列货物:农产品(含粮食)、自来水、暖气、石油液化气、天然气、食用植物油、冷气、热水、煤气、居民用煤炭制品、食用盐、农机、饲料、农药、农膜、化肥、沼气、二甲醚、图书、报纸、杂志、音像制品、电子出版物
6%	增值电信服务、金融、服务业、鉴证咨询、广播影视、文化体育
零税率	纳税人出口货物、税率为零,但是国务院另有规定的除外
3%征收率	小规模纳税人
5%征收率(简易计税)	一般纳税人销售其2016年4月30日前取得(不含自建)的不动产;一般纳税人销售其2016年4月30日前自建的不动产;房地产开发企业中的一般纳税人,销售自行开发的房地产老项目;一般纳税人出租其2016年4月30日前取得的不动产;小规模纳税人销售其取得(不含自建)的不动产(不含个体工商户销售购买的住房和其他个人销售不动产);小规模纳税人销售其自建的不动产;房地产开发企业中的规模纳税人,销售自行开发的房地产老项目;小规模纳税人出租其取得的不动产(不含个人出租住房)

◆ **小提示**

纳税人购进农产品的增值税抵扣

从2017年7月1日起,纳税人购进农产品的增值税抵扣,按下列规定抵扣进项税额。

(1) 营业税改征增值税试点期间,纳税人购进用于生产销售或委托受托加工17%税率货物的农产品维持原扣除力度不变(抵扣率13%)。

(2) 除第一条规定以外,纳税人购进农产品,取得一般纳税人开具的增值税专用发票或海关进口增值税专用缴款书的,以增值税专用发票或海关进口增值税专用缴款书上注明的增值税税额为进项税额;从按照简易计税方法依照3%征收率计算缴纳增值税的小规模纳税人取得增值税专用发票的,以增值税专用发票上注明的金额和11%的扣除率计算进项税额;取得(开具)农产品销售发票或收购发票的,以农产品销售发票或收购发票上注明的农产品买价和11%的扣除率计算进项税额。

2) 增值税计算

(1) 增值税一般纳税人应纳税额的计算

一般纳税人增值税税额采用扣税法计算。其计算公式为

$$应纳税额=当期销项税额-当期进项税额$$

① 当期销项税额的计算。销项税额是纳税人销售货物或者提供应税劳务,按照销售额和法定的适用税率计算,并向购买方收取的增值税税额。销项税额是销售货物或应税劳务的整体税负,即到本环节为止所承担的全部税款,它是销售货物或劳务时随同货物或劳务价格一起向购买方收取的,该税额不是本环节纳税人的应纳税额,从销项税额中扣除进项税额后的差额才是本环节纳税人的应纳税款。

$$当期销项税额=当期不含税销售额\times税率$$

其中:

$$不含税销售额=\frac{含税销售额}{1+适用税率}$$

② 当期进项税额的计算。进项税额是指纳税人购进货物或接受应税劳务所支付或负

担的增值税税额,即购买货物或接受劳务时购货发票上注明的增值税税款。进项税额表示单位和个人在购买货物或接受劳务时,也同时支付了货物或应税劳务所承担的税款。

当期进项税额=当期不含税购进额×税率

◆ **知识链接**

销项税额和进项税额的关系

在一项购销活动中,销售方销售货物的销项税额就是购买方购进货物的进项税额。下面以某健身设备生产为例来系统说明销项税额、进项税额及应纳税额的确定。

假设健身设备经过钢铁厂、健身器材生产厂、销售公司三个经营环节。钢铁厂从采矿厂购买矿石,冶炼成钢铁;健身器材生产厂从钢铁厂购买钢铁,生产健身设备;销售公司从健身器材生产厂购进健身设备,卖给消费者。假定各环节均没有其他外购项目,各环节有关增值税的数据如表 1-2 所示。

表 1-2　生产设备各环节增值税表

企业名称	购进			卖出			增值部分/元	税率/%	应纳税额/元
	价格/元	税率/%	税费/元	价格/元	税率/%	税费/元			
钢铁厂	2 000	17	340	4 000	17	680	2 000	17	340
健身器材生产厂	4 000	17	680	8 000	17	1 360	4 000	17	680
销售公司	8 000	17	1 360	10 000	17	1 700	2 000	17	340

从表 1-2 中分析三家公司的业务关系及其购销数据如下。

钢铁厂从采矿厂购买 2 000 元(不含税价)的矿石,同时向采矿厂支付 340 元税费,价税合计 2 340 元,而这 2 340 元即为含税价。其中,340 元税费,对采矿厂来说是销项税额,而对钢铁厂来说则是进项税额。这些矿石冶炼后,钢铁厂以 4 000 元(不含税价)的价格卖给健身器材生产厂。

健身器材生产厂从钢铁厂购买 4 000 元(不含税价)的钢铁,同时向钢铁厂支付 680 元税费,价税合计 4 680 元,而这 4 680 元即为含税价。其中,680 元税费,对钢铁厂来说是销项税额,而对健身器材生产厂来说则是进项税额。这些钢铁制造成健身设备后,以 8 000 元(不含税价)的价格卖给销售公司。

销售公司从健身器材生产厂以 8 000 元(不含税价)的价格购进健身设备,同时向健身器材生产厂支付 1 360 元税费,价税合计 9 360 元。而这 9 360 元即为含税价。其中,1 360 元税费,对健身器材生产厂来说是销项税额,而对销售公司来说则是进项税额。销售公司再以 10 000 元(不含税价)卖给健身设备使用者(即消费者),同时向消费者收取 1 700 元的税费,价税合计 11 700 元。这 11 700 元就是销售公司与消费者之间的交易价。这 1 700 元的税费,就是销售公司的销项税额。

需注意的是:健身设备作为最终产品,其税金全部由最终的消费者承担,这也体现了增值税谁最终消费产品,谁就承担该产品的全部税费的原则。

根据依次扣除的原则,健身器材消费者缴纳的 1 700 元税费,依次分别由销售公司缴纳 340 元、健身器材生产厂缴纳 680 元、钢铁厂缴纳 340 元、采矿厂缴纳 340 元(假定采矿厂没有进项税金可扣除)。所以,从这个角度来看,企业缴纳的增值税税费,属于代收代交的性质。企业属于增值税纳税人,而消费者才是增值税的税负承担者。

【做中学1-1】明辉公司为一般纳税企业,主要生产空调机,2016年5月购销业务如下:本月购进原材料取得防伪税控系统开具的增值税专用发票上注明价款是1 000 000元,税率17%,发票已通过税务机关认证;本月销售给广电商场空调机500台,每台不含税价格2 800元;购买生产用设备一台,取得防伪税控系统开具的增值税专用发票上注明税金8 500元,发票已通过税务机关认证。要求:计算该企业当月应纳的增值税税额。

解: 当月可抵扣的进项税额是=1 000 000×17%+8 500=178 500(元)

当月销项税额=500×2 800×17%=238 000(元)

当月应纳的增值税税额=238 000−178 500=59 500(元)

【做中学1-2】飞腾公司为一般纳税企业,主要从事建筑安装业务,适用的增值税税率为11%。2016年8月购进建筑用材料100 000元,取得增值税专用发票上注明税金17 000元,发票已通过税务机关认证。当月提供建筑劳务,开具的增值税专用发票上显示,取得的建筑劳务收入为220 000元。要求:计算该企业当月应纳的增值税税额。

解: 当月销项税额=220 000×11%=24 200(元)

当月准予抵扣的进项税额=17 000(元)

当月应纳的增值税税额=24 200−17 000=7 200(元)

【做中学1-3】甲公司为增值税一般纳税人,适用的增值税税率为17%,原材料采用实际成本法进行日常核算。2016年5月,甲公司发生如下涉及增值税的经济业务或事项。

(1) 购入无须安装的生产经营用设备一台,增值税专用发票上注明的价款为400 000元,增值税税率为17%,发票已通过税务机关认证。货款尚未支付。

(2) 建造办公楼领用生产用库存原材料50 000元,该批原材料购进时支付的增值税税额为8 500元。

(3) 销售商品一批,增值税专用发票上注明的价款为1 000 000元,增值税税率为17%,提货单和增值税专用发票已交购货方,并收到购货方开来的转账支票,收讫货款及相关款项。该批商品的实际成本是800 000元。

(4) 由于管理不善被盗原材料一批,价值20 000元,应由该批原材料负担的增值税税额为3 400元,尚未经批准处理。

要求:根据上述资料,计算本月应交的增值税税额。

解: 本月可抵扣的进项税额=400 000×17%=68 000(元)

本月不得抵扣的进项税额=8 500×40%+3 400=6 800(元)

本月的销项税额=1 000 000×17%=170 000(元)

本月应缴纳的增值税税额=170 000+6 800−68 000=108 800(元)

◆ **知识链接**

不动产增值税进项税额抵扣的特殊规定

经国务院批准,自2016年5月1日起,增值税一般纳税人取得的不动产和不动产在建工程,其进项税额分2年从销项税额中抵扣。为便于征纳双方执行,国家税务总局发布了《不动产进项税额分期抵扣管理暂行办法》,对不动产和不动产在建工程的进项税额分期抵扣问题进行了明确。即增值税一般纳税人2016年5月1日后取得并在会计制度上按固定资产核算的不动产,以及2016年5月1日后发生的不动产在建工程的进项税额,需分2年从销项税额中抵扣,第一年抵扣进项税额的60%,第2年抵扣进项税额的40%。

(2) 增值税小规模纳税人应纳税额的计算

小规模纳税人实行简易办法计算应纳税额,不得抵扣进项税额。其计算公式为

$$应纳税额=不含税销售额\times征收率$$

其中:

$$不含税销售额=\frac{含税销售额}{1+征收率}$$

【做中学1-4】 某文具店(系小规模纳税人)2016年6月取得零售收入总额72 100元。要求:计算该文具店本月应缴纳的增值税税额。

解: 不含税销售额=72 100÷(1+3%)=70 000(元)

6月份应缴纳增值税税额=70 000×3%=2 100(元)

3) 申报与缴纳

增值税的纳税期限分别为1日、3日、5日、10日、15日或者1个月。纳税人的具体纳税期限,由主管税务机关根据纳税人应纳税额的大小分别核定;不能按照固定期限纳税的,可以按次纳税。

增值税报缴税款的期限规定是:以1日、3日、5日、10日、15日为1期纳税的,自期满之日起5日内预交税款,于次月1日起10日申报纳税并结清上月应纳税款;纳税人以1个月为1期纳税的,自期满之日起10日内申报纳税。

增值税起征点幅度为:按期纳税的,为月销售额5 000～20 000元(含本数);按次纳税的,为每次(日)销售额300～500元(含本数)。

◆ **知识链接**

增值税发票

1. 增值税发票的概念

发票是一种重要的收支凭证,增值税发票是发票的一种,又分为增值税专用发票和增值税普通发票。增值税专用发票是开给允许抵扣进项税额的一般纳税人企业的,票面直接注明税款,决定着纳税额的多少,是我国最重要的一种发票。增值税普通发票是开给不允许抵扣进项税额的企业或个人的,票面注明的税额不能抵扣。

对购销双方而言,增值税专用发票既是销售方记载销项税额进行纳税的依据,又是购买方记载进项税额并进行税款抵扣的合法凭证。它的特殊性在于按照发票上注明的税额,逐环节缴税、逐环节扣税,可以明确、清楚、简便地把税额从一个经营环节传递到下一个经营环节,直到把货物销售给最终消费者,从而将税款逐环节传递到最终消费者身上。

2. 增值税专用发票的联次

现用的增值税专用发票基本联次为三联。

第一联是记账联,是收款方或销货方的记账凭证,即是开票方作为销货的原始凭证。在票面上的“税额”指的是“销项税额”,“金额”指的是销售货物(劳务)的“不含税金额收入”。

第二联是抵扣联,是购买方扣税凭证,即是购买方可以进行抵扣的进项发票。在票面上

的"税额"指的是"进项税额";"金额"指的是购入货物(劳务)的"不含税金额价格"。

第三联是发票联,是付款方或购买方的记账凭证,即是购买方作为购进货物(劳务)的原始凭证。在票面上的"税额"指的是"进项税额";"金额"指的是购入货物(劳务)的"不含税金额价格"。

发票三联要一次开具,内容一致。

3. 增值税专用发票的开具范围

按照国家增值税发票管理的有关规定,增值税专用发票只能开具给可以进行税款抵扣的一般纳税人。下列情形,不得开具增值税专用发票:①向消费者销售应税项目;②销售免税项目;③销售报关出口的货物,在境外销售应税劳务;④将货物用于非应税项目;⑤将货物用于集体福利或个人消费;⑥将货物无偿赠送给他人(如果受赠者是一般纳税人,可以根据受赠者的要求开具专用发票);⑦向小规模纳税人销售货物、提供劳务服务等。

---

3. 企业所得税的解读

企业所得税是指对中国境内从事生产经营活动的企业或组织,就其生产经营所得和其他所得依法征收的一种税。它是国家参与企业利润分配并调节其收益水平的一个关键税种,体现了国家与企业的分配关系,有利于强化国家对经济的监督力度;同时也是国家筹集财政收入的重要渠道。

1) 概述

(1) 纳税义务人

企业所得税的纳税义务人是指在中国境内取得收入的企业或者组织(但不包括个人独资企业和合伙企业)。具体包括以下内容。

① 依法在中国境内成立的企业(公司制企业和其他非公司制企业)、事业单位、社会团体和其他取得收入的组织。

② 依照外国(地区)法律成立,在我国境内开展生产经营活动取得收入的外商投资企业、外国企业和其他组织。

(2) 征税对象和征收范围

企业所得税以纳税人来源于中国境内、境外的生产、经营所得和其他所得为征税对象。它包括销售货物所得、提供劳务所得、转让财产所得、股息红利所得、利息所得、租金所得、特许权使用费所得、接受捐赠所得和其他所得。

(3) 税率

企业所得税的税率即据以计算企业所得税应纳税额的法定比率。根据企业所得税法的规定,企业所得税实行25%的比例税率。另对部分企业实行优惠税率,其中小型微利企业所得税税率为20%,高新技术企业所得税税率为15%。

2) 计算

(1) 应纳税所得额的计算

应纳税所得额又称税务利润,是企业所得税的计税依据。根据企业所得税法的规定,应纳税所得额是企业每一个纳税年度的收入总额,减除不征税收入、免税收入、各项扣除以及允许弥补的以前年度亏损后的余额。应纳税所得额的正确计算直接关系到国家财政收入和

企业的税收负担。直接计算应纳税所得额的公式为

应纳税所得额＝收入总额－不征税收入－免税收入－各项扣除
－允许弥补的以前年度亏损

在实际工作中,应纳税所得额通常是在税前会计利润的基础上,根据税收法律制度的规定进行相应调整后计算求得的。其计算公式为

应纳税所得额＝税前会计利润＋纳税调整增加额－纳税调整减少额

其中,纳税调整是指会计与税法在计算确定各自收益额时,所采用的计算依据或标准不一致,导致两者计算出来的收益额存在差异,那么,在计算应纳税所得额时,就需要在税前会计利润的基础上,对产生差异的收支项目进行纳税调整,使其最终符合税法的标准。如企业购买国库券(即国债)的利息收入,在计算税前会计利润时要作为收入处理,而在计算应纳税所得额时,由于税法规定国库券的利息收入属于免税收入,则不作为纳税收入处理,因此在计算时,需要从税前会计利润中调减;再比如企业违法经营,被工商管理部门处以罚款,依据会计核算的原则,罚款支出属于企业发生的费用支出范围,在计算税前会计利润时作为扣除项而减少了利润数额,但依据税法规定,企业违法经营罚款支出不得在税前扣除,因此,在计算应纳税所得额时,需要从税前会计利润中调增。

(2) 应纳税额的计算

根据所得税税法的相关规定,应纳税额的计算公式为

应纳税额＝应纳税所得额×适用税率－减免税额－允许抵扣的税额

其中:减免税额是指根据新法的相关规定或国务院制定的企业所得税专项优惠政策计算出的减免税额;允许抵扣的税额是针对企业购置用于环境保护、节能节水、安全生产等专用设备的投资抵税。

【做中学 1-5】华兴公司 2016 年度按企业会计准则计算的税前会计利润为 50 万元,所得税税率为 25%。当年按税法核定的全年计税工资为 10 万元,华兴公司全年实际发放工资薪金为 8 万元。假定该公司全年无其他纳税调整因素。

分析:由于华兴公司当年实际发放工资 8 万元,未超过按税法核定的全年计税工资 10 万元,因此,工资薪金支出不需调整。而当年华兴公司税前会计利润为 50 万元,由于无纳税调整事项,则应纳税所得额等于税前会计利润。

解:应纳税所得额＝税前会计利润＝500 000(元)

应纳所得税额＝500 000 × 25%＝125 000(元)

【做中学 1-6】新陆公司 2016 年度按企业会计准则计算的税前会计利润为 4 190 000 元,所得税税率为 25%。其中,当年取得的各项收入中,国债利息收入为 110 000 元,依据税法规定,属于免税收入;当年发生的各项支出中,业务招待费依据税法规定,超标了 92 000 元;被工商管理部门处以罚款支出 40 000 元,依据税法规定,不得在税前扣除。计算该企业应缴纳的企业所得税税额。

分析:根据企业所得税法规定,国债利息收入 110 000 元免税,应调减应纳税所得额;业务招待费超标 92 000 元,不得在税前扣除,应调增应纳税所得额;罚款支出 40 000 元不予扣除,应调增应纳税所得额。

解:应纳税所得额＝4 190 000＋92 000＋40 000－110 000＝4 212 000(元)

应纳所得税额＝4 212 000×25%＝1 053 000(元)

3）申报与缴纳

企业所得实行按年计算，分月或者分季预缴，月份或者季度终了后15日内预缴，年度终了后五个月内汇算清缴，多退少补。

4. 个人所得税的解读

个人所得税是指对我国居民的境内外所得，以及非居民的境内所得征收的一种税。

1）概述

(1) 纳税义务人，包括中国公民、个体工商业户及在中国境内有所得的外籍人员(包括无国籍人员，下同)和香港、澳门、台湾同胞。上述纳税义务人依据住所和居住时间两个标准，分为居民和非居民，分别承担不同的纳税义务。

(2) 征税对象。

个人所得税的征税对象是个人取得的应税所得。个人所得税法列举征税的个人所得共11项，具体包括：①工资薪金所得；②个体工商户的生产、经营所得；③对企事业单位的承包经营、承租经营所得；④劳务报酬所得；⑤稿酬所得；⑥特许权使用费所得；⑦利息、股息、红利所得；⑧财产租赁所得；⑨财产转让所得；⑩偶然所得；⑪其他所得，即经国务院财政部门确定征税的其他所得。

(3) 工资、薪金所得适用3%～45%的七级超额累进税率，如表1-3所示。

表1-3　个人所得税税率表(工资、薪金所得适用)

级　数	全月应纳税所得额(含税级距)	税率/%	速算扣除数
1	不超过1 500元的	3	0
2	超过1 500元至4 500元	10	105
3	超过4 500元至9 000元	20	555
4	超过9 000元至35 000元	25	1 005
5	超过35 000元至55 000元	30	2 755
6	超过55 000元至80 000元	35	5 505
7	超过80 000元	45	13 505

◆ **小提示**

表1-3所称全月应纳税所得额是指依照税法规定，以每月收入额减除费用3 500元后的余额或者再减除附加减除费用后的余额。

此外，自2017年7月1日起，对个人购买符合规定的商业健康保险产品的支出，允许在当年(月)计算应纳税所得额时予以税前扣除，扣除限额为2 400元/年(200元/月)。单位统一为员工购买符合规定的商业健康保险产品的支出，应分别计入员工个人工资薪金，视同个人购买，按上述限额予以扣除。

2 400元/年(200元/月)的限额扣除为个人所得税法规定减除费用标准之外的扣除。

2）工资、薪金所得应纳税额的计算

应纳税额＝应纳税所得额×适用税率－速算扣除数

其中：　　应纳税所得额＝月工资、薪金收入－3 500

【做中学1-7】王先生在一家公司任职，2016年5月的应得工资为6 800元，每月个人缴交养老保险等“三险一金”共计1 200元。计算王先生5月份应纳个人所得税税额。

解：应纳税所得额＝6 800－3 500－1 200＝2 100(元)

应纳税额＝2 100×10%－105＝105(元)

◆ **知识链接**

“三险一金”在个人所得税计算中的税收优惠

根据税法规定，由个人承担并缴纳的基本养老保险金、医疗保险金、失业保险金，以及按省政府规定标准缴纳的住房公积金可以免交个人所得税。但由企业或单位承担并缴纳的“五险一金”则不能在职工个人应缴的个人所得税计算中扣除。

【做中学1-8】裕华公司业务员李明2016年度12月取得工资5 800元，当月个人应缴养老保险等“三险一金”为850元。除当月工资外，一次领取全年12个月的奖金12 000元。要求：计算李明12月应缴纳的个人所得税。

解：当月工资应纳个人所得税税额＝(5 800－3 500－850)×3%＝43.5(元)

年终奖应纳个人所得税额的计算如下。

确定适用税率：12 000÷12＝1 000(元)，适用税率为3%。

年终奖应纳个人所得税税额＝12 000×3%＝360(元)

李明2016年12月应纳个人所得税总额＝43.5＋360＝403.5(元)

◆ **知识链接**

年终奖的计税方法

根据税法规定，自2005年2月起，个人取得全年一次性奖金、年终加薪，可以适用《关于调整个人取得全年一次奖金等计算征收个人所得税方法的通知》规定的方法计算纳税。即个人当月工资、薪金所得与全年一次性奖励分别计算缴纳个人所得税。

在一个纳税年度内，对每一个纳税人，该计税办法只允许采用一次，纳税人可以自由选择采用该计税办法的时间。对于全年考核，分次发放奖金的该计税办法也只能采用一次。纳税人取得除全年一次性奖金以外的其他各种名目奖金，如半年奖、季度奖、加班奖、先进奖、考勤奖等，一律与当月工资、薪金收入合并，按税法规定缴纳个人所得税。

年终奖单独计税的方法如下。

第一步，确定年终奖适用的个人所得税税率。

用全年一次性奖金总额除以12个月，按其商数对照工资、薪金所得项目税率表，确定适用税率和对应的速算扣除数。

第二步，计算缴纳年终奖应缴纳的个人所得税税额。

年终奖应纳个人所得税税额＝年终奖总额×适用税率－速算扣除数

3）申报与缴纳

个人所得税的纳税办法有自行申报纳税和代扣代缴两种。

(1) 自行申报纳税。是由纳税人自行在税法规定的纳税期限内向税务机关申报取得的应税所得项目和数额，如实填写个人所得税纳税申报表，并按照税法规定计算应纳税额，据此缴纳个人所得税的一种方法。根据我国税法规定，每年1月1日至3月31日，上年年所得超过12万元的个人要向主管税务机关办理个人所得税自行申报。

(2) 代扣代缴。是指按照税法规定负有扣缴义务人的单位或者个人,在向个人支付应税所得时,应计算应按税额,从其所得中扣除并缴入国库,同时向税务机关报送扣缴个人所得税报告表。

扣缴义务人每月扣缴的税款,应当在次月 7 日内缴入国库,并向主管税务机关报送扣缴个人所得税报告表。

任务 1.2 初识会计

【任务导入】

张欣同学于 2016 年 6 月 1 日依照企业注册的流程和方法成功注册了一家企业——爱伦体育服装公司,并开始了企业的经营与管理活动。作为企业管理者,需要通过什么途径来获取经营活动数据,及时了解、把握企业的经营状态,从而确保企业的经营管理活动有序进行、实现既定的经营目标?

1.2.1 会计的产生与发展

会计是伴随人类生产实践活动逐渐产生和发展起来的。人们的衣、食、住、行都需要消耗一定的物质资料,而要取得这些物质资料,就要生产。在生产实践中,人们在创造财富的同时,也耗费大量的物化劳动和活劳动。因此,人们意识到,在生产过程中须建立专门的职能,履行对物质财富生产过程占用、消耗及成果的记录、计算、分析和考核,实现以最少的占用、最小的消耗取得最满意的成果,这一专门职能就是会计。

早期的会计只是生产活动的附带部分,随着生产力的进一步发展,记录和计量活动逐渐从生产中分离出来,出现了独立从事对生产过程和劳动成果进行记录活动的簿记工作的专门人员。

会计随着人类社会的需要和生产管理的要求而产生,随着生产的发展而发展,其内容和方法在不断完善,职能也在不断扩大。

1) 原始社会

原始社会是会计的萌芽阶段。生产力有了一定发展,生产活动也呈现多样化,随着捕获食物的日益增多,逐渐创造出稳固的社会物质条件。为了能够把劳动产品进行清点、计数、记录、分配,产生了“绘图记事”“结绳记事”“刻契计数”。

2) 奴隶社会

“会计”一词出现。生产力有了进一步的发展,劳动生产率也有所提高,生产剩余越来越多,于是设立专门的机构和人员,对财富进行记录和管理。西周王朝设有专职的“司书”和“司会”,负责对政府的财政收支进行记录和核算,并定期向统治者报告。

3) 封建社会

封建社会时期,社会经济繁荣,生产规模扩大,管理不断加强。生产力的发展促进了会计方法的改进。西汉与东汉时期,由于造纸的发明,出现名为“计簿”或“簿记”的账册,如“草流”和“钱谷账”,标志着账簿的产生。宋朝时期,出现了“四柱结算法”,官厅中办理钱粮报销或移交,要编造“四柱清册”,将全部经济活动分为旧管——期初余额、新收——本期收入、开除——本期支出、实在——期末余额四个方面,即为“四柱”,其基本关系是“旧管+新收-开除＝实在”，通过四柱平衡公式，结算财产物资增减变化及其结果。“四柱结算法”说明我国古代会计已经发展到了相当高的水平。明末清初出现了“龙门账”和“四脚账”，对各项经济业务分“来”和“去”两个方面进行反映，标志着我国复式记账法的正式产生。

4）近代社会

1494年，意大利数学家卢卡·巴其阿勒出版了《算术、几何和比例概要》，详细地阐述了借贷记账原理，标志着现代会计正式产生。卢卡·巴其阿勒也被后人尊为“近代会计之父”。

20世纪20年代以后，随着经济的发展，会计又进一步分成财务会计和管理会计两大分支。前者又称对外报告会计，主要向企业外部利益集团提供相关会计信息；后者则主要侧重于为企业内部的预测、决策、规划与控制提供信息，所以又称对内会计。

会计的产生和发展历史证明，会计是适应人类生产实践和经济管理的客观要求而生产与发展起来的。经济越发展，会计越重要。正如马克思指出的，“生产过程越是按社会的规模进行，越是失去纯粹个人的性质，作为对过程的控制和观念总结的簿记就越是必要；因此，簿记对资本主义生产比对手工业和农业的分散生产更为重要，对公有生产比对资本主义生产更为重要”。

1.2.2 会计的含义与特点

1. 会计的含义

“会计”一词出现于清代，清代焦循在《孟子正义》一书中解释为“零星算之为计，总和算之为会(kuai)”。会计在其漫长、曲折的发展过程中，其内涵与外延不断丰富。最初的含义仅指计算、记录，其后逐渐融入了管理、考核等内容。由此可知，会计是指以货币为主要计量单位，采用一系列专门的方法和程序，对企业等经济组织的经济活动进行全面、连续、系统、综合的核算和监督，并向有关方面提供信息，以满足信息使用者经济决策需要的一项经济管理活动。

【思考】货币为主要计量依据，是不是唯一依据？

2. 会计的特点

1）会计以货币作为主要计量单位

计量单位是指用来度量事物数量的尺度标准，通常包括实物计量、劳务计量和货币计量三重计量单位。其中，实物单位是用来度量实物数量的单位，如公斤、件、吨、台等；劳务单位如小时（工时）、日（劳动日）等。会计之所以要以货币作为计量单位，是因为可以对不同形态的资产进行汇总与分割，具有其他计量单位所无法比拟的统一价值尺度的优势，可以满足会计核算中综合反映经济业务的需要。需要说明的是，会计有时还需要辅之以其他计量单位来进一步补充说明货币单位的具体内容，如用实物单位反映原材料和库存商品的数量，用劳务单位作为计算薪酬的基础等。因此，会计核算以货币为主要计量单位，辅之以其他计量单位，以满足会计管理多样化的需要。

2）会计具有专门方法

会计在其产生和发展的过程中，逐步形成了一系列既相互联系又相互独立的专门方法，包括设置会计科目与账户、复式记账、填制与审核会计凭证、登记账簿、成本计算、财产清查、编制会计报表等。

3）会计具有核算和监督的基本职能

会计的核算职能又称反映职能，是指会计对经济活动进行确认、计量、记录与报告。简单地说，就是记账、算账和报账，会计首先是对原始凭证进行审核，在真实完整的基础上进一步在账簿中进行登记，最后再将账簿记录进行分析汇总，编制会计报表，通过会计报表向单位内部和外部的有关方面提供本单位的财务信息，这就是会计的核算职能。

会计的监督职能是指会计在反映经济活动时，对会计资料的真实性、完整性，以及对会计事项的合理性、合法性所进行的检查与审核。

两者之间的关系：会计的核算职能和监督职能关系密切，两者相辅相成、不可分割。会计核算是会计监督的基础和前提，没有核算所提供的各种信息，监督就失去了依据；而会计监督是会计核算的质量保证和延续，只有核算没有监督，就难以保证核算所提供的信息的真实性、可靠性。只有严格的进行监督，核算所提供的数据资料才能在经济管理中发挥更大的作用。

4）会计的对象是特定单位的经济活动

特定单位主要是指为其担任财务人员，进行会计核算和监督的单位。

5）会计是一项经济管理活动

会计工作往往在单位内部管理的整个系统中进行，每一个管理环节都离不开会计人员的参与。在宏观经济中，会计也是国民经济管理的重要基础和组成部分。从职能属性看，核算和监督本身是一种管理活动；从本质属性看，会计本身就是一种管理活动。

1.2.3 会计的分类

会计的种类很多，按不同的标准可以划分为不同的种类。

1. 按会计信息的使用者分类

1）财务会计

财务会计是当代企业会计的一个重要组成部分。它是以通用的会计原则为指导，采用专门的簿记系统，对企业的生产经营过程进行核算和监督，旨在为所有者、债权人及其他利益相关者提供会计信息的对外报告会计。

财务会计的目标主要是向会计信息的外部使用者，如投资人、债权人、社会公众和政府部门等提供会计信息，使其了解企业的财务状况和经营成果，最终有助于这些外部使用者进行相关的决策。

2）管理会计

管理会计是企业为了加强内部经营管理，提高企业经济效益，在企业经营管理过程中直接发挥作用的对内报告会计。

管理会计的目标是通过使用管理会计工具方法，参与企业规划、决策、控制、评价活动并为之提供有用信息，推动企业实现战略规划。

管理会计与财务会计不同，它不要求运用复式记账方法，也不遵循公认会计原则，是通过对财务会计信息的深加工和再利用，实现对经营过程的预测、决策、规划、控制和考核评价。

2. 按会计所服务的领域分类

1）企业会计

企业会计是指服务于企业单位的会计。企业会计主要反映企业的财务状况和经营者的经营业绩，它有特定的会计对象和专门的会计方法。财务会计和成本会计都属于企业会计的范围。

2）非营利组织会计

非营利组织会计是指服务于非营利组织的会计。所谓非营利组织是指民间非营利组织，包括社会团体、基金会、民办非企业单位等民间组织，但不包括公立非营利组织。公立非营利组织一般是依靠国有资产运营的国有事业单位。这类非营利组织与政府公共部门比较接近，往往适用于预算会计制度。

3）政府会计

政府会计是指将会计学的基本原理应用于政府公共部门的一门专业会计，主要用来反映政府公共部门的财务状况和财务活动成果，以及政府公共管理部门的成本费用。

1.2.4　会计的目标

会计的目标在于为使用者提供有用的会计信息，帮助信息使用者进行经济、财务决策和控制经济活动，并反映管理层受托责任的履行情况。信息使用者包括投资者、债权人、政府及其有关财政、税务部门和社会公众等，他们又被称为利益相关者，如图1-2所示。

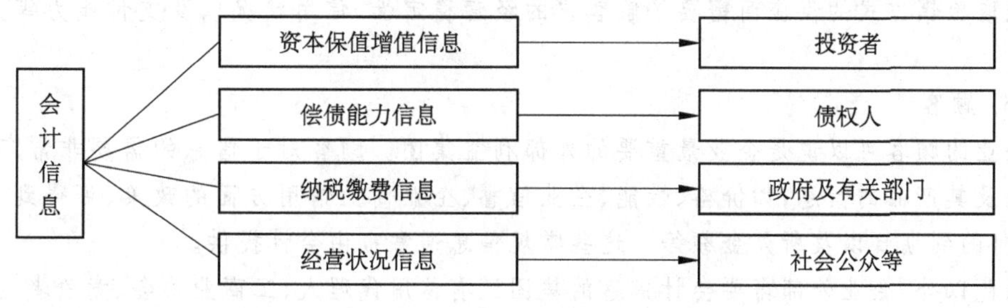

图1-2　会计目标

会计目标是会计管理运行的出发点和最终要求，会计的目标决定和制约着会计管理活动的方向，控制着会计工作的各个环节和整个过程，涉及会计工作的方方面面，在内容上呈现出多层次性，随着经济的发展而不断地发展变化。

◆ **知识链接**

会计信息的使用者

会计信息需求来自企业外部和企业内部两方面，它们分别是会计信息的外部使用者和内部使用者。

1. 会计信息的外部使用者

会计信息的外部使用者是与企业具有利益关系的个人和其他企业，他们一般不参与企业的日常管理。具体包括以下内容。

(1) 股东

公司的股东最关心公司的经营，他们需要评价过去和预测未来。财务报告是满足公司股东需要的重要手段。向股东提供财务报告是会计信息系统的传统职责，股东借助于财务报告反映的常规信息，获得有关股票交易和股利支付的情况，从而做出决策。

(2) 债权人

公司债权人对公司的信誉、偿债能力及企业的未来展望是非常关心的。公司的财务报告是这些信息的一个重要来源。债权人需要的有关借贷业务的常规信息，是通过与借款单位的会计信息交换得来的。

(3) 政府机关

政府的许多部门需要企业的有关信息。税务机关需要有关公司利润和向国家缴纳税额的信息；社会保障机关需要企业缴纳的各项社会保障基金的信息；国有企业必须向国资委、国家财政、审计机关等部门提供财务报告，以便接受经济监督等。

(4) 职工

作为一个利益集团，职工个人期望定期收到工资和薪金，并同时得到企业为个人提供社会保障的各类基金方面的信息和企业的某些综合性的信息，如工资平均水平、职工福利和利润等。职工代表大会、工会也会代表职工要求得到这些信息，而这些信息的大部分是由会计信息系统提供的。

(5) 供应商

企业在生产经营活动中往往需要采购大量的原材料，并生产出产成品或可供销售的商品。采取赊销方式的供应商需要了解客户的经营稳定性、信用状况以及支付能力等方面的信息。

(6) 顾客

企业的顾客可以说是企业最重要的外部利益集团。顾客对于信息的需要非常广泛，包括企业及其产品的信息，如价格、性能、企业信誉、企业商业信用方面的政策、可得到的折扣额、支付的到期日以及所欠金额等。这些常规信息通常也由会计提供。

除此以外，企业外部需要会计信息的集团还有信用代理人、工商业协会、竞争者、企业组织所在的社区、财务分析家以及关心企业某个方面经济活动的公民等。

向企业外部的使用者所提供的会计信息，绝大部分是属于“强制性的”或是“必需的”。如向政府部门所报送的应税收益和代扣税款的报表，以及向股东所报送的财务报告等，均属于强制性的信息。需特别注意的是，企业向外界提供的决策性信息是由管理当局提供的，但管理当局并不是提供会计信息的唯一渠道，外界作决策所依据的会计信息的公允性和准确性，最后必须而且只能由企业管理最高当局负责。

2. 会计信息的内部使用者

一个企业组织的各级管理部门为了完成职责都需要信息，不论是负责完成全公司目标的最高级管理部门，还是负责完成一项具体目标的某一个经营管理部门都是如此。会计信息的内部使用者包括董事会、首席执行官(CEO)、首席财务官(CFO)、副董事长(主管信息系统、人力资源、财务等)、经营部门经理、分厂经理、分部经理、生产线主管等。

企业内部各部门使用会计信息的具体目标不同，但这些目标的宗旨都是一样的，都是旨在帮助企业实现其总体的战略和任务。

与外部的信息需要相比，向内部报送的会计信息具有较多的“自由性”。

1.2.5　会计信息的质量要求

有用的会计信息都存在一个质量问题，对决策有用的会计信息在质量上必须达到一定的要求。高质量的会计信息应具备可靠性、相关性、可理解性和可比性这四大基本特征。

1）可靠性

可靠性是指会计信息必须是客观的和可验证的。信息如果不可靠，不但对决策无用，而且会造成决策失误。因此，企业应当以实际发生的交易或者事项为依据进行会计核算，保证会计信息内容真实、数字准确、资料可靠，具有可验证性和中立性。可靠性是会计信息的重要质量特征。

2）相关性

相关性是指会计信息与信息使用者所需要解决的问题相关联，即与使用者进行的决策有关，有助于财务会计报告使用者对企业过去、现在以及未来的情况做出评价或者预测。相关性的核心是对决策有用，具有影响决策的能力。

3）可理解性

可理解性是指会计信息必须能够被使用者所理解，即企业提供的会计信息必须清晰易懂。信息若不能被使用者所理解，即使质量再好，也没有任何用途。

4）可比性

可比性是指一个企业的会计信息与其他企业的同类会计信息尽量做到口径一致，相互可比。不同企业的会计信息或同一企业不同时期的会计信息如能相互可比，就会大大增强信息的有用性。一家企业的会计信息如能与其他企业类似的会计信息相比较，以及与本企业以前年度同日期或其他时点的类似会计信息相比较，就不难发现它们之间相似相异之处，发现本企业当前生产经营管理上的问题。

◆ **知识链接**

财务报告——会计信息的最终呈现形式

企业的经济活动发生以后，通过会计采用专门的方法，按照一定的程序，依次通过会计凭证、会计账簿等特定载体进行记录，最终以财务报告的形式对企业的财务状况和经营成果、现金流量等情况进行连续、系统、全面、综合的反映。财务报告是向投资者等会计信息使用者提供有用信息的媒介和渠道，是沟通投资者、债权人等使用者与企业管理层之间信息的桥梁和纽带。

财务报告以数字与文字相结合的形式对企业的经营活动信息进行列报，其中主体部分是财务报表。财务报表是对企业财务状况、经营成果、现金流量的结构性表述，主要包括“四表一注”，即资产负债表、利润表、现金流量表、所有者权益（或股东权益）变动表和报表附注。其中，前三项是我们常说的基本会计报表。

任务1.3　设置会计机构加强企业内部控制

【任务导入】

张欣同学成立的爱伦体育服装公司，按照相关法律规定，作为新成立的企业，要怎样设立会计机构?设置哪些会计岗位?招聘什么样的人员才是合格的会计人员?当企业运作不再井井有条的时候,企业管理者应该运用什么样的内部控制知识来解决问题?

1.3.1 设置会计机构

1. 了解会计职业

会计是一个较为特殊的行业,无论公司规模大小,都需要从事会计工作的人员来保证正常的运营,可以说会计人员是企业的核心人员之一,是机构运转的关键角色。也是每一个组织中最重要的岗位之一,承担着组织命脉的重任。

◆ **知识链接**

与会计专业相关的技术资格和执业资格证书

1. 会计专业技术资格证书

根据担任的专业技术职务不同,会计专业技术资格分为:初级资格、中级资格和高级资格。

根据《中华人民共和国会计法》和《会计专业职务试行条例》的有关规定,通过全国统一考试,取得会计专业技术资格的会计人员,表明其已具备担任相应级别会计专业技术职务的任职资格。用人单位可根据工作需要和德才兼备的原则,从获得会计专业技术资格的会计人员中择优聘任。

各级职称一般可在单位评薪评级时使用。政府部门、事业单位和国有企业对职称比较重视,现在有些上市公司和大型民营企业招聘经理级别的职位也要求中级或者更高级别的职称。

取得初级会计资格人员,如具备大专毕业担任会计员职务满2年,或中专毕业担任会计员职务满4年,或不具备规定学历的,担任会计员职务满5年并符合国家有关规定的,可聘任为助理会计师职务。不符合上述条件的人员,只可聘任会计员职务。

取得中级会计资格并符合国家有关规定,可聘任会计师职务。

高级会计资格实行考试与评审结合的评价制度,申请参加高级会计师资格评审的人员,通过后即表示其已具备担任高级会计师资格,经单位聘任或任命后担任高级会计师。

2. 执业资格证书

与会计专业相关的执业资格证书包括以下几项。

注册会计师:是指经全国统一考试合格,取得《注册会计师证书》并在会计师事务所执业的人员,英文全称Certified Public Accountant,简称为CPA,指的是从事社会审计/中介审计/独立审计的专业人士。

注册管理会计师(Certified Management Accountant)是全球最大的管理会计组织——美国管理会计师协会(IMA)于1972年推出的管理会计领域的全球高端财会认证,是全球管理会计及财务管理领域的最权威认证。与AICPA、CFA并称世界财经领域三大黄金证书。

注册税务师:是指经全国统一考试合格,取得《注册税务师执业资格证书》并经注册登记的、从事税务代理活动的专业技术人员。英文全称Certified Tax Agents,简称CTA。

特许公认会计师:是得到皇家特许(Royal Charter)头衔的英国四大拥有法定权力会计师资格之一,ACCA在国内称为“国际注册会计师”,实际上是特许公认会计师公会(The

Association of Chartered Certified Accountants)的缩写。

执业资格系列证书代表在这个专业领域里面具备一定的资格，可以从事该专业较为高级别的工作，其证书的含金量也最高，很多企业在招聘中高级财会人员时，明确要求具备此类证书，就业前景非常好。

---

2. 设置会计机构

会计机构是指个单位内部设置的办理会计事务的职能部门，会计人员是从事会计工作的人员。建立并完善会计机构，配备一定数量符合要求的会计人员，是做好会计工作、充分发挥会计职能作用的前提条件。《会计法》和《会计基础工作规范》等对会计机构设置和会计人员配备做出具体规定。

《会计法》第三十六条规定："各单位应当根据会计业务的需要，设置会计机构，或者在有关机构中设置会计人员并指定会计主管人员；不具备设置条件的，应当委托经批准设立从事会计代理记账业务的中介机构代理记账。"由此可见对于会计机构的设置要求，《会计法》提出了三个层次的原则。

1）单独设置会计机构

单独设置会计机构是对会计机构设置的第一层次的要求。按照《会计法》的规定，各单位应当根据会计业务的需要设置会计机构，进行独立的会计核算，这是会计机构设置的最基本的要求。

2）在有关机构中设置专职会计人员

《会计法》规定，不单独设置会计机构的单位，应当在有关机构中设置会计人员并指定会计主管人员。这种形式一般在财务收支数额不大、会计业务比较简单的企业、机关、团体、事业单位和个体工商户中比较多见。为了适应其内部管理需要和组织结构特点，虽然没有独立的会计部门，但应当配备专职会计人员开展会计工作，从而强化责任制度，保障单位经济活动的健康运作。

3）实行代理记账

《会计法》规定，对于不具备设置会计机构和会计人员条件的单位，应当委托经批准设立从事会计代理记账业务的中介机构代理记账。此规定适用于不具备设置会计机构、配备会计人员的小型经济组织，以解决记账、算账、报账的要求。

代理记账是指从事代理记账业务的社会中介机构(会计咨询服务机构、会计师事务所)接受委托人(独立核算单位)的委托办理代理记账、算账、报账业务。

3. 设置会计工作岗位

1）会计工作岗位的概念

会计工作岗位，是指一个单位会计机构内部根据业务分工而设置的从事会计工作、办理会计事项的具体职能岗位。在会计机构内部设置会计工作岗位，既是建立岗位责任制的前提，也是提高会计工作效率和质量的重要保证。

会计工作岗位一般分为：总会计师岗位，会计机构负责人或者会计主管人员，出纳，财产物资核算，工资核算，成本费用核算，财务成果核算，资金核算，资本、基金核算，收入、支出、债权债务核算，财产物资收发，增减核算，总账，对外财务会计报告编制，会计电算化，往来结算,会计机构内档案管理等岗位。

值得注意的是,对于会计档案管理岗位,在会计档案正式移交之前,属于会计岗位,会计档案正式移交之后,不再属于会计岗位;档案管理部门的人员管理会计档案,收银员、单位内部审计、社会审计、政府审计工作也不属于会计岗位。

2) 会计工作岗位设置的要求

一个单位需要设置多少会计工作岗位,需要配备多少会计人员,应与其业务活动规模、特点和管理要求相适应。会计岗位可以一人一岗、一人多岗、一岗多人。通常,在小型企业中,“一人一岗”“一人多岗”的现象较多;而在大中型企业中,“一岗多人”的现象较多、较普遍。

会计岗位设置应符合内部牵制制度的要求。内部牵制制度(钱账分管制度)要求凡是涉及款项和财务收付、结算及登记的任何一项工作,必须由两人或两人以上分工办理,以起到相互制约作用的一种工作制度。如出纳不得兼管稽核、会计档案保管、收入、费用、债权债务账目的登记工作(而不是所用记账工作)。出纳以外的人员不得经管现金、有价证券、票据。

会计岗位设置要建立岗位责任制。会计工作岗位责任制是指明确各项会计工作的职责范围、具体内容和要求,并落实到每个会计工作岗位或会计人员的一种会计工作责任制度。通过会计岗位责任制的建立,能够明确每一位会计人员的权利和责任,做到事事有人管,人人有专责。

会计岗位设置对会计人员的工作岗位要有计划进行轮岗,以有利于会计人员全面熟悉业务,不断提高业务素质。

【思考】超市收银员、医院门诊收费员、商场收银员、档案管理部门工作人员是否属于会计工作岗位?

◆ **知识链接**

会计人员职业发展规划

进入企业从事财务工作,随着工作年限的增加,专业技能的积累,从业人员自身业务能力和素质得到提升,产生了向更高职位发展的需求。

财务人员职业岗位晋级途径有:出纳—会计—会计主管—财务经理—财务总监。

1. 出纳

工作概述:做好货币资金、应收/应付票据、税款的收付及记账、结账工作。

岗位职责:负责现金支票的收入保管、签发支付工作;严格按照公司的财务制度报销结算公司各项费用并编制相关凭证;及时准确编制记账凭证并逐笔登记总账及明细账,定期上缴各种完整的原始凭证;及时与银行定期对账等。

任职资格:会计、财务及经济管理类相关专业大专以上学历;具备出纳必要的专业知识和专业技能。熟悉会计基本知识,掌握快速、准确地清点钞票,票据准确使用的技能;必须取得会计从业资格证书。

2. 会计

工作概述:负责会计核算,并协助会计主管汇总公司的会计及税务核算工作。

岗位职责:协助会计主管负责本公司的财务会计工作;负责财务核算、审核、监督工作,按照公司及政府有关部门要求及时编制各种会计报表并报送相关部门;负责各种财务资料和档案的归集、保管和保密工作等。

任职资格：会计、财务及经济管理类相关专业大专以上学历；掌握财务会计知识和技能，熟悉并能认真执行有关会计法规和财务会计制度；能担任一个岗位的财务会计工作。

3. 会计主管

工作概述：分析、研究会计数据，准备财务报告，向管理层提供财务信息。

岗位职责：协助财务经理制订业务计划、财务预算、监督计划；核签、编制会计凭证，整理保管财务会计档案；登记保管各种明细账、总分类账；定期对账，设计、修订会计制度等。

任职资格：会计、财务、审计或相关专业本科以上学历；受过管理学、经济法、产品知识等方面的培训；三年以上企业财务工作经验，有丰富的财务处理工作经验。

4. 财务经理

工作概述：主持公司财务预决算、财务核算、会计监督和财务管理工作；组织协调、指导监督财务部日常管理工作，监督执行财务计划，完成公司财务目标。

岗位职责：根据集团公司中、长期经营计划，组织编制集团年度综合财务计划和控制标准；建立、健全财务管理体系，对财务部门的日常管理、年度预算、资金运作等进行总体控制等。

任职资格：会计、财务或相关专业本科以上学历；五年以上跨国企业或大型企业集团财务管理工作经验，有跨行业财务工作经历者优先考虑。谙熟国际和国内会计准则以及相关的财务、税务、审计法规、政策；具有全面的财务专业知识、账务处理及财务管理经验。擅长资本运作。

5. 财务总监

工作概述：主持公司财务战略的制定、财务管理及内部控制工作，筹集公司运营所需资金，完成企业财务计划。

岗位职责：利用财务核算与会计管理原理为公司经营决策提供依据，协助总经理制定公司战略，并主持公司财务战略规划的制定等。

任职资格：会计、财务或相关专业大学本科以上学历；8年以上跨国企业或大型企业集团财务管理工作经验；具有全面的财会专业、现代企业管理知识，熟悉财经法规和制度；参与过较大投资项目的分析、论证和决策；具有丰富的财务管理、资金筹划、融资及资本运作经验。

1.3.2 加强企业内部控制

1. 内部控制的概念

内部控制是指企业董事会、监事会、经理层和全体员工实施的、旨在实现控制目标的过程。

根据国家有关法律法规，财政部会同证监会、审计署、银监会、保监会制定了《企业内部控制基本规范》，本规范于2008年5月22日印发，自2009年7月1日起施行。

◆ **知识链接**

内部控制的内涵

内部控制是指单位为了实现其经营目标，保护资产的安全完整，保证会计信息资料的正确可靠，确保经营方针的贯彻执行，保证经营活动的经济性、效率性和效果性，而在单位内部采取的自我调整、约束、规划、评价和控制的一系列方法、手段与措施。

2. 内部控制的目标

企业内部控制目标主要包括：合理保证企业经营管理合法合规、资产安全、财务报告及相关信息真实完整、提高经营效率和效果、促进企业实现发展战略。

3. 内部控制的原则

企业建立与实施内部控制，应遵循以下原则。

1）全面性原则

即内部控制应当贯穿决策、执行和监督全过程，覆盖企业及其所属单位的各种业务和事项。

2）重要性原则

即内部控制应当在全面控制的基础上，关注重要业务事项和高风险领域。

3）制衡性原则

即内部控制应当在治理结构、机构设置及权责分配、业务流程等方面形成相互制约、相互监督，同时兼顾运营效率。

4）适应性原则

即内部控制应当与企业经营规模、业务范围、竞争状况和风险水平等相适应，并随着情况的变化及时加以调整。

5）成本效益原则

内部控制应当权衡实施成本与预期效益，以适当的成本实现有效控制。

4. 内部控制的责任人

内部控制的建立与实施离不开明确的责任主体和明晰的职责划分：董事会负责内部控制的建立健全和有效实施；监事会对董事会建立与实施内部控制进行监督；经理层负责组织领导企业内部控制的日常运行。

企业应当成立专门机构或者指定适当的机构具体负责组织协调内部控制的建立实施及日常工作。只有各部门各岗位人员各司其职，充分配合，才能保证整个内部控制体系的有效运转。

5. 内部控制的内容

1）内部环境

内部环境是企业实施内部控制的基础，一般包括治理结构、机构设置及权责分配、内部审计、人力资源政策、企业文化、社会责任等。

2）风险评估

风险评估是企业及时识别、系统分析经营活动中与实现内部控制目标相关的风险，合理确定风险应对策略。

3）控制活动

控制活动是企业根据风险评估结果，采用相应的控制措施，将风险控制在可承受范围之内。

4）信息与沟通

信息与沟通是企业及时、准确地收集、传递与内部控制相关的信息，确保信息在企业内部、企业与外部之间进行有效沟通。

5）内部监督

内部监督是企业对内部控制建立与实施情况进行监督检查，包括日常监督检查和专项检查，以此评价内部控制的有效性，针对发现的内部控制缺陷，及时加以改进。

6. 企业内部控制活动的措施

1）不相容职务分离控制

所谓不相容职务，是指那些如果由一个人担任既可能发生错误和舞弊行为，又可能掩盖其错误和舞弊行为的职务。比如授权批准与业务经办、业务经办与会计记录、会计记录与财产保管、授权批准与监督检查等。企业在设计、建立内部控制制度时，首先应确定哪些岗位和职务是不相容的；其次要明确规定各个机构和岗位的职责权限，使不相容岗位和职务之间能够相互监督、相互制约，形成有效的制衡机制。

不相容职务分离的核心是“内部牵制”，它要求每项经济业务都要经过两个或两个以上的部门或人员的处理，使得单个个人或部门的工作必须与其他个人或部门的工作相一致或相联系，并受其监督和制约。

2）授权审批控制

授权审批是指企业在办理各项经济业务时，必须经过规定程序的授权批准。企业必须建立授权审批体系，明确授权审批的范围、层次、程序和责任。

3）会计系统控制

会计系统控制主要是通过对会计主体所发生的各项能用货币计量的经济业务进行记录、归集、分类、编报等进行的控制。其内容主要包括：依法设置会计机构，配备会计从业人员；建立会计工作的岗位责任制，对会计人员进行科学合理的分工，使之相互监督和制约；按照规定取得和填制原始凭证；设计良好的凭证格式；对凭证进行连续编号；规定合理的凭证传递程序；明确凭证的装订和保管手续责任；合理设置账户，登记会计账簿，进行复式记账；按照《会计法》和国家统一的会计准则的要求编制、报送、保管财务会计报告。

4）财产保护控制

要求单位限制未经授权人员对财产的直接接触，同时采取财产记录和实物保管；定期盘点和账实核对等措施，确保各种财产的安全完整。

5）预算控制

在实际工作中，预算编制不论采用自上而下或自下而上的方法，决策权都应落实在内部管理的最高层，由其进行决策、指挥和协调。预算确定后，由各预算单位组织实施，并辅之以对等的责权利关系，由内部审计部门等负责监督预算的执行。

预算控制要求单位建立预算管理制度，加强预算编制、执行、分析、考核等环节的管理，明确预算项目，建立预算标准，规范预算环节，及时分析和控制预算差异，采取改进措施。预算内资金实行责任人限额审批，限额以上资金实行集体审批。严格控制无预算的资金支出。

6）运营分析控制

运营分析控制要求企业建立运营情况分析制度，管理层应当综合运用生产、购销、投资、融资、财务等方面的信息，通过因素分析、对比分析、趋势分析等方法，定期开展运营情况分析,发现存在的问题,及时查明原因并加以改进。

7)绩效考评控制

绩效考评控制要求企业科学设置考核指标体系,对照预算指标、盈利水平、投资回报率、安全生产目标等方面的业绩指标,对企业内部各职能部门和全体员工的业绩进行定期考核和客观评价,并将考评结果作为确定员工薪酬以及职务晋升、评优、降级、调岗和辞退等的依据。它是解决企业内部控制公平性的必要条件。

【思考】爱伦体育服装公司刚刚成立,内部员工工作散漫,工作效率低,老板可以通过什么样的举措来纠正和改变这一现状?

项目小结

我国目前的企业类型较为庞杂,按所有制形式可以划分为个人独资企业、合伙企业和公司。不同企业注册的流程基本是一致的,企业准备好相关资料,并完善名称、地址、注册资本等相关信息,然后到工商管理部门进行核名,核名之后,向工商管理部门预约交件、提交材料。通过以后,到工商部门进行执照办理,到公安部门进行刻章备案,到税务部门领取税务执照并购买发票,最后到银行开户购买支票就完成了整个注册流程。

不同组织形式、不同经营性质、不同地区注册的企业享受的财税待遇是不同的。在其他条件相同的情况下,投资人一般要到低税区注册企业,低税区是指征收率较低或可以享受减、免、退税等税收优惠的地区、行业或企业。高新技术企业、小微企业、农业企业、外贸业企业享有税收优惠,开发区、自贸区、西部地区等区域注册的企业也享有减、免税等待遇。我国现行税制体制是以流转税和所得税并重、其他税类为辅助税种的复税制体系。企业注册完成以后,在开展生产经营活动的过程中,会产生各种各样的纳税义务,主要以流转税中的增值税,所得税中的企业所得税、个人所得税为主。

为了全面、完整、系统地反映企业所开展的生产经营活动,企业需要设立会计机构来进行核算。会计以货币为主要计量单位,运用专门的方法来核算和监督一个单位的经济活动,通过会计报表等文件为投资者、债权人、政府部门等利益相关者提供决策有用的会计信息。

会计作为一种管理活动与企业内部控制的建立与实施结合起来,能有效提高经营效率,促使企业实现发展战略。

课后练习

一、单项选择题

1. 税法规定(　　)是区别一种税与另一种税的重要标志。

A. 征税对象　　B. 税目　　C. 纳税义务人　　D. 税率

2. 符合条件的小型微利企业,减按(　　)的税率征收企业所得税。

A. 5%　　B. 10%　　C. 15%　　D. 20%

3. 生产下列货物应按11%征收增值税的有(　　)。

A. 农机　　B. 汽车　　C. 家用电器　　D. 办公用品

4. 根据企业所得税法律制度的规定,下列各项中,不属于企业所得税纳税人的是(　　)。

A. 股份有限公司　　B. 合伙企业　　C. 联营企业　　D. 出版社

5. 企业应当自年度终了之日起(　　)个月内,向税务机关报送年度企业所得税纳税申报表,并汇算清缴,结清应缴应退税款。

A. 3　　B. 4　　C. 5　　D. 6

6. 利润表是反映(　　)的报表。

A. 财务状况　　B. 经营成果　　C. 费用和成本　　D. 合并财务

7. 资产负债表是反映企业在(　　)的财务状况的报表。

A. 一定期间　　B. 某一特定日期　　C. 某一特定时期　　D. 某一会计期间

8. 会计的基本职能是(　　)。

A. 反映和考核　　B. 核算和监督　　C. 预测和决策　　D. 分析和管理

9. 按会计准则规定,为了正确划分收入、费用的归属期,应遵守的原则是(　　)。

A. 权责发生制　　B. 收付实现制　　C. 永续盘存制　　D. 实地盘存制

10. 我国会计法律制度中层次最高、法律效力最高的法律规范,是制定其他会计法规依据的是(　　)。

A.《会计法》　　B.《企业财务会计报告条例》

C.《会计从业资格管理办法》　　D.《总会计师条例》

11. 会计核算的内容是指特定单位的(　　)。

A. 经济资源　　B. 经济活动　　C. 劳动成果　　D. 劳动耗费

12. (　　)是指主体对所确认的风险采取必要的措施,以保证其目标得以实现的政策和程序。

A. 控制环境　　B. 风险评估　　C. 控制活动　　D. 信息与沟通

13. 会计核算使用的主要计量单位是(　　)。

A. 实物计量　　B. 货币计量　　C. 时间计量　　D. 劳动计量

14. 下列关于会计监督职能的表述中,不正确的是(　　)。

A. 会计的监督职能是指对特定主体经济业务的真实性、合法性、合理性进行审查

B. 会计监督可以分为事前、事中和事后监督

C. 会计监督是会计核算的基础

D. 会计监督是会计核算的质量保障

15. 增值税一般纳税人本月销售额(含税)117万元,税率17%,计算的增值税销项税额为(　　)万元。

A. 19.89　　B. 17　　C. 16.98　　D. 2.89

16. 以下各项中,不属于会计工作岗位的是(　　)。

A. 出纳岗位　　B. 总账岗位

C. 会计电算化岗位　　D. 收银员岗位

17. (　　)是企业及时识别、系统分析经营活动中与实现内部控制目标相关的风险,合理确定风险应对策略。

A. 内部环境　　B. 风险评估　　C. 控制活动　　D. 内部监督

18. 内部控制的目标是(　　)。

A. 绝对保证财务报表是公允的、合法的

B. 合理保证财务报表是公允、合法的

C. 绝对保证经营合规、资产安全、财务报告及相关信息真实完整、经营有效性,促进企业实现发展战略

D. 合理保证经营合规、资产安全、财务报告及相关信息真实完整、经营有效性,促进企业实现发展战略

19. 企业建立与实施内部控制,以下不属于应遵循的原则有(　　)。

A. 全面性原则　B. 重要性原则　C. 可靠性原则　D. 制衡性原则

20. 会计的本质是(　)。

A. 核算活动　B. 管理活动　C. 监督活动　D. 经济活动

二、多项选择题

1. 增值税的纳税期限为(　　)。

A. 1 日　B. 3 日

C. 5 日　D. 10 日

E. 15 日或者 1 个月

2. 税收具有以下(　　)特征。

A. 无偿性　B. 强制性　C. 固定性　D. 灵活性

3. 适用税率为 11%的增值税征税行为有(　　)。

A. 提供交通运输、邮政服务　B. 提供建筑、不动产租赁服务

C. 提供有形动产租赁服务　D. 销售不动产,转让土地使用权

4. 按照现行规定,下列纳税人可以被认定为增值税一般纳税人的有(　　)。

A. 年应税销售额在 120 万元以上的从事货物生产的纳税人

B. 年应税销售额在 80 万元以下,会计核算制度不健全的从事货物零售的纳税人

C. 年应税销售额在 80 万元以上的从事货物批发的纳税人

D. 年应税销售额在 50 万元以下,会计核算制度健全的从事货物生产的纳税人

5. 企业经营过程中,大量使用的三大报表是(　　)。

A. 投资报表　B. 销售报表

C. 资产负债表　D. 利润表

E. 现金流量表

6. 我国境内注册企业可供选择的低税区主要包括(　　)。

A. 开发区　B. 自贸区　C. 西部地区　D. 保税区

7. 下列属于内部控制要素的有(　　)。

A. 内部环境　B. 风险评估

C. 控制活动　D. 信息与沟通

E. 内部监督

8. 内部控制的参与主体包括(　　)。

A. 董事会　B. 监事会

C. 经理层　D. 全体员工

E. 普通员工

9. 下列有关会计的说法中，正确的包括(　　)。

A. 本质上是一种经济管理活动　B. 对经济活动进行核算和监督

C. 以货币为主要计量单位　D. 核算特定主体的经济活动

10. 根据我国《企业会计准则》的规定，会计期间分为(　　)。

A. 年度　B. 半年度　C. 季度　D. 月度

11. 会计岗位的设置可以(　　)。

A. 一人一岗　B. 多人多岗　C. 一人多岗　D. 一岗多人

12. 企业会计信息的使用者有(　　)。

A. 投资者　B. 债权人

C. 政府及相关机构　D. 企业管理人员、职工和社会公众等

13. 基本会计报表由(　　)组成。

A. 资产负债表　B. 利润表　C. 现金流量表　D. 报表附注

14. 会计监督职能是指会计人员在进行会计核算的同时，对经济活动的(　　)进行审查。

A. 及时性　B. 合法性　C. 合理性　D. 时效性

15. 预算控制包括以下(　　)环节。

A. 预算编制　B. 预算执行　C. 预算分析　D. 预算考核

16. 不相容职务之间应实行分离，其中会计记录应与(　　)相分离。

A. 会计监督　B. 业务经办　C. 财产保管　D. 预算编制

17. 下列属于会计功能的有(　　)。

A. 实施会计监督　B. 预测经济前景　C. 参与经济决策　D. 评价经营业绩

18. 会计信息的使用者包括(　　)。

A. 投资者　B. 债权人

C. 社会公众　D. 政府及有关部门

19. 下列属于会计信息质量要求的有(　　)。

A. 可靠性　B. 相关性　C. 可理解性　D. 可比性

20. (　　)符合《会计法》对会计机构的设置要求。

A. 实行代理记账　B. 单独设置会计机构

C. 在有关机构中设置专职会计人员　D. 设置兼职会计人员

三、判断题

1. 在我国设立股份有限公司，要求发起人应为2人以上200人以下。(　　)

2. 纳税人认定为增值税一般纳税人后，也可以再转为小规模纳税人。(　　)

3. 会计以货币作为唯一计量单位。(　　)

4. 最终消费者是增值税的税负承担者。(　　)

5. 在所得税方面，小微企业执行20%的企业所得税税率，比一般企业的所得税税率低5%。(　　)

6. 一个自然人能够设立多个一人有限责任公司。(　　)

7. 我国的低税区行业主要涵盖农业和外贸业。(　　)

8. 内部控制是由企业董事会、监事会、经理层实施的，和普通员工没有关系。(　　)

9. 会计工作岗位可以一人一岗、一人多岗或者一岗多人。 ( )

10. 出纳不得兼管稽核、会计档案保管、收入、费用、债权债务账目的登记工作。( )

11. 财务会计是对外报告会计,管理会计是对内报告会计。 ( )

12. 不相容职务分离的核心是“内部牵制”。 ( )

13. 股份有限公司一定是上市公司。 ( )

14. 会计的基本职能是会计核算和会计监督,会计监督是首要职能。 ( )

15. 内部控制不必考虑成本效益原则。 ( )

16. 税收对社会经济发展产生重要调节作用,对居民收入产生再分配效果。 ( )

17. 根据担任的专业技术职务不同,会计专业技术资格分为:初级资格、中级资格和高级资格。 ( )

18. 会计是人类社会发展到一定历史阶段的产物,它起源于生产实践,是为管理生产活动而产生的。 ( )

19. 会计是以货币为主要计量单位,以凭证为依据,借助于专门的技术方法,对一定单位的资金运动进行全面、综合、连续、系统的核算与监督,向有关方面提供会计信息、参与经营管理、旨在提高经济效益的一种经济管理活动。 ( )

20. 现代会计形成的标志是财务会计与管理会计的分离。 ( )

四、简答题

1. 什么是会计?会计的基本特点是什么?
2. 简述企业注册流程。
3. 简述企业建立和实施内部控制需要遵循哪些原则。
4. 简述我国现行税制体系包括的具体税种。
5. 简述增值税的征收范围及适用税率(含征收率)。
6. 简述会计信息使用者有哪些及其使用目标。

五、综合题

1. 江南制造厂为增值税一般纳税人,适用的增值税税率为17%,原材料采用实际成本法进行日常核算。2016 年 6 月份发生如下涉及增值税的经济业务或事项。

(1) 购入一批材料,增值税专用发票上注明的原材料价款为 40 000 元,增值税税率为17%,货款以银行存款支付,材料已验收入库。

(2) 取得运输部门开具的增值税专用发票,本月销售产品发生的运输费用为 3 600 元,增值税税率为 11%,款项以银行存款支付。

(3) 本月销售商品一批,增值税专用发票上注明的价款为 68 500 元,增值税税率为17%,商品已经发出,价款尚未收到。

(4) 仓库盘点,发现由于管理不善被盗原材料一批,价值 750 元,应由该批原材料负担的增值税税额为 127.5 元,尚未经批准处理。

要求:根据上述资料,计算本月应交的增值税税额。

2. 某高新技术企业于 2009 年成立,以软件产品的开发、生产、销售为主要业务。2016年其有关的生产经营情况如下。

(1) 将自行开发的软件产品销售,取得收入 3 000 万元(不含税价格)。

(2) 买卖国债取得收益 5 万元,另外还取得国债利息收入 1.2 万元。

(3) 将一项技术所有权进行转让,取得所得 600 万元。

(4) 当年软件产品的销售成本为 1 800 万元。

(5) 软件产品的销售费用为 350 万元,其中含业务宣传费 25 万元。

根据税法规定,国债利息收入免征企业所得税。居民企业转让技术所有权所得不超过 500 万元的部分免征企业所得税,超过 500 万元的部分减半征收企业所得税。企业每一纳税年度发生的符合条件的业务宣传费,不超过当年销售(营业)收入 15%的部分,准予扣除。

要求:计算当年的应纳所得税税额。

3. 某食品厂为增值税小规模纳税人,当月发生如下经济业务。

(1) 外购原材料 20 000 元,取得增值税专用发票。

(2) 购进一批模具,取得的增值税普通发票注明金额 4 000 元。

(3) 当月销售一批糕点取得含增值税收入 25 750 元,钱已收到。

(4) 以赊销方式销售一批饼干,货已发出,开具了增值税普通发票,取得不含增值税收入 60 000 元,截至当月底收到 50 000 元货款。

要求:计算当月该食品厂应纳增值税是多少。

4. 枫华公司 2016 年度全年取得按企业会计准则计算的税前会计利润为 3 700 000 元,所得税税率为 25%。其中取得购买国债的利息收入 74 万元(依据税法规定,属于免税收入);当年发生的各项支出中,业务招待费依据税法规定,超标了 80 000 元。

要求:计算该企业应缴纳的企业所得税税额。

5. 小李在 2016 年 1 月税前工资 10 000 元,个人缴交养老保险等“三险一金”共计 1 100元。

要求:

(1) 计算小李在 2016 年 1 月的应纳个人所得税额。

(2) 计算小李在 2016 年 1 月的实发工资。

6. 杰克公司的前身是一家国有企业,始建于 1978 年。1998 年转制为杰克公司,经过数十年的发展积累了相当丰富的工艺技术和一定的管理经验,建立了许多管理制度。随着公司的发展壮大,在经营过程中出现了一些问题,已经影响到公司的发展。该公司出纳员李敏,给人印象是兢兢业业、勤勤恳恳、待人热情、工作中积极肯干,不论分内分外的事,她都主动去做,受到领导的器重、同事的信任。而事实上,李敏在其工作的一年半期间,先后利用 22 张现金支票编造各种理由提取现金 98.96 万元,均未记入现金日记账,构成贪污罪。其具体手段如下:隐匿 10 笔销售收入 98.96 万元,将其提现的金额与其隐匿的收入相抵,使 32 笔收支业务均未在银行存款日记账和银行余额调节表中反映;由于公司财务印鉴和行政印鉴合并,统一由行政人员保管,李敏利用行政人员疏于监督开具现金支票伪造银行对账单。

要求:分析杰克公司内部控制中存在的缺陷,并有针对性地提出补救措施。

7. A 公司出纳员小李承担现金收付、银行结算及货币资金的日记账核算工作,同时兼任会计档案保管工作,保管签发支票所需的全部印章,有时还兼任固定资产卡片、收入明细账和总账的登记工作。

要求:分析出纳员小李的工作安排是否符合内部控制的要求?若不符合要求请进行修正。

8. 嘉仪集团公司2016年存在以下问题:会计人员A认为会计不过是“打打算盘数数钞,写写数字填填表”的琐碎工作,因此,工作中消极懒惰,不进行主动学习,也从不对单位的管理活动提供任何合理化建议。而会计人员B则认为会计是为单位服务的,对于前来办理会计业务的人员,“官大办得快,官小办得慢,无官拖着办”。通过公司组织的会计法和会计职业道德的培训,会计人员A和会计人员B均认识到了自己的错误。公司因技术改造,需要向银行贷款1 000万元。公司董事长指令会计人员C和会计人员D,将提供给银行的会计报表进行技术处理。会计人员C坚决反对编制虚假财务报告,董事长随后命令人事部将会计人员C调离了会计工作岗位。会计人员D虽然不愿意,但担心自己被炒鱿鱼,因此,仍然编制了一份虚假的会计报告,使公司获得了银行贷款。

要求:判断董事长、会计人员A、会计人员C、会计人员D的做法是否正确并说明理由。

9. 2011年3月15日,据央视曝光,尽管双汇宣称“十八道检验、十八个放心”,但按照双汇公司的规定,十八道检验并不包括“瘦肉精”检测,尿检等检测程序也形同虚设。此前,河南孟州等地添加“瘦肉精”养殖的有毒猪被顺利卖到双汇集团旗下公司。该公司市场部负责产品质量投诉及媒体宣传的工作人员则向记者回应说,原料在入场前都会经过官方检验,央视所曝光的“瘦肉精”事件,公司正在进行调查核实。受此影响,15日下午,双汇旗下上市公司双汇发展股票跌停,并宣布停牌。17日晚间,双汇集团在此发表声明:要求涉事子公司召回在市场上流通的产品,并在政府有关部门的监管下进行处理。据了解,截至3月17日,已经控制涉案人员14人,其中养猪场负责人7人、生猪经纪人6人、济源双汇采购员1人。双汇被推到风口浪尖之上。作为国内规模最大的肉制品企业,“瘦肉精”事件令双汇声誉大受影响。

要求:结合该案例,试分析内部控制对企业的重要性,并阐释内部控制的现实意义。

10. 四川宏明电子有限公司信息部门负责信息收集、传递及信息化建设,该信息部门制定有关信息资源管理制度,明确了各部门信息收集和传递的职责及权限,确定商业秘密范围,以加强信息管理。主要包括以下方面。

(1) 财务报告、经营分析、业务表现等信息的沟通。

(2) 行政管理和人力资源政策等信息的沟通。

(3) 保密信息与沟通,包括确定保密信息的等级。

(4) 审计信息沟通。

(5) 雇员提供的信息。

(6) 报告信息。

(7) 专业信息以及从客户、供应商、经营伙伴、投资者所获得的信息。

(8) 管理层与董事会以及职能部门间的沟通。

(9) 与客户、供应商、律师、股东、监管者、外部审计的沟通。

(10) 明确审计、内部控制、财务等部门在反舞弊机制建设中的作用。

要求:

(1) 分析内部控制的内容包括哪些?并加以解释。

(2) 分析该题体现了内部控制的哪个内容?该内容在五个内部控制内容中地位和作用是什么?

项目2　企业经营与会计核算

【项目导读】

会计核算的对象是资金运动，在市场经济下，资金运动是一个复杂的过程。因此，会计核算的范围有多大，为谁核算，会计核算的前提是什么，会计核算的基础是什么，用什么方法进行核算等都是会计人员需要解决的问题。

制造业企业是产品的生产单位。企业的会计作为一个为其内、外部提供信息的职能部门，通过对企业经营过程进行核算，必然有助于整个过程的完善。

【职业能力目标】

1. 能根据企业经营活动和管理要求建立企业账簿体系。

2. 能正确识别会计要素项目，并理解会计等式以及对相关会计核算方法所起的作用。

3. 熟悉会计核算工作的基本流程，会运用借贷记账法进行企业日常经济业务处理。

4. 掌握会计凭证的填制方法、会计账簿的登记方法和财务报表的编制方法，会填制会计凭证、登记账簿和编制财务报表。

任务2.1　会计核算基础认知

【任务导入】

张欣完成了公司的组建及各项登记事宜，开始了他的销售代理业务。按照税法的相关规定和有助于公司的经营管理活动，他聘请了会计系毕业的校友王明负责公司的日常办公事务，并兼职会计。王明应该如何完成这个代理销售公司的会计核算任务呢？

2.1.1　会计对象认知

所谓会计对象，是指会计核算与监督的内容。由前所知，从公司成立、开展日常生产经营活动到公司的终结，资金无不存在，会计自始至终核算和监督公司资金运动的全过程，包括资金的投入、资金在企业内部的循环周转以及资金的退出等环节，这即是会计的对象。

1. 资金投入

一个公司要开展生产经营活动，首先，在创立时应按公司法规定由所有者（即公司的股东）注入资本金。其次，在公司自有资金不足时，生产经营期间内，可向银行或其他债权人借入资金。

因此,企业生产经营所需资金主要来自于上述两个渠道,其中所有者注入的资金可供企业长期使用,而向债权人借入的资金则需按照约定的期限和利率还本付息。

资金进入公司,会直接导致公司资金总量的增加。

2. 资金的循环与周转

对于一个生产型的公司而言,资金进入企业后,一部分资金首先用来购建厂房、租入土地、购买机器设备等,形成生产经营的物质基础;另一部分资金在生产经营条件具备后用于正常的生产经营活动。企业的生产经营过程一般如下:用现金或银行存款购买原材料,用原材料生产出产品,将产品卖出,收回现金或银行存款。现金或银行存款都属于货币资金,从货币资金到货币资金,是一个资金循环与周转过程,资金就在这个循环与周转过程中不断增值。

生产制造企业营运阶段资金循环与周转过程如图 2-1 所示。

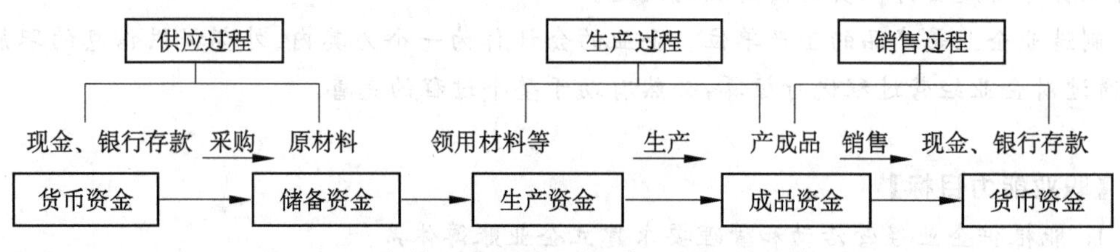

图 2-1 生产制造企业营运阶段资金循环与周转过程

资金在公司内部循环周转,如果公司盈利,则会引起公司资金总量的增加;如果公司亏损,则会导致公司资金总量减少;如果公司保本,则不会引起公司资金总量的增减变化。

3. 资金的退出

在一个公司里,资金退出主要有四种形式:一是按税法规定将企业所得的一部分上缴给国家;二是向股东支付红利;三是偿还银行借款;四是归还所欠的货款。

资金退出公司,会直接导致公司资金总量减少。

企业资金运动过程如图 2-2 所示。

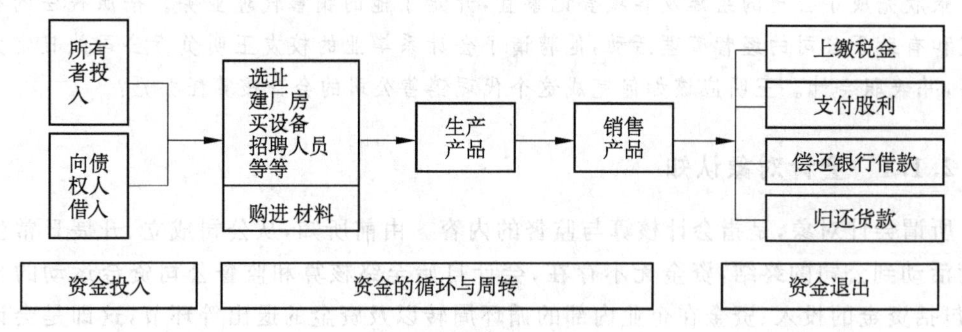

图 2-2 企业资金运动过程

2.1.2 会计要素认知

作为会计核算和监督的对象,资金是个比较宽泛的概念,为了准确地反映企业资金的变化及其动态,须将资金进一步细化,直至细化到具体的项目。因此,抽象的会计对象即转化为具体的会计要素。会计要素又被称为财务报告要素，是指会计核算与监督的具体对象，是对会计核算内容的基本分类，也是财务报告的具体内容。我们将会计记录的对象(即资金)细化为六大会计要素，即资产、负债、所有者权益、收入、费用和利润。

1. 资产

资产是指企业过去的交易或者事项形成的，由企业拥有或者控制的，预期会给企业带来经济利益的资源。包括各种财产、债权和其他权利。这个定义指出了资产所具备的三个基本特征。

(1) 资产是由过去的交易或事项所形成的。也就是说，资产必须是现时资产，而不是预期的资产，是由于过去已经发生的交易或事项所产生的结果。至于未来交易或事项以及未发生的交易或事项可能产生的结果，不属于现在的资产，不得作为资产确认。

(2) 资产是由企业拥有或控制的。一般来说，一项资源要作为企业的资产予以确认，对于企业而言，要拥有其所有权，可以按照自己的意愿使用或处置。对于一些特殊方式或形成的资产，企业虽然没拥有其所有权，但能够实际控制，也应将其作为企业的资产予以确认，如融资租入固定资产。

(3) 资产预期会给企业带来经济利益，即资产是可望给企业带来现金流入的经济资源。资产必须具有交换价值和使用价值，可以可靠地计量，即可以用货币计量。

资产按其流动性，即按照资产变换为现金的能力进行分类，可分为流动资产和非流动资产。

流动资产是指可以在一年或者超过一年的一个正常营业周期内变现、出售或耗用的资产，或主要为交易目的而持有的资产，包括库存现金、银行存款、交易性金融资产、应收票据、应收账款、预付账款及存货等。

非流动资产，也称长期资产，是指流动资产以外的资产，包括可供出售金融资产、持有至到期投资、长期股权投资、固定资产、无形资产和其他资产等。

2. 负债

负债是指企业过去的交易或事项形成的、预期会导致经济利益流出企业的现时义务。负债具有如下基本特征。

(1) 负债是企业的现时义务。负债作为企业承担的一种义务，是由企业过去交易或事项形成的、现已承担的义务。如银行借款是因为企业从银行贷款而形成的，如果没有贷款就不会发生银行借款这项负债。

(2) 负债的清偿预期会导致经济利益流出企业。无论负债以何种形式出现，其作为一种现时义务，最终的履行预期均会导致经济利益流出企业，具体表现为交付资产、提供劳务、将一部分股权转让给债权人等。对此，企业不能或很少可以回避。

负债按偿还时间的长短可以分为流动负债和非流动负债。

流动负债是指预计在一年(含一年)或者超过一年的一个正常营业周期内偿还的债务。包括短期借款、应付票据、应付账款、预收账款、应付职工薪酬、应交税费、应付利息、应付股利、其他应付款和一年内到期的长期借款等。

长期负债是指预计偿还期在一年或者超过一年的一个营业周期以上的债务，包括长期借款、应付债券、长期应付款等。

3. 所有者权益

所有者权益是指企业资产扣除负债后由使用者享有的剩余权益,是投资人对企业净资产的所有权。所有者权益是企业的主要资金来源,它等于全部资产减去全部负债后的净额。

所有者出资所形成的资产可供企业长期使用,其出资额在企业依法登记后,在企业经营期间不得抽回。同时,所有者投资形成的资产是企业清偿债务的物质保证,即企业的资产必须在保证企业所有债务得以清偿后,才能归还给投资者。它在数量上等于企业的全部资产减去全部负债后的余额。此外,所有者以其出资额参与企业的经营管理,并参与企业利润的分配,同时,也以其出资额承担企业的经营风险。

企业所有者所拥有的权益最初以投入企业资产的形式取得,形成投入资本。随着企业生产经营活动的开展,投入资本本身增值,增值部分形成盈余公积和未分配利润,这部分资金归所有者所有,与投入资本一起构成企业的所有者权益,具体包括实收资本、资本公积、计入所有者权益的利得和损失、盈余公积和未分配利润等。

利得是指由企业非日常活动所形成的、会导致所有者权益增加的、与向所有者投入资本无关的经济利益的流入。

损失是指由企业非日常活动发生的、会导致所有者权益减少的、与向所有者分配利润无关的经济利益的流出。它是企业除了费用或分配给所有者之外的一些边缘性或偶发性的支出。

盈余公积和未分配利润都是企业从逐年获得的净利润中形成的企业内部尚未使用或尚未分配的利润,统称为留存收益。

4. 收入

收入是指企业在日常活动中形成的、会导致所有者权益增加的、与所有者投入资本无关的经济利益的总流入。对于某一会计主体来讲,收入表现为一定期间现金的流入、其他资产的增加或负债的清偿,但不是所有的现金流入都是企业的收入,因为有些现金收入并不是企业销售商品、提供劳务及提供他人使用本企业的资产所引起的,如股东投资、企业借款而增加的现金流入就不是收入。

收入有广义和狭义之分。广义收入涵盖了企业所有的经营和非经营活动的所得,包括主营业务收入、其他业务收入、投资收益、营业外收入等;而狭义收入仅指企业经常性的、主体性的经营业务中取得的收入,包括主营业务收入、其他业务收入、投资收益等,而不包括营业外收入。会计上通常所指的收入是狭义收入。

5. 费用

费用是指企业在日常活动中发生的、会导致所有者权益减少的、与向所有者分配利润无关的经济利益的总流出。它是企业在获得收入过程中的必要支出。费用是相对于收入而言的,没有收入就没有费用。因此,费用必须按照一定的期间与收入相配比。如一定期间销售产品获得的主营业务收入必须与当期销售产品的主营业务成本相配比。

费用也有广义和狭义之分。广义费用包括各种费用和损失,如主营业务成本、其他业务成本、税金及附加、管理费用、销售费用、财务费用、投资损失、资产减值损失、所得税费用、营业外支出等。而狭义费用只包括为获取营业收入提供商品或劳务而发生的耗费,即只有同提供商品或劳务相联系的耗费才算作费用。狭义费用不包括营业外收入。

6. 利润

利润是指企业在一定会计期间取得的经营成果,是收入与费用配比相抵后的差额。收入大于费用,其净额为盈利;反之,收入小于费用,其净额为亏损。

以上六大会计要素相互影响、密切联系,全面综合地反映了企业的经济活动。

2.1.3 理解会计等式

会计等式也称为会计平衡公式。任何一个企业要进行生产经营活动,都必须要有一定的资金投入,这些投入的资金有其存在形态和来源渠道。从存在形态看,资金表现为一定数量的经济资源,即资产,如库存现金、银行存款、原材料、应收账款、固定资产等。从资金的来源渠道看主要有两方面:一是投资者的投入;二是举债借入。由于企业资金是由债权人和企业所有者投入的,所以,债权人和所有者对企业的资产有要求权,会计上将这种要求权称为权益。

资产和权益是同一事物的两个方面,两者相互依存,相互统一。没有资产,就没有权益,没有权益也就没有资产。资产反映了企业拥有哪些经济资源,权益说明了是谁提供了这些资产,谁享有这些资产的要求权,因而资产和权益在客观上存在必然相等的关系。有一定数额的资产,必然有一定数额的权益。反之,有一定数额的权益,也必然有一定数额的资产。也就是说,一个企业的资产总额与权益总额必然相等,从任何一个时点看,两者之间都必然保持数量上的平衡关系。资产与权益的这种平衡关系,用公式表示如下。

资产=权益 (2-1)

在会计核算中,投资人拥有的权益称为所有者权益;贷款人和其他债权人拥有的权益称为负债,又称债权人权益。因此,上述公式又可以表示为

资产=债权人权益+所有者权益 (2-2)

或: 资产=负债+所有者权益 (2-3)

在会计核算中,反映资产、负债、所有者权益这三个要素之间数量关系的等式,称为会计等式,又称会计恒等式、会计平衡公式。

会计等式反映了会计基本要素之间的数量关系,是设置账户、复式记账和编制资产负债表等会计核算方法的理论依据。

企业资金的运动过程,是企业资产、负债、所有者权益发生增减变化的过程,也是企业取得收入、发生费用和获取利润的过程,收入、费用、利润三个会计要素的数量关系为

收入-费用=利润 (2-4)

这一等式是表现企业一定会计期间经营成果与相应期间的收入和费用关系。

以上介绍的两个会计等式,前者概括了经营资金运动的静态表现,后者概括了经营资金的动态表现。在企业某个会计期间开始,会计要素之间的恒等关系为

资产=负债+所有者权益

原资产+新增资产=负债+所有者权益+(收入-费用) (2-5)

收入是取得利润的基础,是利润的增加因素;费用是利润的减少因素,而利润是企业所有者权益增加的一种来源,因此,收入将使所有者权益增加,而费用将使所有者权益减少。企业取得的收入是用商品交换中所得的资产来衡量的,通常是以取得货币资金或应收账款等资产的形式来表现的;费用是企业在赚取收入的过程中发生的耗费,通常是以耗费的资产

来衡量的。收入与费用的差额,一方面表现为新增资产,作为资产的加项;另一方面表现为新增所有者权益,作为所有者权益的加项。如果将原资产与新资产综合起来,则会计等式可写成下列等式:

资产=负债+所有者权益+(收入-费用) (2-6)

或: 资产=负债+所有者权益+利润 (2-7)

这一综合关系式是"资产=负债+所有者权益"与"收入-费用=利润"这两个等式的结合,它反映了各个会计要素之间的相互关系。

在会计期间终了时,收入、费用按规定结转后,会计等式又恢复为一般形式,即:

资产=负债+所有者权益 (2-8)

习惯上,一般把式(2-8)称为静态的会计等式,式(2-6)、式(2-7)称为动态的会计等式,式(2-8)又称为会计基本等式。

【学中做 2-1】如何理解会计等式?

资料:A公司投资开办南海服务部,2017年1月1日资产、负债、所有者权益各项目期初余额为:A公司投资15 000元,现金176元,银行存款8 800元,应收甲商店账款2 000元,库存物品4 500元,向银行借入的短期借款5 000元,应付乙单位货款900元,各种办公用品624元,各种家具用具共计4 800元。3月份发生下列业务。

(1) A公司代服务部归还到期借款5 000元,作为追加投资。

(2) 取得营业收入8 500元,存入银行。

(3) 用银行存款偿还应付乙单位货款900元。

(4) 赊购保险箱一只,价值1 000元。

(5) 用140元现金购入办公用品。

(6) 收到甲商店前欠账款1 500元,存入银行。

要求:

(1) 列出期初会计等式。

(2) 列示经济业务发生对会计等式的影响,并加计金额,列出期末会计等式。

◆ **知识链接**

会计核算的基本前提与原则

1. 会计核算的基本前提

会计核算的基本前提,又称会计假设,是对会计核算所处的时间、空间范围所做的合理设定。会计假设不是毫无根据的虚构设想,而是在长期的会计实践中,人们逐步认识和总结形成的,是对客观情况合乎事理的推断。会计假设规定了会计核算工作赖以存在的一些基本前提条件,是会计设计和选择会计方法的重要依据。只有规定了这些会计假设,会计核算才得以正常进行下去。会计假设通常包括以下四个假设。

(1) 会计主体

会计主体是指会计工作为之服务的特定单位或组织,它确立了会计核算的空间范围,即在会计核算中,会计确认、计量和记录所加工整理的数据均被界定在一个独立核算的经济实体之内。基于这一假设,会计所反映的只能是它所在的特定单位的经济活动,而不包括企业所有者的经济活动和其他单位的经济活动。

会计主体作为一个经济实体与企业法人主体是不完全相同的。法人主体强调的是企业与各方面的法律关系；而会计主体则是按照正确处理所有者与企业的关系，以及正确处理企业内部关系的要求而设立的。尽管所有经营法人都是会计主体，但有些会计主体就不一定是法人。如一些企业集团下属有很多子公司，这些子公司也都是法人，但出于经营管理的需要，为全面考核和反映集团公司的经营活动和财务成果，就必须将所有的子公司连同母公司作为一个会计主体，编制合并财务报表，以便全面分析和评价这个集团公司的经营情况。

(2) 持续经营

持续经营是指在可以预见的未来，企业按照既定的经营方针和目标继续经营下去，不会停业，也不会大规模削减业务。会计核算应当以企业持续、正常的生产经营活动为前提。每一个企业从开始营业起，从主观愿望来看，都希望能永远正常经营下去，但是在市场经济条件下，竞争非常激烈，每个企业都有被淘汰的危险，这是不以人们的主观意志为转移的。在此种情况下，会计应当如何进行核算与监督呢？应立足于持续经营还是立足于即将停业清理呢？两者的会计处理方法完全不同。在一般情况下，持续经营的可能性比停业清理大得多，尤其是现代化大生产的经营客观上要求持续，所以，会计应立足于持续经营。

会计正是在持续经营这一前提条件下，才可能建立起会计确认和计量的原则，使会计方法和程序建立在非清算的基础上，解决了很多财产计价和收益确认的问题，保持了会计信息处理的一致性和稳定性。

(3) 会计分期

持续经营的假定，意味着企业经济活动在时间的长河中无休止地运行。那么，在会计实践活动中，会计人员提供的会计信息应从何时开始，又在何时终止？显然，要等到企业的经营活动全部结束时再进行盈亏核算和编制财务报表是不可能的。因此，会计核算应当划分会计期间，即人为地将持续不断的企业生产经营活动划分为一个个首尾相接、间隔相等的时间段，即为会计期间。会计期间通常为一年，可以是日历年，也可以是营业年。我国规定以日历年作为企业的会计年度，即以公历1月1日至12月31日止为一个会计年度。同时，企业还需按半年、季、月份为时间单位编制财务报表，即把半年、季度、月份也作为一种会计期间。

由于会计分期，才产生了当期与其他期间的差别，从而出现权责发生制和收付实现制的区别，才使不同类型的会计主体有了记账的基准，进而出现了应收、应付、递延、预提和摊销等会计处理方法。

(4) 货币计量

货币计量是指企业在会计核算过程中采用货币为计量单位，记录、反映企业的经营情况。企业在日常的经营活动中，有大量错综复杂的经济业务。在企业的整个生产经营活动中所涉及的业务又表现为一定的实物形态，如厂房、机器设备、库存现金、各种存货等。由于它们的实物形态不同，因此可采用的计量方式也多种多样。为了全面反映企业的生产经营活动，会计核算客观上需要一种统一的计量单位作为会计核算的计量尺度。因此，企业必然选择货币作为会计核算的计量单位，以货币形式来反映企业生产经营活动的全过程，这就产生了货币计量这一会计核算前提。

我国企业会计准则规定，会计核算应当以人民币作为记账本位币。业务收支以人民币以外的货币为主的企业，可以选定其中一种货币作为记账本位币，但是编报的财务会计报告应当折算为人民币。在境外设立的中国企业向国内报送的财务会计报告，应当折算为人民币。

货币本身也有价值,它是通过货币的购买力或物价水平表现出来的。在市场经济条件下,物价水平总在不断变动,说明币值很不稳定,那么就不可能准确地计量。因此,必须同时确立币值稳定的前提条件,假设币值在今后基本上是稳定的,不会有大的波动,才能用以计量。

2. 会计要素确认、计量的原则

(1) 历史成本原则

历史成本原则也称原始成本原则,是指企业的各项财产物资应当按照取得或购建时发生的实际成本核算,而不考虑随后市场价格变动的影响。

以历史成本原则作为计价基础有助于各项资产和负债项目确认、计量结果的验证与控制,同时按照历史成本原则核算,也使收入与费用的配合建立在实际交易的基础上,防止企业随意改动资产价格造成经营成果虚假或任意操作企业的经营收益。

(2) 配比原则

配比原则是指企业一个会计期间内的各项营业收入和与其相关的成本、费用,应当在同一个会计期间内入账,以正确确定各个会计期间的损益。

配比原则包括收入与费用在因果关系上的配比,也包括收入和费用在时间意义上的配比。因果关系上的配比说明有因果关系的收入项目和费用项目在经济内容上具有必然的因果关系,收入是由于耗费一定费用而产生的,不同收入的取得是由于发生了与之相应的不同费用。时间意义上的配比关系说明,某一期间的费用必须与相同受益期的收入相配比,应归本期实现的收入应与本期发生的费用相对应。如果收入要等到未来期间才能实现,相关的费用或成本就要相应地分配于未来的实际受益期。

(3) 划分收益性支出与资本性支出原则

划分收益性支出与资本性支出原则要求企业会计在进行支出的确认时,必须将两类性质不同的支出区别开来,以正确计算当期损益。所谓收益性支出,是指该支出的发生是为了取得本期收益,即仅与本期收益的取得有关,必须反映于本期的损益之中。如企业支付的水电费、管理人员的工资、购买办公用品、差旅费等都属于收益性支出。资本性支出是指该项支出的发生,不是仅仅为了本期收益,而是与本期和以后几期的收益都有关系。因此,应当在以后逐步分配计入各期的费用。如企业购买的机器设备、房屋建筑物等,一方面它们的单位价值都比较高;另一方面它们的使用期限也都比较长。这些资产可以在多个会计期间使用,不仅本期受益,以后各期也都受益。对这类支出就不能在购买的当期全部作为当期费用,而应作为资产确认,在使用期间通过折旧等方式分期计入以后各期。

(4) 谨慎性原则

谨慎性原则,又称稳健性原则,是指在处理不确定性经济业务时,应持谨慎态度,如果一项经济业务有多种处理方法可供选择时,应选择不导致夸大资产、虚增利润的方法。在进行会计核算时,应当合理预计可能发生的损失和费用,而不应预计可能发生的收入和过高估计资产的价值。

谨慎性原则的要求体现在会计核算的全过程,在会计上的应用是多方面的。如估计应收款中可能的坏账损失,计提坏账准备,固定资产采用加速折旧等。

遵循谨慎性原则,对于企业存在的经营风险加以合理估计,对防范风险起到预警作用,有利于企业做出正确的经营决策,有利于保护投资者和债权人的利益,有利于提高企业在市场上的竞争能力。但同时,企业也不能滥用谨慎性原则,任意提取各种准备,即秘密准备。

(5) 重要性原则

重要性原则是指财务报告在全面反映企业的财务状况和经营成果的同时,应当区别经济业务的重要程度,采用不同的会计处理程序和方法。具体而言,对于重要的经济业务,应单独核算、分项反映,力求准确,并在财务报告中做出重点说明;对于不重要的经济业务,在不影响会计信息真实性的情况下,可适当简化会计核算或合并反映,以便集中精力抓好关键。

重要性原则的意义在于:对会计信息使用者来说,对经营决策有重要影响的会计信息是最需要的,如果会计信息不分主次,反而会有损于使用,甚至影响决策,而且对不重要的经济业务简化核算或合并反映,可以节省人力、物力和财力,符合成本效益原则。

(6) 实质重于形式原则

实质重于形式原则"要求企业应当按照交易或事项的经济实质进行会计确认、计量,而不应当仅仅按照它们的法律形式作为会计确认、计量的依据"。交易或其他事项的实质,并非与它们的法律形式的外在面貌相一致。实质重于形式原则就是要求在对会计要素进行确认和计量时,应当重视交易的实质,而不管其采用何种形式。如融资租入固定资产业务,从形式上看,该项固定资产的所有权在出租方,企业只是拥有使用权和控制权。也就是说,该项固定资产并不是企业购入的固定资产,因此,不能将其作为企业的固定资产加以核算。但是,由于融资租入固定资产的租赁期限一般超过固定资产可使用期限的大部分,而且到期企业可以以一定的价格购买该项固定资产,因此,为了正确地反映企业的资产和负债状况,对于融资租入的固定资产一方面应作为企业的自有固定资产加以核算;另一方面还应作为企业的一项长期负债加以反映。

2.1.4 设置会计科目

将会计的对象分为六大要素,其实也是较笼统的分类,会计六大要素中,每一个要素都包括许多内容,如资产包括库存现金、银行存款、应收账款、原材料等,负债包括短期借款、应付账款等。因此我们要将企业的资金运动记录清楚,还需要根据会计对象的具体内容按其不同特点和经济管理的要求进行科学分类,确定分类核算的项目名称、规定其核算内容,即会计科目。

1. 会计科目的概念

会计科目是对会计对象具体内容的科学分类,是按照会计要素内容进一步分类核算的项目。每一个会计科目都有一定的名称,反映特定的经济内容。如企业的货币资金是一种资产,按照其保管及收付方式的不同,可以将其划分为三个类别:库存现金、银行存款和其他货币资金。相应设置三个会计科目,其中"库存现金"科目核算存放在企业内部供企业日常零星开支用的这一部分货币资金的收付与结存情况,"银行存款"科目核算存放在银行的这部分货币资金的存入、支取与结存情况,"其他货币资金"科目则核算存放在银行,具有特定用途的这部分货币资金的收支与结存情况。

在会计核算的各种方法中,会计科目的设置具有重要地位。它决定着账户的开设、报表结构的设计,是一种基本的会计核算方法。在我国,通常由财政部统一规定会计科目的名称、编号和内容，然后由企业根据自身的经营特点和管理需要从中选择并确定本企业的会计科目。财政部颁布的《企业会计准则——应用指南 2006》中附有会计科目表，企业常用的会计科目如表 2-1 所示。

2. 会计科目的分类

为了在会计核算中正确地掌握和运用好会计科目，需对会计科目进行科学的分类。会计科目常用的分类标准有两个：一是按其反映的经济内容分类；二是按其提供会计信息的详细程度分类。

1）按反映的经济内容分类

会计科目按其反映的经济内容不同，可分为资产类、负债类、共同类、所有者权益类、成本类和损益类科目。这种分类有助于了解和掌握各会计科目核算的内容以及会计科目的性质，正确运用各科目提供的信息资料。

(1) 资产类科目。用以反映资产要素内容，如“库存现金”“银行存款”等科目。

(2) 负债类科目。用以反映负债要素内容，如“短期借款”“应付票据”等科目。

(3) 共同类科目。多为金融、保险、投资、基金等公司使用，具有资产和负债双重属性，如“衍生工具”“套期工具”等科目。

(4) 所有者权益类科目。用以反映所有者权益要素内容，如“实收资本”“资本公积”等科目。

(5) 成本类科目。用以反映产品生产或劳务提供过程中发生的各种直接费用和间接费用，如“生产成本”“制造费用”等科目。

(6) 损益类科目。用以反映生产经营过程中的收益及费用，计算确定损益等，如“主营业务收入”“销售费用”等科目。

现将企业主要会计科目名称列于表 2-1 中。

表 2-1　企业主要会计科目表

序号	编号	名称	序号	编号	名称
		一、资产类			
1	1001	库存现金	15	1405	库存商品
2	1002	银行存款	16	1471	存货跌价准备
3	1012	其他货币资金	17	1501	持有至到期投资
4	1101	交易性金融资产	18	1511	长期股权投资
5	1121	应收票据	19	1601	固定资产
6	1122	应收账款	20	1602	累计折旧
7	1123	预付账款	21	1603	固定资产减值准备
8	1131	应收股利	22	1604	在建工程
9	1132	应收利息	23	1605	工程物资
10	1221	其他应收款	24	1606	固定资产清理
11	1231	坏账准备	25	1701	无形资产
12	1401	材料采购	26	1702	累计摊销
13	1402	在途物资	27	1801	长期待摊费用
14	1403	原材料	28	1901	待处理财产损溢

续表

序号	编号	名称	序号	编号	名称
二、负债类					
29	2001	短期借款	35	2231	应付利息
30	2201	应付票据	36	2232	应付股利
31	2202	应付账款	37	2241	其他应付款
32	2203	预收账款	38	2501	长期借款
33	2211	应付职工薪酬	39	2502	应付债券
34	2221	应交税费	40	2701	长期应付款
三、共同类(略)					
四、所有者权益类					
41	4001	实收资本(或股本)	44	4101	盈余公积
42	4002	资本公积	45	4103	本年利润
43	4003	其他综合收益	46	4104	利润分配
五、成本类					
47	5001	生产成本	48	5101	制造费用
六、损益类					
49	6001	主营业务收入	56	6601	销售费用
50	6051	其他业务收入	57	6602	管理费用
51	6111	投资收益	58	6603	财务费用
52	6301	营业外收入	59	6701	资产减值损失
53	6401	主营业务成本	60	6711	营业外支出
54	6402	其他业务成本	61	6801	所得税费用
55	6403	税金及附加	62	6901	以前年度损益调整

2) 按提供会计信息的详细程度分类

会计科目按其提供会计信息的详细程度,可以分为总分类科目和明细分类科目两种。

(1) 总分类科目,又称总账科目或一级科目,它是对会计对象的具体内容进行总括分类,提供总括信息的会计科目。如“应收账款”科目反映了企业因销售商品、提供劳务等业务活动中应收各单位款项的总体情况。

总分类科目原则上由国家统一的会计制度进行规定,如表 2-1 所示。

总分类科目是对外提供会计信息的基础。为保证会计核算的口径一致,使会计信息具备可比性,便于会计信息使用者进行决策,企业在设置总分类科目时应遵循国家统一会计制度的规定,不得随意更改。即使企业根据需要增设、删减或合并会计科目,也不能影响对外提供会计信息的内容和口径。

(2) 明细分类科目,又称明细科目或二级科目,它是对总分类科目进一步分类,提供更详细、更具体会计信息的会计科目。如在“应收账款”总分类科目下按具体应收单位设置明细科目,具体反映应收哪个单位的货款,从而对“应收账款”总分类科目作详细注释和补充说明。明细分类科目的设置,除会计制度另有规定外,可以根据企业的实际需要,由各单位自行设置。

明细分类科目可以分设多级,即在总分类会计科目下分别设置二级科目(子目)、三级科目(细目)以至于更多的级次。如在“原材料”总分类科目下可以按材料类别设置二级科目,再在二级科目下按材料品种、规格设置三级明细科目。

总分类科目概括反映会计对象的具体内容,而明细分类科目详细反映会计要素的具体内容;总分类科目对明细分类科目具有控制作用,明细分类科目是对总分类科目的补充和说明。

2.1.5 设置会计账户

1. 账户的概念

账户是根据会计科目开设的,具有一定的格式和结构,用来连续、系统、分类地记录经济业务内容的一种工具。通过设置和登记账户,有利于分类、连续地记录和反映各项经济业务,以及由此而引起的有关会计要素的增减变动及结果。

2. 会计科目与账户的关系

会计科目与账户是两个既相互区别又相联系的不同概念,它们都是用来分门别类地反映会计对象的具体内容。两者的关系如下。

1) 联系

会计科目与账户都是对会计要素的具体内容进行的科学分类,两者口径一致、性质相同。会计科目的名称是账户的名称,也是设置账户的依据,没有会计科目,账户便失去了设置的依据;账户是会计科目的具体应用,没有账户,就无法发挥会计科目的作用。

2) 区别

会计科目只是经济业务分类核算的项目或标志,只说明一定经济业务的内容,而账户则是具体记录经济业务增减变化及其结果的一种核算手段,具有特定格式和结构。如"银行存款"科目是一个企业流动资产科目,它的核算内容是企业存在银行里的资金的增减变动和结存情况。如果我们按照"银行存款"这个科目设置了一个账户,这时就可以将属于其核算内容范围的经济业务登记在"银行存款"账户上了。因此,账户具有一定的格式和结构,会计科目仅仅是账户的名称,没有结构。

3. 会计账户的结构

1) 账户的格式设计

作为会计核算对象的会计要素,随着经济业务的发生在数量上发生增减变化,并形成一定的变动结果。因此,用来分类记录经济业务的账户必须确定结构:增加的金额记在哪里,减少的金额记在哪里,增减变动后的结果记在哪里。

由此,账户的格式设计一般应包括以下内容:①账户的名称,即会计科目;②日期和摘要,即经济业务发生的时间和内容;③凭证号数,即账户记录的来源和依据;④增加和减少的金额。账户格式如表 2-2 所示。

表 2-2 账户格式

年		凭证号数		摘　要	增加额	减少额	余额
月	日	种类	号数				

(2) 账户的基本结构

为了简洁表达经济内容的增加和减少，也为了教学方便，在会计教学中通常使用简化的“T”形账户(或叫作“丁”字账户)来说明账户结构。其格式如图 2-3 所示。

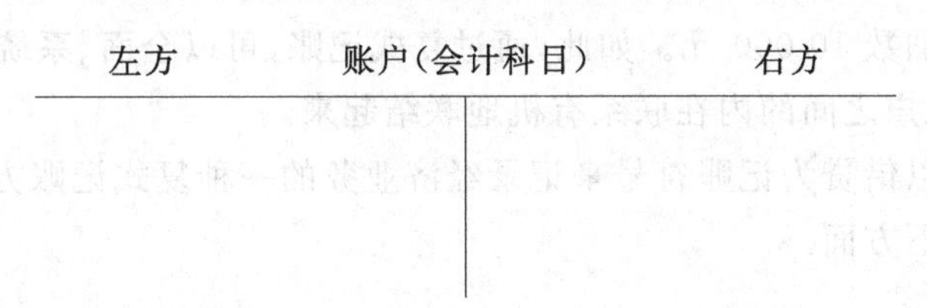

图 2-3 账户的基本结构

账户的基本结构分为左右两方，其功能是记载经济内容的增加和减少。在一定的记账方法下，账户的左右两方是按相反方向来记录增加额和减少额的，即如果规定在左方记录增加额，就应该在右方记录减少额；反之，如果在右方记录增加额，就应该在左方记录减少额。

哪一方记录增加额，哪一方记录减少额，取决于各账户所反映的经济内容和所选用的记账方法。账户的余额一般与记录的增加额在同一方向。

(3) 账户平衡公式

账户左右两方的主要内容是记录期初余额、本期增加、本期减少额及期末余额四个金额要素。本期增加额和减少额是指在一定的会计期间内(月、季、半年或年)，账户左右两方分别登记的增加金额合计数和减少金额合计数，又称为本期增加发生额和本期减少发生额。本期增加发生额和本期减少发生额相抵后的差额，就是本期的期末余额。如果将本期的期末余额转入下一期，就是下一期的期初余额。

上述四项金额的关系可以用下列公式来表示：

本期期末余额＝本期期初余额＋本期增加发生额－本期减少发生额

例如，某企业在某一期间“库存商品”账户的记录，如图 2-4 所示。

左方	库存商品	右方	
期初余额	30 000		
本期增加发生额	50 000	本期减少发生额	60 000
本期发生额	50 000	本期发生额	60 000
期末余额	20 000		

图 2-4 “库存商品”账户

(4) 账户的分类

账户是根据会计科目开设的，因此，账户的分类标志及分类内容与会计科目的分类标志和分类内容相同。即按照反映的经济内容不同，账户分为资产类账户、负债类账户、共同类账户、所有者权益类账户、成本类账户和损益类账户；按照提供会计信息的详细程度，账户分为总分类账户和明细分类账户。

2.1.6 复式记账与借贷记账法

复式记账是指对每一项经济业务发生时所引起的会计要素数量的增减变化，以相等的金额同时在两个或两个以上相联系的账户中进行全面登记的一种记账方法。其实质是通过两个或两个以上相互对应的账户反映一项经济业务。如企业用银行存款支付广告费10 000元，在复式记账法下，一方面要在银行存款账户中登记减少数10 000元，同时，还要在有关费用账户中登记增加数10 000元。如此，通过复式记账，可以全面、系统地反映企业经济业务的来龙去脉，将账户之间的内在联系有机地联结起来。

借贷记账法是以借贷为记账符号来记录经济业务的一种复式记账方法。借贷记账法的特点可以归纳为如下方面。

1. 借贷记账法的记账符号

记账符号是一种标记，代表经济业务数量增减变化的方向。借贷记账法是以“借”“贷”为记账符号。其中，“借”表示账户的左边；“贷”表示账户的右边。

2. 借贷记账法的账户结构

账户的结构是指在账户中如何记录经济业务，即账户的借方和贷方各登记什么内容、余额的方向及表示的含义。

在借贷记账法下，账户的基本结构是：左方为借方，右方为贷方。账户的一般格式可用“T”形账户的形式表示，如图2-5所示。

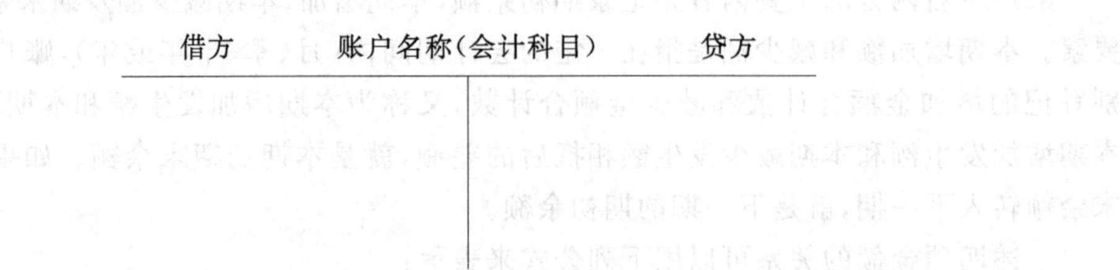

图2-5 “T”形账户结构

由于会计核算内容已经划分为会计要素，并按会计要素的进一步分类设置了会计科目和账户，借贷记账法在登记经济业务数据时，就按经济业务所属的会计要素及其发生的增减金额分别确定其在账户中的记录方向。

账户结构的设定遵循了会计等式的内在规律。由于资产在会计等式的左边，属于资产要素的增加额就记入借方，减少额记入贷方；负债和所有者权益在会计等式的右边，属于负债和所有者权益要素的增加额就记入贷方，减少额记入借方。按此种记录方法登记的结果，既保证了借方等于贷方，也保证了会计等式的平衡。

在扩展会计等式中，收入和费用要素的变动会导致利润要素的变动，利润在未分配前属于所有者权益，利润要素的增减变动金额记录的方向与所有者权益相同，而收入使所有者权益增加，其增加额就记在贷方，减少额记在借方，费用会使所有者权益减少，其增加额记在借方，减少额记在贷方。

下面具体说明各类账户的结构。

1）资产类账户的结构

在资产类账户中，它的借方登记增加，贷方登记减少，资产类账户若有期末(期初)余额，其期末(期初)余额一般在借方，表示期末(期初)资产的实有数。资产类账户的结构如图2-6所示。

借方	资产类账户		贷方
期初余额	×××		
本期增加发生额	×××	本期减少发生额	×××
期末余额	×××		

图 2-6 资产类账户结构

资产类账户的期末余额可根据下列公式计算。

期末余额(借方)＝期初余额(借方)＋本期借方发生额－本期贷方发生额

2) 负债类账户和所有者权益类账户的结构

在负债类和所有者权益类账户中,它的贷方登记增加,借方登记减少,负债类和所有者权益类账户若有期末(期初)余额,其期末(期初)余额一般在贷方,表示负债和所有者权益的期末(期初)实有数。负债类和所有者权益类账户的结构如图 2-7 所示。

借方	负债类和所有者权益类账户		贷方
		期初余额	×××
本期减少发生额	×××	本期增加发生额	×××
		期末余额	×××

图 2-7 负债类和所有者权益类账户结构

负债类和所有者权益类账户的期末余额可根据下列公式计算:

期末余额(贷方)＝期初余额(贷方)＋本期贷方发生额－本期借方发生额

3) 收入类账户和成本费用支出类账户的结构

由于收入类账户的结构与所有者权益账户类的结构基本一致,因而,收入类账户的贷方登记收入的增加额,借方登记收入的减少额或转销额。企业的各种收入是形成利润增加的主要因素,因此期末时收入的增加额减去收入的减少额后的差额,应转入"本年利润"账户的贷方,同时记入有关收入账户的借方,所以,各种收入账户没有余额。收入类账户的结构如图 2-8 所示。

借方	收入类账户		贷方
本期减少额或转销额	×××	本期增加额	×××

图 2-8 收入类账户结构

由于成本费用支出类账户的结构与资产类账户的结构基本一致,因而,成本费用支出类账户的借方登记其增加额,贷方登记其减少额或转销额。企业发生的各种费用和支出形成利润减少的因素,因此期末时应将影响利润的有关费用和支出的增加额减去其减少额后的差额,转入"本年利润"账户的借方,同时登记在有关费用和支出账户的贷方。所以,除反映成本的账户外,费用支出类账户一般没有余额。成本类账户若有余额,表示期末资产的余额。成本费用支出类账户的结构如图 2-9 所示。

借方	成本费用支出类账户		贷方
本期增加额	×××	本期减少额或转销额	×××

图 2-9 成本费用支出类账户结构

根据以上对各类账户结构的说明,可以将账户借方和贷方所记载的经济内容加以归纳,如图 2-10 所示。

借方	账户名称　　贷方
资产的增加	资产的减少
负债的减少	负债的增加
所有者权益的减少	所有者权益的增加
收入的减少	收入的增加
成本费用支出的增加	成本费用支出的减少

图 2-10 各类账户结构汇总

账户结构表明,不同类型的账户,"借""贷"两方各自所代表的经济内容不同。

借字表示:资产增加,负债及所有者权益减少,成本费用支出增加,收入减少或转销。

贷字表示:资产减少,负债及所有者权益增加,成本费用支出减少或转销,收入增加。

3. 借贷记账法的记账规则

前已述及,按照复式记账的原理,任何经济业务都要以相等的金额,在两个或两个以上相互联系的账户中进行记录。借贷记账法的记账规则,是指运用借贷记账法在账户上记录经济业务所引起的会计要素增减变化的规律。那么,如何记录经济业务呢?借贷记账法对于发生的每一笔经济业务,首先,要确定它所涉及的账户并判定其性质;其次,要分析所发生的经济业务使各账户的金额增加还是减少;最后,根据账户的基本结构确定其金额应记入所涉及账户的方向。

由于收入类账户、利润类账户与所有者权益类账户的性质相同,而费用是资产的转化形式,费用类账户与资产类账户的性质相同,因此,会计上在划分经济业务的性质时,往往将收入、利润归入所有者权益,将费用类归入资产。这样,无论经济业务如何复杂,均可概括为以下几种类型。

(1) 资产与权益同时增加。

(2) 资产与权益同时减少。

(3) 资产内部有增有减。

(4) 权益内部有增有减。

下面举例进行分析。

【做中学 2-1】 2016 年 9 月 3 日,甲企业收到投资者投入的资本金 500 000 元,存入银行。

这项经济业务的发生，使甲企业资产和所有者权益两个要素的相关项目同时增加。其中，资产要素项目涉及“银行存款”账户，所有者权益要素项目涉及“实收资本”账户；资产的增加，应记在“银行存款”账户的借方，所有者权益的增加，应记在“实收资本”账户的贷方。这项经济业务运用借贷记账法记入相关账户，如图 2-11 所示。

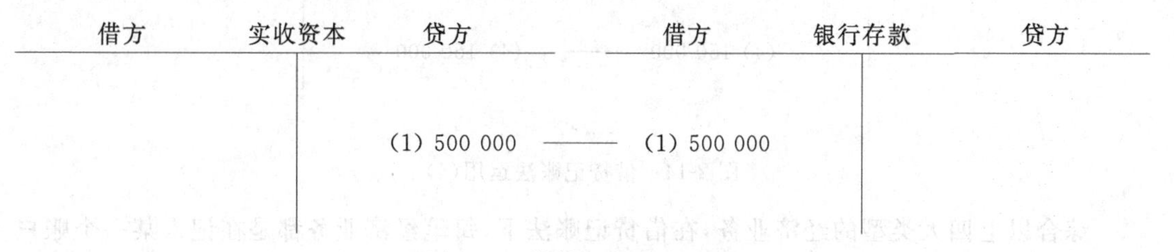

图 2-11 借贷记账法运用(1)

【做中学 2-2】2016 年 9 月 10 日，甲企业以银行存款 100 000 元归还银行短期借款。

这项经济业务的发生，使甲企业资产和负债两个要素的相关项目同时减少。其中，资产要素项目涉及“银行存款”账户，负债要素项目涉及“短期借款”账户；资产的减少，应记在“银行存款”账户的贷方，负债的减少，应记在“短期借款”账户的借方。这项经济业务运用借贷记账法记入相关账户，如图 2-12 所示。

借方	银行存款	贷方
		(2) 100 000

借方	短期借款	贷方
(2) 500 000		

图 2-12 借贷记账法运用(2)

【做中学 2-3】2016 年 9 月 13 日，甲企业购进原材料一批，金额为 20 000 元，以银行存款支付。

这项经济业务的发生，使资产要素内部两个项目有增有减。其中，资产要素内部两个项目涉及“银行存款”和“原材料”两个账户；资产的增加，应记在“原材料”账户的借方，资产的减少，应记在“银行存款”账户的贷方。这项经济业务运用借贷记账法记入相关账户，如图 2-13所示。

借方	银行存款	贷方
		(3) 20 000

借方	原材料	贷方
(3) 20 000		

图 2-13 借贷记账法运用(3)

【做中学 2-4】2016 年 9 月 20 日，甲企业向银行借入短期借款 150 000 元直接偿还前欠乙企业的货款。

这项经济业务的发生，使负债要素内部两个项目有增有减。其中，负债要素内部两个项目涉及“短期借款”和“应付账款”两个账户；负债的增加，应记在“短期借款”账户的贷方，负债的减少,应记在“应付账款”账户的借方。这项经济业务运用借贷记账法记入相关账户,如图 2-14 所示。

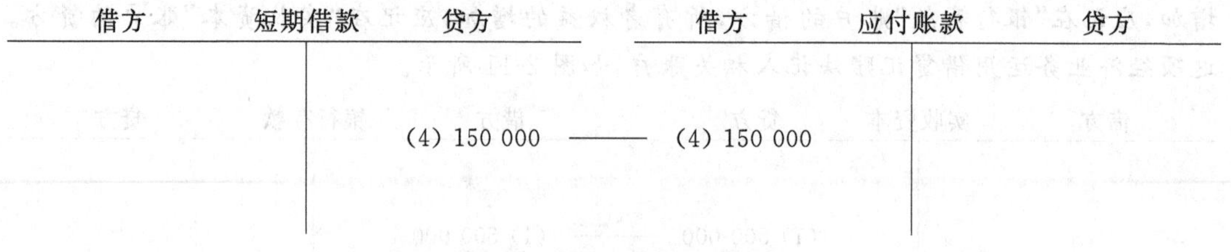

图 2-14　借贷记账法运用(4)

综合以上四大类型的经济业务,在借贷记账法下,每笔经济业务都是在记入某一个账户借方的同时,必然还要记入另一个账户的贷方,而且记入借方与记入贷方的金额总是相等的,这就形成了借贷记账法的记账规律或记账规则。我们可以概括为“有借必有贷,借贷必相等”。

以上记账规则可用图 2-15 表示。

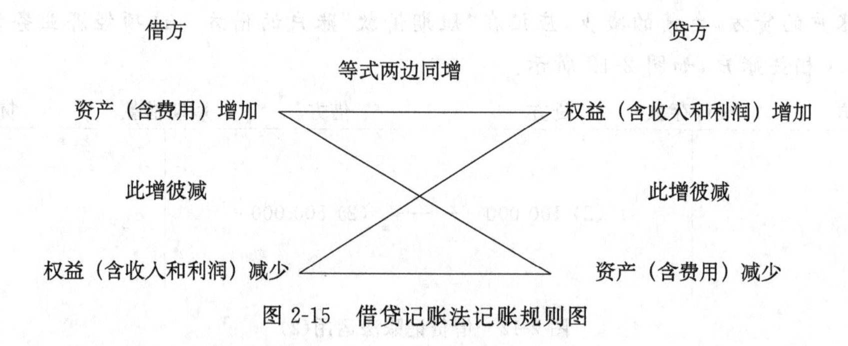

图 2-15　借贷记账法记账规则图

4. 借贷记账法的试算平衡

为了保证一定时期内所发生的经济业务在账户记录中的正确性,需要在期末对账户记录进行试算平衡。所谓借贷记账法的试算平衡,是指根据会计等式的平衡原理,按照记账规则的要求,通过汇总计算和比较来检查账户记录的正确性和完整性。在借贷记账法下,试算平衡可分为发生额试算平衡法和余额试算平衡法。

(1) 发生额试算平衡法

全部账户本期借方发生额合计＝全部账户本期贷方发生额合计

(2) 余额试算平衡法

全部账户期末借方余额合计＝全部账户期末贷方余额合计

试算平衡工作一般是在月末结出各个账户的本月发生额和月末余额后,通过编制总分类账户发生额试算平衡表和总分类账户余额试算平衡表来进行的。现将上述所举做中学 2-1～做中学 2-4 所示四笔经济业务记入有关总分类账户,并结出各账户本期发生额和期末余额。各科目期初余额为:银行存款 530 000 元;原材料 70 000 元;实收资本 350 000 元;短期借款 100 000 元;应付账款 150 000 元。如图 2-16～图 2-20 所示。

银行存款

借方	贷方
期初余额 530 000	
(1) 500 000	(2) 100 000
	(3) 20 000
本期发生额 500 000	本期发生额 120 000
期末余额 910 000	

图 2-16 “银行存款”账户记录

原材料

借方	贷方
期初余额 70 000	
(3) 20 000	
本期发生额 20 000	
期末余额 90 000	

图 2-17 “原材料”账户记录

实收资本

借方	贷方
	期初余额 350 000
	(1) 500 000
本期发生额	500 000
	期末余额 850 000

图 2-18 “实收资本”账户记录

短期借款

借方	贷方
	期初余额 100 000
(2) 100 000	(4) 150 000
本期发生额 100 000	本期发生额 150 000
	期末余额 150 000

图 2-19 “短期借款”账户记录

应付账款

借方	贷方
	期初余额 150 000
(4)150 000	
本期发生额 150 000	期末余额 0

图 2-20 “应付账款”账户记录

根据上述账户记录，分别编制总分类账户发生额试算平衡表(见表 2-3)和总分类账户余额试算平衡表(见表 2-4)如下。

表 2-3　　总分类账户发生额试算平衡表

2016 年 9 月 30 日　　单位:元

账户名称	本期发生额	
	借方	贷方
银行存款	500 000	120 000
原材料	20 000	
短期借款	100 000	150 000
应付账款	150 000	
实收资本		500 000
合计	770 000	770 000

表 2-4　　总分类账户余额试算平衡表

2016 年 9 月 30 日　　单位:元

账户名称	余　额	
	借方	贷方
银行存款	910 000	
原材料	90 000	
短期借款		150 000
应付账款		0
实收资本		850 000
合计	1 000 000	1 000 000

运用试算平衡来检查账户的记录是否正确时,需要注意的是,首先,必须保证所有账户的余额均已记入试算表;其次,如果试算表借贷不平衡,可以肯定账户的记录和计算有错误,则认真检查,直到实现平衡为止;如果借贷平衡,并不能肯定记账没有错误。例如:重复登记、漏登、登错账户、登错方向、借方和贷方发生额中偶然一多一少并相互抵销等,这些错误并不影响借贷双方的平衡。

5. 账户对应关系和会计分录的运用

1) 账户对应关系

运用借贷记账法等复式记账法处理经济业务,一笔业务所涉及的几个账户之间必然存在着某种相互依存的对应关系,这种关系称为账户对应关系。它是按照“有借必有贷、借贷必相等”的记账规则登记经济业务所形成的账户之间的应借、应贷关系。具有应借、应贷关系的账户互称对应账户。例如,从银行提取现金 10 000 元,就要在“库存现金”账户的借方和“银行存款”账户的贷方加以记录,此时这两个账户就形成了对应关系,“库存现金”账户和“银行存款”账户互为对应账户。我们利用对应关系和对应账户进行会计检查。

2) 会计分录

账户对应关系反映了每项经济业务的内容,以及由此而引起的资金运动的来龙去脉,因而在采用借贷记账法登记某些经济业务时,应先通过编制会计分录来确定其所涉及的账户及其对应关系。

会计分录简称分录,是分别对每笔经济业务列示其应记入账户的名称、应借应贷的方向及其金额的一种记录。在我国会计实务中,编制会计分录是通过填制记账凭证来体现的。会计分录包括三个要素:记账名称、记账符号和金额。

例如:从银行提取现金 10 000 元,编制的会计分录如下。

借:库存现金　　10 000
　贷:银行存款　　10 000

◆ **知识链接**

会计分录的类型

会计分录分为简单会计分录和复合会计分录。

简单会计分录,是指只有两个账户的会计分录,即由一个借方账户与一个贷方账户相对应所组成的会计分录。比如上述从银行提取现金所编制的会计分录就是简单会计分录,也叫一借一贷分录,它的对应关系清楚,容易理解和掌握。

复合会计分录,是指两个以上账户的会计分录,即由一个借方账户与两个及以上贷方账户,或由两个及以上借方账户与一个贷方账户,或由几个借方账户与几个贷方账户相对应所组成的会计分录,简称“一借多贷、多借一贷、多借多贷”的会计分录。比如企业赊销产品23 400元,其中含增值税销项税额 3 400 元。这笔业务的会计分录如下。

借:应收账款　　23 400
　贷:主营业务收入　　20 000
　　应交税费——应交增值税(销项税额)　　3 400

复合会计分录可以全面、集中地反映经济业务的全貌,简化记账手续,提高工作效率。复合会计分录可以分拆为多笔简单会计分录。如上例的简单会计分录如下。

(1) 借:应收账款 20 000
　　贷:主营业务收入 20 000
(2) 借:应收账款 3 400
　　贷:应交税费——应交增值税(销项税额) 3 400

需要指出的是,为了保持账户对应关系的清楚,一般不宜把不同经济业务合并在一起,编制多借多贷的会计分录。但在某些特殊情况下,为了反映经济业务的全貌,也可以编制多借多贷的会计分录。

编写会计分录时应遵循以下基本规则。

① 先借后贷。

② 借贷要分行写,并且文字和金额都要错开一个字节或数个字节。

③ 在有多借或多贷的情况下,要求借方或贷方账户的文字和金额数字必须对应整齐。

【学中做 2-2】 讨论下列会计分录所记录的经济业务是否存在。

借:固定资产——机器设备——检测仪 100 000
　贷:银行存款 100 000
借:库存商品 10 000
　贷:应收账款 10 000

6. 总分类账户和明细分类账户的平行登记

由前所知,账户按其提供信息的详细程度及统驭关系不同,可以分为总分类账户和明细分类账户。总分类账户提供的是总括、综合的信息,一般只提供货币信息资料,明细分类账户是对会计要素各项目增减变化的详细反映,对某一具体方面提供货币、实物量信息资料。总分类账户对明细分类账户具有统驭控制作用,明细分类账户对总分类账户具有补充说明作用。

因此,根据管理要求,在采用借贷记账法记录经济业务时,需进行总分类账户和明细分类账户的平行登记。

所谓平行登记,是指对发生的每一笔经济业务,都要根据相同的会计凭证,一方面登记总分类账户的同时;另一方面登记总分类账户所属的明细分类账户的一种记账方法。

平行登记的要点可归纳如下。

(1) 依据相同。对发生的经济业务,都要以相关的会计凭证为依据,既登记有关总分类账户,又登记其所属明细分类账户。

(2) 方向相同。将经济业务记入总分类账户和明细分类账户,记账方向必须相同。即总分类账户记入借方,明细分类账户也应记入借方;总分类账户记入贷方,明细分类账户也应记入贷方。

(3) 期间相同。对每项经济业务在记入总分类账户和明细分类账户的过程中,可以有先有后,但必须在同一会计期间(如同一个月)全部登记入账。

(4) 金额相等。记入总分类账户的金额,必须与记入其所属明细分类账户的金额之和相等。

通过平行登记,总分类账户与明细分类账户之间在登记金额上就形成了如下关系。

总分类账户期初余额＝所属各明细分类账户期初余额之和

总分类账户借方发生额＝所属各明细分类账户借方发生额之和

总分类账户贷方发生额＝所属各明细分类账户贷方发生额之和

总分类账户期末余额＝所属各明细分类账户期末余额之和

期末,可依据平行登记的账户结果来检查总分类账户和明细分类账户的记录是否正确。

任务 2.2　企业财税实务应用

2.2.1　企业创建阶段财税实务应用

根据《企业所得税暂行条例实施细则》,企业的筹建期是指从企业被批准筹建之日起至企业开始生产、经营之日为止。这一期间发生的业务属于企业筹建期间发生的业务,要按照相关的规定进行会计处理和税务处理。筹建期间发生的费用部分可以计入开办费,部分则不可以计入。不可计入开办费用的支出,包括取得各项资产所发生的费用等,如购建固定资产和无形资产所支付的费用。

对于企业在筹办期间发生的采购支出,若取得增值税专用发票,其进项税金允许抵扣;若取得普通发票,其进项税额不能抵扣,只能列入开办费用。本书主要介绍在创建期间所发生的开办费用以及相关的账务处理。

1. 开办费用的范围

开办费用是指企业筹建期间的费用支出。包括筹建期间人员的工资、办公费、培训费、差旅费、印刷费、注册登记费以及不计入固定资产和无形资产成本的汇兑损益和利息支出。

(1) 筹建人员开支的费用。包括筹建人员的职工薪酬、职工福利、住房公积金、差旅费等。

(2) 筹借资本的费用。筹资所发生的手续费以及相关的利息,如果不能计入固定资产、无形资产的成本,则全部计入开办费用。

(3) 企业资产的折旧、摊销、报废和毁损。

(4) 其他费用。包括筹建期间发生的办公费、广告费、招待费等支出。

(5) 企业登记、公证的费用。包括工商登记费、验资费、评估费、税务登记费、公证费等。

2. 开办费用的账务处理

根据《企业会计准则——应用指南》,发生的开办费用直接记入“管理费用”科目。在实际发生时,借记“管理费用”,贷记“银行存款”。

【做中学 2-5】 甲公司尚处于筹建期间,2016 年 5 月发生办公费 600 元,以现金支付。

分析与处理:甲公司在筹建期间发生办公费用,费用增加,应在“管理费用”账户借方登记,同时以现金支付,库存现金减少,应在“库存现金”账户贷方登记。编制的会计分录如下。

借:管理费用——开办费用　　600

　贷:库存现金　　600

【做中学 2-6】 甲公司尚处于筹建期间,2016 年 6 月发生评估费 3 000 元,以存款支付。

分析与处理:甲公司在筹建期间发生评估费用,费用增加,应在“管理费用”账户借方登记，同时以存款支付，银行存款减少，应在“银行存款”账户贷方登记。编制的会计分录如下。

借：管理费用——开办费用 3 000

贷：银行存款 3 000

◆ **知识链接**

开办费用的税务处理

开办费用在税务上有两种处理方式：一种是在开始经营之日的当年就一次性扣除；二是参照长期待摊费用的处理在不少于三年内分摊，分期扣除。

2.2.2 企业营运阶段财税实务应用

企业在筹建成功后，即进入营运阶段。以生产制造企业为例，在营运阶段，企业开展的主要生产经营活动是筹集资金，然后采购原材料，生产出合格的产品，销售出去，满足各方需要，赚取利润，实现企业的经营目标，同时按法律规定，向国家计交税金，向投资者分配利润。下面详细介绍企业在营运阶段所发生的主要业务的财税处理。

1. 资金筹集业务的核算

企业筹集资金的来源主要有两方面：一是投资者投入的资本，最终形成所有者权益；二是向债权人借入的资金，最终形成负债。以上两种渠道筹集的资金有本质区别，账务处理也有所不同。

1）投资者投入资金的业务处理

（1）所有者权益的构成

企业从投资者处筹集的资金是所有者权益的重要组成部分，企业的所有者权益主要包括所有者投入的资本，直接计入所有者权益的利得和损失及留存收益等。其中，所有者权益投入的资本包括实收资本和资本公积。所有者在进行投资时投入的资本形式有两种：货币资金或非货币资金。

（2）账户设置

实收资本是指企业投资者按照企业章程或合同协议约定实际投入企业的资本以及按照有关规定由资本公积和盈余公积转为资本的资金。“实收资本”是企业开展生产经营活动的本钱，也是维持企业正常的经营活动的最基本的条件。

注册资本和实收资本是两个不同的概念。注册资本是公司的法定资本；实收资本是指公司已经收缴入账的股份，只有足额入缴后，实收资本才会等于注册资本。

①“实收资本”账户。实收资本是指投资者按照企业章程或者合同、协议的约定，实际投入企业的资本（股份有限公司称为股本），是所有者权益的主要组成部分。

为了核算企业实际收到投资人投入的资本，应设置“实收资本”账户，该账户属于所有者权益类账户。其贷方登记企业实际收到投资者投入的资本；借方登记按法定程序报经批准减少的注册资本；期末余额在贷方，表明企业实际拥有的资本数额。具体核算时，企业应当按照投资者设置明细账户，进行明细分类核算。该账户的结构如图 2-21 所示。

借方	实收资本 贷方
	期初余额
经批准减少的资本额	实际收到所有者投入的资本额
	期末余额:实有资本总额

图 2-21 “实收资本”账户结构及核算内容

② “资本公积”账户。资本公积是指投资者投入企业中,在金额上超过法定资本部分的资本,是所有者权益的重要组成部分。

“资本公积”账户属于所有者权益类账户,用来核算企业收到的投资者的出资总额,超过其在注册资本或股本中所占份额的部分。该账户的借方登记资本公积的减少;贷方登记资本公积的增加额;期末余额在贷方,反映企业期末资本公积的结余数。该账户可以按照资本公积来源的不同,分别设置“资本(股本)溢价”“其他资本公积”明细科目。该账户的结构如图 2-22 所示。

借方	资本公积 贷方
	期初余额
转增资本等减少额	投资者投资时产生的溢价
	期末余额:实有资本公积金

图 2-22 “资本公积”账户结构及核算内容

③ “银行存款”账户。银行存款是企业存在银行的货币资金,为了加强对银行存款收支的管理,企业应设置“银行存款”账户。该账户属于资产类,借方登记企业取得并存入银行相应增加的资金,贷方登记企业通过银行支付相应减少的资金。该账户的结构如图 2-23 所示。

借方 银行存款	贷方
期初余额	
收到的银行存款	支付的银行存款
期末余额:实有银行存款	

图 2-23 “银行存款”账户结构及核算内容

(3) 账务处理

① 接受货币性资产投资的账务处理。企业在收到投资者以货币性资金投入的资本,是以实际收到的资金借记“银行存款”科目,按照合同约定投资者在注册资本或股本中所占份额的部分,贷记“实收资本”或“股本”科目,对于实际收到的金额超过“实收资本(或股本)”的部分,记入“资本公积——资本溢价(或股本溢价)”科目。

【做中学 2-7】川河有限公司接受某投资者投资 5 000 000 元,其中 4 500 000 元作为实收资本,另外 500 000 元作为资本公积,款项存入银行。

分析与处理:川河有限公司收到的投资款存入银行,银行存款增加 5 000 000 元,应在“银行存款”账户借方登记,同时,约定的本金是 4 500 000 元,应记入“实收资本”账户的贷方，超出的500 000元应在“资本公积”账户贷方登记。编制的会计分录如下。

借：银行存款　　5 000 000

贷：实收资本　　4 500 000

资本公积——资本溢价　　500 000

② 接受非现金资产投资的账务处理。企业收到投资者以固定资产、原材料、无形资产等方式投入的资本，应当按照投资合同和协议约定的价值确认非现金资产的价值。借记“固定资产”“无形资产”等科目，按应当享有的份额贷记“实收资本”科目，两者之间的差额记入“资本公积——资本溢价(股本溢价)”科目。

【做中学2-8】 甲公司接受某投资者以不需安装的设备投资，该资产的公允价值为1 000 000元，增值税为170 000元。

分析与处理：甲公司接受设备投资，首先应明确，该设备属于固定资产，这项业务一方面使得公司的固定资产增加1 000 000元，收到设备投资时，还涉及进项税额170 000元，另一方面使得公司的所有者对公司的投资增加1 170 000元。固定资产的增加属于资产的增加，应记入“固定资产”账户的借方；进项税额记入“应交税费”账户的借方；所有者对公司的投资属于所有者权益增加，应记入“实收资本”账户的贷方。

借：固定资产　　1 000 000

应交税费——应交增值税(进项税额)　　170 000

贷：实收资本　　1 170 000

◆ **知识链接**

投资者投入非货币性资产的税务处理问题

企业的非货币性资产包括存货、固定资产、无形资产等项目，非货币性资产有无形资产和有形资产之分，其中有形资产，又可以分为动产和不动产。本书主要介绍接受动产投资的税务处理。

动产包括存货、机器设备等可移动的固定资产。根据《中华人民共和国增值税暂行条例实施细则》第四条规定：将自产、委托加工或购买的货物作为投资，提供给其他单位或个体经营者视同销售。故受资方在收到动产投资时，应当登记“应交税费——应交增值税(进项税额)”。

2) 负债筹集资金业务

企业从债权人那里筹集到的资金形成了企业的负债，即债权人权益。

(1) 负债筹资的构成

负债筹资主要包括短期借款、长期借款以及结算形成的负债。本章主要介绍前两种。

短期借款是指企业为了满足其生产经营对资金的临时性需要，而向银行或其他金融机构借入的偿还期限在一年(含一年)以内的各项借款；长期借款是指企业向银行或其他金融机构等借入的偿还期限在一年以上的各种借款。本章只介绍取得短期借款的账务处理。

(2) 账户设置

①“短期借款”账户。短期借款是指企业为满足正常生产经营的需要，向银行或其他金融机构等借入的期限在一年以下(含一年)的各种借款。

企业应及时、如实地反映款项的借入、利息的结算和本息的偿还情况，为此应设置“短期借款”账户。该账户属于负债类。贷方登记短期借款本金的增加额；借方登记短期借款本金的减少额；期末余额在贷方，反映企业尚未归还的短期借款。该账户可以按照债权人的名称设置明细账户，进行明细分类核算。该账户的结构如图 2-24 所示。

短期借款

借方	贷方
	期初余额
归还的短期借款本金	取得的短期借款本金
	期末余额：尚未归还的短期借款

图 2-24 “短期借款”账户结构及核算内容

② “长期借款”账户。长期借款是指企业向银行或其他金融机构等借入的偿还期在一年以上(含一年)的各种借款，一般用于固定资产的购建、改扩建工程、大修理工程、对外投资，以及为了保持长期经营能力的需要而借入的款项。

企业应设置“长期借款”科目来核算企业的长期借款金额的增减变动及结余情况。该账户属于负债类，贷方登记长期借款的增加数；借方登记长期借款的减少数；期末余额在贷方，表示尚未偿还的长期借款余额。该账户应当按照贷款单位设置明细账户，进行明细分类核算。该账户的结构如图 2-25 所示。

长期借款

借方	贷方
偿还的本金或利息	取得的长期借款本金
	尚未归还的长期借款

图 2-25 “长期借款”账户结构及核算内容

③ “财务费用”账户。向银行借款是需要支付利息的，短期借款的利息属于筹资费用，按照权责发生制原则的要求，应设置“财务费用”账户，将利息确认为当期损益。

“财务费用”账户属于损益类，用来核算企业为筹集生产经营所需资金等而发生的各种筹资费用，包括利息支出(减利息收入)、佣金、汇兑损失(减汇兑收益)以及相关的手续费、企业发生的现金折扣或收到的现金折扣。借方登记应计入当期损益的利息费用等筹资费用，贷方登记转出的数额。期末结转后，该账户应无余额。该账户的结构如图 2-26 所示。

财务费用

借方	贷方
利息支出	期末结转至本年利润的财务费用
手续费、汇兑损失等	利息收入、汇兑收益等
期末余额：结转后无余额	

图 2-26 “财务费用”账户结构及核算内容

④ “应付利息”账户。按权责发生制原则的要求，企业每个月都应当计算银行借款的利息，但在实际工作中，银行借款的利息一般是按季支付，企业应按月预提季末支付银行借款利息，为此，应设置“应付利息”账户。该账户属于负债类，用来核算企业按照合同约定计算出来应当支付给银行但未付的利息。该账户贷方登记企业预提的利息额；借方登记实际支

付的利息额；期末余额在贷方，反映应付未付利息的结余额。该账户可以按照存款人或债权人进行明细核算。该账户的结构如图 2-27 所示。

借方	应付利息 贷方
	期初余额
已支付的利息	计提的应付未付利息
	期末余额：尚未支付的利息

图 2-27 “应付利息”账户结构及核算内容

◆ **知识链接**

权责发生制与收付实现制

前所提及，会计分期这个前提条件为我们确立了会计核算的时间范围，即会计期间。在各个会计期间要发生各种经济业务，其中就包括与收入和费用相关的经济业务。在一个会计期间内，收入的获得(实现)、费用的发生和与其相关的款项的实际收支存在着以下几种可能。

(1) 本期获得收入同时收款、本期发生费用同时付款。

(2) 本期获得收入但未收款、本期发生费用但未付款。

(3) 本期收款但未获得收入、本期付款但未发生费用。

(4) 以前期间收款本期获得收入、以前期间付款本期发生费用。

对上述的第一种情况，由于收入和费用的归属期间与款项的实际收支期间一致，因而将其确认为该期间的收入和费用是明确无疑的。而在第二、第三种情况下，是否将其确认为该期间的收入和费用则有两种会计处理基础可供选择，即权责发生制和收付实现制。

权责发生制是指以收入的权利和支出的义务是否归属于本期为标准来确认本期收入和本期费用的一种会计处理基础，又称“应计制”。按照权责发生制会计处理基础的要求，凡是本期已经实现的收入和已经发生或应当负担的费用，不论款项是否已经收到或付出，都应当作为本期的收入和费用处理；凡是不属于本期的收入和费用，即使款项已经在本期收到或付出，都不应当作为本期的收入和费用处理。由此可见，在权责发生制会计处理基础的要求下，不仅包括上述第一、第二种情况的收入和费用，而且还包括第四种情况，即以前会计期间收款而属于本期应获得的收入及以前会计期间付款而应由本期负担的费用，但不包括第三种情况。

收付实现制又称实收实付制，它是以款项是否收到或付出作为确定本期收入和费用标准的一种会计处理基础。采用这一会计处理基础时，凡是本期实际收到款项的收入和付出款项的费用，不论其是否归属于本期，都作为本期的收入和费用处理；反之，凡是本期没有实际收到款项的收入和付出款项的费用，均不作为本期的收入和费用处理。收付实现制完全以是否收到或付出货币资金作为确定本期收入和费用的标准，因此，又被称为现金制。

权责发生制是企业会计核算的基础，它主要是根据权责关系的实际发生和受益影响期间来确认企业的收入、费用和收益。采用权责发生制核算企业收支，能够合理地计算和确定企业某一期间的财务成果，虽然核算比较复杂，但能较真实地反映企业的财务状况，因此，我国《企业会计准则——基本准则》第九条规定：“企业单位应当以权责发生制作为会计核算基础进行会计确认、计量和报告。”

(3) 账务处理

企业取得短期借款时,借记"银行存款"账户,贷记"短期借款"账户;期末计算借款利息时,借记"财务费用"账户,贷记"银行存款"或"应付利息"账户;偿还本金时,借记"短期借款"账户,贷记"银行存款"账户。

【做中学 2-9】 丙公司于 2016 年 4 月 1 日向银行借入 3 个月的借款 100 000 元,年利率 6%,款项存入银行。

分析与处理:这项业务的发生,一方面使得丙公司的银行存款增加 100 000 元;另一方面公司的短期借款也增加。银行存款的增加属于资产的增加,应记入"银行存款"账户的借方;短期借款的增加是负债的增加,应记入"短期借款"账户的贷方。

借:银行存款　　100 000
　贷:短期借款　　100 000

【做中学 2-10】 接做中学 2-9,计算丙公司 4 月的利息,于 5 月 15 日支付。

分析与处理:这项业务的发生,计算本月应负担的利息为 500 元(100 000×6%÷12),利息属于企业财务费用,但却不在本月支付,按照权责发生制的要求则形成了企业的负债,属于应付利息。财务费用的增加属于费用的增加,应记入"财务费用"账户的借方;应付利息的增加属于负债的增加,应记入"应付利息"账户的贷方。

支付应付利息这项负债的业务,一方面公司的银行存款减少 500 元,同时负债得以清偿,应付利息也减少。银行存款的减少属于资产的减少,应记入"银行存款"账户的贷方,应付利息的减少属于负债的减少,应记入"应付利息"账户的借方。

4 月利息=100 000×6%÷12=500(元)

借:财务费用　　500
　贷:应付利息　　500

支付利息:

借:应付利息　　500
　贷:银行存款　　500

【做中学 2-11】 接做中学 2-9,2016 年 7 月 1 日偿还短期借款本金。

分析与处理:这项业务一方面使得银行存款减少 100 000 元;另一方面使得短期借款得以偿还,也就是减少 100 000 元。银行存款的减少属于资产的减少,应记入"银行存款"账户的贷方;短期负债的减少属于负债的减少,应记入"短期借款"账户的借方。

借:短期借款　　100 000
　贷:银行存款　　100 000

2. 供应过程的业务处理

资金的循环和周转是在企业的经营过程中实现的,而这一过程又分为不同的阶段,资金在不同的阶段表现形式不一样,则各阶段的账务处理也有所不同。通常情况下,我们会将企业的经营过程分为供应过程、生产过程和销售过程。供应过程主要涉及采购原材料、购置设备等业务,这些都是为进行生产过程所做的准备工作。

1) 固定资产业务的账务处理

(1) 固定资产的定义

企业要加工生产产品,必须具有办公楼、厂房、机器设备等资产,这类资产是为生产产品、提供劳务、出租或经营管理而持有的，使用寿命超过一个会计年度的有形资产，会计上称为固定资产，主要包括房屋及建筑物、机器、机械、运输设备等。

由于固定资产使用期限较长，单位价值较高，因此企业应按照会计准则的要求加强对固定资产的管理与核算。

(2) 固定资产入账价值的确定

根据《企业会计准则第 4 号——固定资产》的规定，固定资产应当按照成本进行计量。固定资产的成本是指企业购建某项固定资产达到预定可使用状态前所发生的一切合理、必要的支出。企业获得固定资产的渠道不同，其成本的构成内容也不同。主要包括两种渠道：外购固定资产和自行建造。

外购固定资产的成本包括：购买价款、相关税费(关税、消费税)、使固定资产达到预定可使用状态前所发生的可归属于该项资产的运输费、装卸费、安装费和专业人员服务费等。但采购人员的差旅费不计入成本，而计入管理费用。

◆ **知识链接**

固定资产增值税进项税额的规定

2009 年 1 月 1 日增值税转型改革后，企业购建(包括购进、接受捐赠、实物投资、自制、改扩建和安装)生产用固定资产发生的增值税进项税额可以从销项税额中抵扣，支付的进项税额不计入固定资产成本。小规模纳税人除外。

自行建造固定资产的成本包括：以建造该固定资产达到预定可使用状态前所发生的全部支出作为其入账价值。

◆ **知识链接**

自建固定资产价值入账时间的确定

企业会计准则将自行建造固定资产价值入账的时间点从“达到竣工决算”改为“达到预定可使用状态”，之所以进行这样的更改，是因为在使用“竣工结算”这个时间点时，很多企业其实已经完成了房屋建筑物的建设，但迟迟不进行竣工结算，因为这样该固定资产就无须计提折旧，从而达到降低费用、提高利润的目的。将时间进行更改之后可避免这一现象。

【做中学 2-12】 A 公司购入生产用设备一台，取得的增值税专用发票上注明的设备价款为 40 000 元，增值税税额为 6 800 元，支付运输费 500 元、保险费 400 元，款项以银行存款支付。A 公司属于增值税一般纳税人，该设备无须安装。

分析与处理：该设备不需要安装，即说明购买后就意味着达到预定可使用状态，那么在购买过程中发生的费用 40 900 元(40 000＋500＋400)形成固定资产的成本，增值税 6 800 元应作为进项税额记入应交税费账户的借方，同时会导致银行存款减少 47 700 元。固定资产的增加属于资产的增加，应记入“固定资产”账户的借方；进项税额的增加属于负债的减少，应记入“应交税费”账户的借方；银行存款的减少属于资产的减少，应记入“银行存款”账户的贷方。

借：固定资产　　40 900

　　应交税费——应交增值税(进项税额)　　6 800

　贷：银行存款　　47 700

(3) 固定资产折旧

固定资产在使用过程中,一方面会因磨损而减值;另一方面会因技术进步而贬值,通常我们将前者称为有形损耗,后者称为无形损耗。固定资产的价值会随着损耗的发生而减少,这种因损耗减少的价值称为折旧。同时,企业通过计提折旧的方式将固定资产因损耗而减少的价值转移到产品成本或期间费用中去。

◆ **知识链接**

固定资产的折旧方法

固定资产的折旧方法包括年限平均法、工作量法、双倍余额递减法和年数总和法。选择不同的折旧方法会影响企业计提的折旧额,因此企业应当根据与固定资产相关的经济利益预期实现方式合理选择折旧方法,折旧方法一经确定,不得随意更改。下面以年限平均法为例,介绍其具体的计算方法。

年限平均法,又称直线法,是将固定资产的应计折旧额均匀分摊到固定资产的预计使用寿命的一种方法。其计算公式为

$$年折旧率=\frac{1-预计净残值率}{预计使用寿命(年)}$$

$$月折旧率=\frac{年折旧率}{12}$$

$$月折旧额=固定资产原值\times月折旧率$$

$$年折旧额=\frac{固定资产原值-预计净残值}{预计使用年限}$$

$$=\frac{固定资产原值\times(1-预计净残值率)}{预计使用年限}$$

$$月折旧额=\frac{年折旧额}{12}$$

例如:甲企业外购一台设备,原值为1 000 000元,预计可使用20年,该设备报废时的净残值率为4%。该设备的折旧率和月折旧额的计算如下。

第一种方法:

$$年折旧额=(1\,000\,000-1\,000\,000\times4\%)\div20=48\,000(元)$$

$$月折旧额=年折旧额\div12=4\,000(元)$$

或可采用第二种方法来计算设备的月折旧额:

$$月折旧额=固定资产原价\times月折旧率$$

其中:

$$月折旧率=\frac{年折旧率}{12}$$

$$年折旧率=(1-4\%)\div20=4.8\%$$

$$月折旧率=4.8\%\div12=0.4\%$$

$$月折旧额=1\,000\,000\times0.4\%=4\,000(元)$$

(4) 账户设置

① “固定资产”账户。为了加强对固定资产的核算,应设置“固定资产”账户,该账户属

于资产类，用来核算企业固定资产的原价，借方登记企业增加的固定资产原价，贷方登记企业减少的固定资产原价，期末余额在借方，反映企业期末固定资产的原值。同时，应按固定资产类别、使用部门等设置明细账，进行明细分类核算。其账户结构及核算内容如图 2-28 所示。

借方 固定资产	贷方
期初余额	
企业增加的固定资产原价	企业减少的固定资产原价
期末余额：实际拥有固定资产的原价	

图 2-28 “固定资产”账户结构及核算内容

②“累计折旧”账户。为反映固定资产因损耗而减少的价值，应设置“累计折旧”账户，该账户属于资产类，用来核算和监督固定资产已提折旧的累计情况，其贷方登记按月计提的固定资产折旧额，借方登记因减少固定资产而减少的累计折旧额，期末余额在贷方，反映累计已提取的折旧额。同时，“累计折旧”是一个特殊的资产账户，它是“固定资产”账户的备抵调整账户，累计折旧越多，固定资产净值就越少，因此，该账户的记账规则与一般的资产类账户的记账规则相反，即贷增借减。“累计折旧”账户结构及核算内容如图 2-29 所示。

借方 累计折旧	贷方
	期初余额
因减少固定资产而减少的累计已提折旧（减少额）	当月计提的固定资产折旧额（增加额）
	期末余额：累计已提取的折旧额

图 2-29 “累计折旧”账户结构及核算内容

③“在建工程”账户。如果企业外购的固定资产需要安装或者企业自行建造固定资产，则需设置“在建工程”账户，该账户属于资产类，用以核算企业购买、安装过程中发生的成本或者新建以及更新改造固定资产过程中发生的成本支出，安装或建造完毕投入使用时，将“在建工程”转入“固定资产”账户。“在建工程”账户结构及核算内容如图 2-30 所示。

借方 在建工程	贷方
期初余额	
企业各项在建工程的实际支出	工程达到预定可使用状态时转出的成本等
期末余额：反映企业期末尚未达到预定可使用状态的在建工程的成本	

图 2-30 “在建工程”账户结构及核算内容

④“工程物资”账户。“工程物资”账户属于资产类，用以核算企业为在建工程准备的各种物资的成本，包括工程用材料、尚未安装的设备以及为生产准备的工器具等。“工程物资”账户结构及核算内容如图 2-31 所示。

借方 工程物资	贷方
期初余额 企业购入工程物资的成本	领用工程物资的成本
期末余额:反映企业期末为在建工程准备的各种物资的成本	

图 2-31 “工程物资”账户结构及核算内容

⑤“固定资产清理”账户。企业在生产经营过程中,可能将不适用或不需用的固定资产对外出售转让,或因磨损、技术进步等原因对固定资产进行报废,或因遭受自然灾害而对毁损的固定资产进行处理,这些事项统称为固定资产处置。处于处置状态的固定资产不再用于生产产品、提供劳务、出租或经营管理,因此,也就不再符合固定资产的定义,应予以终止确认。在进行会计核算时,应按规定程序办理有关手续,结转固定资产的账面价值,计算有关的清理收入、费用和残料价值等。为此,需要设置“固定资产清理”账户。

“固定资产清理”账户属于资产类,用来核算企业因出售、报废、毁损、对外投资、非货币性资产交换以及债务重组等原因转出的固定资产的价值以及在清理过程中发生的费用,借方登记转出的固定资产净值、清理过程中应支付的相关税费及其他费用,贷方登记固定资产清理过程中收回的价款、残料价值、变价收入以及取得的赔款等,期末余额既可能在借方,也可能在贷方,借方余额反映的是企业尚未清理完毕的固定资产清理净损失,贷方余额反映的是企业尚未清理完毕的固定资产清理净收益。该账户应按被清理的固定资产项目设置明细账户,进行明细分类核算。“固定资产清理”账户结构及核算内容如图 2-32 所示。

借方 固定资产清理	贷方
转入清理的固定资产的净值支付的相关税费和其他费用	收回的出售价款、残料价值和变价收入、取得的保险公司或个人的赔款
期末余额:尚未清理完毕的净损失	期末余额:尚未清理完毕的净收益

图 2-32 “固定资产清理”账户结构及核算内容

(5) 账务处理

① 固定资产购置的账务处理。企业购入的固定资产按照是否可以立即投入使用,分为不需要安装的固定资产和需要安装的固定资产,两者的账务处理有所不同。

a. 购入不需要安装的固定资产。企业购入的不需要安装的固定资产,是指企业购置的固定资产不需要安装,可直接达到预定可使用状态。应按照购入固定资产的成本,借记“固定资产”账户,按照增值税专用发票上所列示的进项税额,借记“应交税费——应交增值税(进项税额)账户”,按实际支付的价款,贷记“银行存款”等账户。

【做中学 2-13】 甲公司为增值税一般纳税人,购入不需要安装的设备一台,取得的增值税专用发票上注明的设备买价为 20 000 元,增值税税额为 3 400 元,另支付的保险费为 100 元,包装费 200 元,款项以银行存款支付。

分析与处理:该设备不需要安装,说明购买后即达到预定可使用状态,那么在购买过程中发生的费用20 300元(20 000+100+200)形成固定资产的成本,增值税3 400元应作为进项税额记入应交税费账户的借方,同时会导致银行存款减少23 700元。固定资产的增加属于资产的增加,应记入"固定资产"账户的借方;进项税额的增加属于负债的减少,应记入"应交税费"账户的借方;银行存款的减少属于资产的减少,应记入"银行存款"账户的贷方。

固定资产的入账价值=20 000+100+200=20 300(元)

借:固定资产 20 300
　应交税费——应交增值税(进项税额) 3 400
　贷:银行存款 23 700

b. 购入需要安装的固定资产。

【做中学2-14】甲公司为增值税一般纳税人,购入需要安装的设备,取得增值税专用发票注明的买价为40 000元,增值税税额为6 800元;设备抵达企业后进行安装,取得增值税专用发票注明的安装费为2 000元,增值税税额为220元,款项均以银行存款支付。

分析与处理:该设备购入后还要安装,则购入时尚未达到预定可使用状态,故不能记入固定资产账户,应记入"在建工程"账户的借方;进项税额的增加属于负债的减少,应记入"应交税费"账户的借方;同时银行存款减少46 800(40 000+6 800),应记入"银行存款"账户的贷方。

借:在建工程 40 000
　应交税费——应交增值税(进项税额) 6 800
　贷:银行存款 46 800

支付安装费时,一方面增加在建工程的成本2 000元,同时营改增后,安装服务业的税率为11%,故在支付安装费的同时,还需支付220元(2 000×11%)的进项税额,并导致银行存款减少2 220元。在建工程的增加属于资产的增加,应记入"在建工程"账户的借方;进项税额的增加属于负债的减少,应记入"应交税费"账户的借方;银行存款的减少属于资产的减少,应记入"银行存款"账户的贷方。

支付安装费:

借:在建工程 2 000
　应交税费——应交增值税(进项税额) 220
　贷:银行存款 2 220

当安装完毕后,则设备达到预定可使用状态,一方面导致达到预定可使用状态的固定资产增加42 000元(40 000元属于设备款,2 000元的安装费属于固定资产达到预定可使用状态之前发生的费用,故应计入固定资产的成本);另一方面在安装的设备减少。固定资产的增加属于资产的增加,应记入"固定资产"账户借方;在安装设备的减少属于资产的减少,应记入"在建工程"账户的贷方。

安装完毕达到预定可使用状态。

借:固定资产 42 000
　贷:在建工程 42 000

◆ **知识链接**

购进固定资产的税务处理问题

企业购进设备在税务处理方面,存在增值税进项税额的抵扣。主要存在以下三个方面的抵扣。

买价发票。若企业从一般纳税人处购得设备且取得17%的增值税专用发票,则进项税额可以抵扣;若从小规模纳税人处取得增值税普通发票,则进项税额不可以抵扣;但小规模纳税人委托由税务局代开税率为3%的增值税专用发票,则进项税额可以抵扣。

运输费发票。若提供运输服务的企业是一般纳税人,且取得了税率为11%的增值税专用发票,则进项税额可以抵扣;所提供运输服务的企业是小规模纳税人且取得普通发票,则进项税额不能抵扣;但小规模纳税人,请税务局代开3%的增值税专用发票,则进项税额可以抵扣。

设备安装费用。企业购入需要安装的设备,若提供安装服务的企业是一般纳税人,且取得税率为11%的安装费用增值税专用发票,则进项税额可以抵扣;若提供安装服务的企业是小规模纳税人且取得普通发票则进项税额不能抵扣;小规模纳税人可以委托税务局代开税率为3%的增值税专用发票,则进项税额可以抵扣。

---

② 固定资产计提折旧的账务处理。在实际工作中,企业计提折旧是通过编制“固定资产折旧表”来计算,应当根据当月计算出的折旧额以及固定资产的用途计入相关成本或者当期损益。一般情况下,企业管理部门使用的固定资产计提的折旧费,应计入管理费用;生产部门使用的固定资产计提的折旧费,应计入制造费用;专设销售机构使用的固定资产计提的折旧费,应计入销售费用;经营性出租的固定资产计提的折旧费应计入其他业务成本;未使用的固定资产计提的折旧费应计入管理费用。具体的计算方法用公式表示如下。

当月固定资产应计提折旧总额=上月固定资产计提的折旧额
+上月增加的固定资产应计提的月折旧额
-上月减少的固定资产应计提的月折旧额

【做中学2-15】甲公司于2016年8月末计提固定资产折旧124 000元。其中,生产车间计提折旧额60 000元,管理部门计提折旧额61 000元,经营性出租计提折旧额3 000元。

分析与处理:该业务一方面使得计提的折旧增加,另一方面根据资产的用途将折旧计入相关的成本或损益,从而导致成本或损益增加。累计折旧的增加虽属于资产类的科目,但属于备抵科目,故增减方向刚好相反,即贷方表示增加,应记入“累计折旧”账户的贷方;同时,根据用途增加的成本费用,应记入相关账户的借方。

借:制造费用 60 000
　　管理费用 61 000
　　其他业务成本 3 000
　贷:累计折旧 124 000

③ 固定资产处置的账务处理。处置固定资产时,首先将固定资产转入清理,按清理时固定资产的账面价值,记入“固定资产清理”科目的借方;按已经计提的折旧和减值准备,借记“累计折旧”“固定资产减值准备”科目;按固定资产的原价,贷记“固定资产”科目。同时,在清理过程中所发生的清理费,也记入“固定资产清理”科目的借方,贷记“银行存款”等科目;处置时出售的价款残料,变价收入,保险及过失人赔偿等收入记入“固定资产清理”科目

的贷方；按照销售额计算出售时应当缴纳的增值税，借记“固定资产清理”科目，贷记“应交税费——应交增值税(销项税额)”科目；借贷方之间的差额即为固定资产处置的净损益，分别转入“营业外收入”或“营业外支出”。

【做中学 2-16】某企业出售一台设备，账面原价 300 000 元，已提折旧 114 000 元，出售时发生清理费用 20 000 元，出售价格 257 400 元，销售动产的增值税税率为 17%。

分析与处理：要处置该设备，首先将账面价值 186 000 元(300 000－114 000)转入“固定资产清理”账户的借方，同时将计提的折旧转走，故将原记入“累计折旧”账户贷方的折旧转入借方，同时由于该设备已经开始处置，则原固定资产减少，固定资产的减少属于资产的减少，应记入“固定资产”账户的贷方。

a. 将固定资产账面价值转入清理。

借：固定资产清理　　186 000

　　累计折旧　　114 000

　贷：固定资产　　300 000

b. 支付清理费用。

支付清理费用，会导致清理费用增加，同时银行存款减少。发生清理费用应记入“固定支资产清理”账户的借方，银行存款的减少属于资产的减少，应记入“银行存款”账户的贷方。

借：固定资产清理　　20 000

　贷：银行存款　　20 000

c. 收到出售价款。

该业务会导致银行存款的增加，根据营改增后的规定，销售动产的增值税税率是 17%，故还要缴纳 37 400 元(220 000×17%)的销项税，处置设备完成，固定资产清理结束。银行存款的增加属于资产的增加，应记入“银行存款”账户的借方；销项税额的增加属于负债的增加，应记入“应交税费”账户的贷方；固定资产清理的减少属于资产的减少，应记入“固定资产清理”账户的贷方。

借：银行存款　　257 400

　贷：固定资产清理　　220 000

　　应交税费——应交增值税(销项税额)　　37 400

d. 结转损益。

借：固定资产清理　　14 000

　贷：营业外收入——处置非流动资产损益　　14 000

◆ **知识链接**

出售固定资产的税务问题

企业设备出售存在 17%的增值税税率和 2%的征收率两种纳税情况。

若出售的设备在其购进时进项税额已经抵扣，则要求按照 17%的增值税税率开具增值税专用发票。

若出售的设备在其购进时进项税额没有抵扣或当时不允许抵扣的，则应按照 3%的征收率减按 2%开具普通发票，如果纳税人选择放弃减税，则可以按照简易办法依照 3%的征收率缴纳增值税,可以开具增值税专用发票。

企业若销售房屋、建筑物等不动产,则按照营改增后的税率11%来征收。

2)材料采购业务的账务处理

企业要进行正常的生产经营活动,就必须具备原材料。原材料是制造业生产产品不可或缺的要素。企业获取原材料的方式主要是通过从外单位采购而得。

(1)外购材料的成本构成

根据《企业会计准则第1号——存货》中的规定,存货应当按照成本进行初始计量。存货成本包括采购成本、加工成本和其他成本。其中存货的采购成本是指从采购到入库前所发生的全部支出,主要包括:购买价款、相关税费、运输费、保险费以及其他可归属于成本的支出。

① 购买价款。是指购货发票上所注明的货款金额。

② 采购过程中发生的运杂费。包括运输费、包装费、装卸费、保险费、仓储费等,但不包括按照规定可以抵扣的增值税。

③ 材料在运输途中发生的合理损耗。

④ 材料入库之前发生的整理挑选费。包括整理挑选中发生的人工费支出和必要的损耗。

⑤ 按规定应当计入材料采购成本的各种税金,如关税等。

但采购人员的差旅费不应计入材料的采购成本,而应计入管理费用。

按照我国企业会计准则的规定,企业的原材料可以按照实际成本法和计划成本法来核算,具体采用哪一种方法由企业根据具体的情况来自行决定,本书只介绍按照实际成本法进行核算的账务处理。

(2)账户设置

①"在途物资"账户。该账户属于资产类。用来核算企业采用实际成本法进行物资采购时的买价和各种采购费用,主要核算货款已付但尚未验收入库的在途物资的成本。该科目的借方登记采购成本;贷方登记已验收入库的材料,商品等物资应当结转的采购成本;期末余额在借方,反映企业期末尚未运达企业或者已运达企业,但尚未验收入库的在途物资的采购成本。"在途物资"账户,应当按照供货单位或购入材料的品种来设置明细账户进行明细分类核算。"在途物资"账户结构及核算内容如图2-33所示。

借方	在途物资　　贷方
买价和采购费用	结转入库材料的采购成本
在途物资的采购成本	

图2-33 "在途物资"账户结构及核算内容

②"原材料"账户。该账户属于资产类,用于核算企业库存的各种材料的实际成本的增减变动及其结存情况。其借方登记已验收入库材料实际成本的增加;贷方登记发出材料时的实际成本,即库存材料实际成本的减少;期末余额在借方,表示库存材料的实际成本的期末余额。原材料账户应当按照材料的种类或类别设置其明细账户,进行明细分类核算。"原

材料”账户结构及核算内容如图 2-34 所示。

借方　　　　原材料	贷方
验收入库材料的成本	发出材料的成本
库存材料的实际成本	

图 2-34 “原材料”账户结构及核算内容

③“应付账款”账户。该账户属于负债类，用来核算企业因购买原材料、商品、接受劳务等经营活动应支付的款项。贷方登记应付款项的增加；借方登记应付款项的减少，即已经偿还；期末余额一般在贷方，表示尚未偿还的应付账款的期末余额。该账户应按照供应单位的名称设置明细账户，进行明细分类核算。“应付账款”账户结构及核算内容如图 2-35 所示。

借方　　　　应付账款	贷方
已经偿还的应付账款	尚未支付的款项
	尚未偿还的应付款

图 2-35 “应付账款”账户结构及核算内容

④“应付票据”账户。该账户属于负债类，用来核算企业采用商业汇票结算方式购买材料物资等而开出的商业汇票的增减变动情况及结余情况。贷方登记企业尚未到期的商业汇票的票面金额；借方登记已经支付或者到期无力支付的商业汇票；期末余额在贷方，反映企业尚未到期的商业汇票的票面金额。该账户应该按照债权人设置明细账户，进行明细分类核算。“应付票据”账户结构及核算内容如图 2-36 所示。

借方　　　　应付票据	贷方
支付或到期无力支付的商业汇票	开出、承兑的商业汇票
	尚未到期的应付商业汇票款

图 2-36 “应付票据”账户结构及核算内容

⑤“预付账款”账户。该账户属于资产类，用来核算企业按照合同规定向供货单位预付的购料款。如果企业预付款项不多的，也可以不设置该账户，将预付款项直接记入“应付账款”账户。该账户借方登记企业因购货等业务预付的款项；贷方登记企业收到货物后应支付的款项；期末余额在借方，反映企业预付款项期末余额；在贷方，则反映企业尚需补付的款项。该账户应按照供应单位的名称设置明细账户，进行明细分类核算。“预付账款”账户结构及核算内容如图 2-37 所示。

借方　　　　预付账款	贷方
因购货等业务预付的款项	收到货物后应支付的款项
预付的款项	尚需补付的货款

图 2-37 “预付账款”账户结构及核算内容

⑥“应交税费”账户。该账户性质属于负债类。用来核算企业按照税法规定应当缴纳的各种税费，包括增值税、消费税、所得税、资源税、土地使用税、车船税、教育费附加等；贷方

登记计算出的应交而未交的税费;借方登记实际缴纳的各种税费;期末余额在贷方,则表示未交税费的余额;如果在借方,则表示多交的税费。该账户应当按照税费品种设置明细账户,进行明细分类核算。"应交税费"账户结构及核算内容如图2-38所示。

借方	应交税费 贷方
实际缴纳的税费	计算出应交而未交的税费
多交的税费	未交的税费

图2-38 "应交税费"账户结构及核算内容

(3) 账务处理

① 发票账单与材料同时到达。若发票账单已到,材料验收入库,按照材料的采购成本借记"原材料""应交税费——应交增值税(进项税额)"账户,贷记"银行存款"或"应付账款"账户。

【做中学2-17】甲公司(增值税一般纳税人)购入C材料一批,增值税专用发票上记载的货款为500 000元,增值税税额为85 000元,另对方代垫包装费1 000元,全部款项已用转账支票付讫,材料已验收入库。

分析与处理:该项业务一方面使得公司的原材料成本增加501 000元(500 000+1 000),增值税进项税额增加85 000元,另一方面使得银行存款减少586 000元。原材料的增加属于资产的增加,应记入"原材料"账户的借方;进项税额的增加属于负债的减少,应记入"应交税费"账户的借方;银行存款的减少属于资产的减少,应记入"银行存款"账户的贷方。

借:原材料——C材料　　501 000
　应交税费——应交增值税(进项税额)　　85 000
　贷:银行存款　　586 000

② 发票账单收到,但材料尚未抵达。应按照采购成本借记"在途物资""应交税费——应交增值税(进项税额)"账户,贷记"银行存款"或"应付账款"等账户;材料验收入库时,借记"原材料"账户,贷记"在途物资"账户。

【做中学2-18】2016年5月4日,甲公司(增值税一般纳税人)采用支付银行存款方式购入F材料一批,发票及账单已收到,增值税专用发票上记载的货款为20 000元,增值税税额为3 400元。支付保险费1 000元,材料尚未到达。2016年5月20日上述购入的F材料已收到,并验收入库。

2016年5月4日购入时:

分析与处理:该业务材料尚未抵达企业,账单已到。一方面,材料成本增加21 000元(20 000+1 000),进项税额增加3 400元;另一方面银行存款减少24 400元。材料的增加属于资产的增加,但由于材料尚未抵达企业,故应记入"在途物资"账户的借方;进项税额的增加属于负债的减少,故应记入"应交税费"账户的借方;银行存款的减少属于资产的减少,应记入"银行存款"账户的贷方。

借:在途物资　　21 000
　应交税费——应交增值税(进项税额)　　3 400
　贷:银行存款　　24 400

2016年5月20日材料到达，验收入库时：

分析与处理：该业务一方面使得入库的材料增加21 000元；另一方面使得处于运输途中的材料减少。入库材料的增加属于资产的增加，应记入“原材料”账户的借方；运输途中材料的减少属于资产的减少，应记入“在途物资”账户的贷方。

借：原材料　　21 000

　贷：在途物资　　21 000

③ 材料抵达企业，但尚未收到发票账单。月末仍未收到单据时，材料按暂估价值入账，借记“原材料”账户，贷记“应付账款”账户，下月初作相反的会计分录予以冲回，待单据到后，按照单货同时抵达的原则进行会计处理。借记“原材料”“应交税费——应交增值税(进项税额)”等账户，贷记“银行存款”账户。

【做中学2-19】甲公司(增值税一般纳税人)采用委托收款结算方式购入H材料一批，材料已验收入库，月末发票账单尚未收到，也无法确定其实际成本，暂估价值为30 000元。

分析与处理：月末材料未到，但账单已到，故应当做账，但由于未收到账单，不清楚金额，因此按照估计的数字入账。待下月月初，再做一笔红字分录冲销这笔暂估的金额。若下月仍未收到账单，则仍按估计金额入账，待下下月月初再做一笔相同的红字分录。直到收到账单，再按照购入原材料来做分录。

月末编制如下分录。

借：原材料　　30 000

　贷：应付账款——暂估应付账款　　30 000

下月初用红字会计分录予以冲回。

借：原材料　　[30 000]

　贷：应付账款——暂估应付账款　　[30 000]

上述购入的H材料于次月收到发票账单，增值税专用发票上记载的货款为31 000元，增值税税额5 270元，对方代垫保险费2 000元，已用银行存款付讫。甲公司应编制如下会计分录。

借：原材料——H材料　　33 000

　　应交税费——应交增值税(进项税额)　　5 270

　贷：银行存款　　38 270

◆ **知识链接**

材料采购的税务处理问题

(1) 对于购进材料的进项税额能否抵扣取决于国家税收法律规定。依据税法规定，目前主要有以下几种进项税额可以抵扣。

① 增值税专用发票。

② 海关进口增值税专用缴款书。企业在办理进口货物报关手续时，需要向海关申报缴纳进口增值税，并从海关取得完税凭证，即海关进口增值税专用缴款书。

③ 农产品收购凭证,购进农产品可以按照农产品收购发票或销售发票上注明的农产品买价的11%的扣除率来计算进项税额。

(2) 税务处理的方法

① 企业向一般纳税人购进材料并获取准予抵扣的增值税专用发票,则其进项税额就可以抵扣,若取得普通发票,则进项税额不能抵扣,只能计入材料的采购成本中。

② 一般纳税人向小规模纳税人购进的材料取得增值税专用发票或由税务局代开的征收率为3%的增值税专用发票,进项税额可以抵扣。

③ 企业采购原材料时发生的采购费用,有不同的税率。如运输费用,可以取得11%的增值税专用发票;若支付仓储费,可以取得6%的增值税专用发票;若提供的运输公司和仓储公司是小规模纳税人,也可以取得由税务局代开的征收率为3%的增值税专用发票。以上进项税额都可以进行抵扣。

3) 生产过程的账务处理

企业主要的经济活动是进行产品的生产,生产过程同时也是耗费的过程,企业在生产经营中发生的各种耗费是为了获得收入而预先垫支并需要得到补偿的资金,企业要生产产品就要发生耗费,部分费用最终要归集分配到产品的成本中。但是和成本也有一定的区别,成本是可以直接进行对象化的费用。

(1) 生产费用的构成

生产费用按照计入产品成本的方式不同,可以分为直接费用和间接费用。直接费用是指企业在生产产品过程中所消耗的直接材料和直接人工;间接费用是指企业为生产产品和提供劳务而发生的各项间接支出,即制造费用。

直接材料是指企业在生产产品和提供劳务过程中直接用于产品生产的各种原材料、主要材料等。

直接人工是指企业在生产产品和提供劳务过程中,直接从事产品生产的工人的工资、津贴、福利等。

制造费用是指企业为生产产品和提供劳务而发生的各项间接费用。

(2) 材料发出成本的确定方法

制造业通过供应过程采购的各种原材料于验收入库之后,就形成了生产产品的物质。当企业领用材料时,就形成了材料费用。企业应当根据领料凭证区分不同用途,按照确定的成本记入相应的科目。在实际成本法下,计算材料发出成本的方法一共有四种:先进先出法、月末一次加权平均法、移动加权平均法和个别计价法。

① 先进先出法。先进先出法是以先入库的存货先发出这一成本流转假设为前提,即先发出的存货,按照先入库存货的单位成本进行计价;后发出的存货则按照后入库存货的成本进行计价,具体确定本期发出存货和结存存货成本的一种方法。

【做中学2-20】 丙公司采用先进先出法计算发出材料的成本,A材料的明细账如表2-5所示。

表 2-5 **原材料明细账**

材料名称：A 材料

2016 年		摘要	收入			发出			结存		
月	日		数量/件	单价/元	金额/元	数量/件	单价/元	金额/元	数量/件	单价/元	金额/元
6	1	期初结存							100	60	6 000
6	6	购进	500	65	32 500				600		
6	9	发出				400			200		
6	10	购进	600	70	42 000				800		
6	15	发出				700			100		
6	18	购进	500	68	34 000				600		
6	20	发出				300			300		
6	30	期末结存	1 600		108 500	1 400			300		

6 月 9 日发出 A 材料成本＝60×100＋65×300＝25 500(元)

6 月 15 日发出 A 材料成本＝65×200＋70×500＝48 000(元)

6 月 20 日发出 A 材料成本＝70×100＋68×200＝20 600(元)

月末结存 A 材料成本＝68×300＝20 400(元)

采用先进先出法，进行存货计价，可以随时确定发出存货的成本，从而保证了及时性；但该方法也有缺点，在物价上涨时会高估当期利润和存货价值，反之则会低估当期利润和存货价值。

② 月末一次加权平均法。月末一次加权平均法是指以材料期初结存数量和本期收入的数量为权数计算平均单位成本的一种方法。计算公式为

$$存货单位成本=\frac{月初库存存货成本+本月进货实际成本}{月初库存存货数量+本月进货数量之和}$$

本月发出存货成本＝本月发出存货数量×存货单位成本

本月月末库存存货成本＝月末库存存货数量×存货单位成本

【做中学 2-21】甲公司采用月末一次加权平均法计算存货发出和结存成本，C 材料的明细账如表 2-6 所示。

表 2-6 **原材料明细账**

材料名称：C 材料

2016 年		摘要	收入			发出			结存		
月	日		数量/件	单价/元	金额/元	数量/件	单价/元	金额/元	数量/件	单价/元	金额/元
6	1	期初结存							200	40	8 000
6	6	购进	400	35	14 000				600		
6	9	发出				300			300		
6	10	购进	300	38	15 200				600		
6	15	发出				200			400		
6	30	期末结存	700		29 200	500			400		

C 材料平均单位成本＝(200×40＋400×35＋400×38)÷(200＋400＋400)＝37.2(元)

6 月发出 C 材料成本＝500×37.2＝18 600(元)

6 月结存 C 材料成本＝400×37.2＝14 880(元)

月末一次加权平均法只在月末一次计算加权平均单位成本，并且结转发出存货的成本，由于平时不对发出存货进行计价，因而日常工作量较小，简便易行，但是也正由于其较集中在月末，所以平时无法提供存货发出成本和结存存货的成本，不利于存货的管理。

③ 移动加权平均法。移动加权平均法是指平时每入库一批存货，就以原有存货数量和本批入库存货数量为权数，计算一个加权平均单位成本，据以对后发出存货进行计价的一种方法，其计算公式如下。

$$存货单位成本=\frac{原有库存存货实际成本+本次进货实际成本}{原有库存存货数量+本次进货数量}$$

本次发出存货成本＝本次发出存货数量×本次发货前存货单位成本

本月月末库存存货成本＝月末库存存货数量×本月月末存货单位成本

移动加权平均法的优点在于能够随时掌握库存存货的成本以及发出存货的成本，便于实物存货的管理，而且计算的成本也比较客观，但是，由于每购进一次存货都要重新计算单位成本，因此计算工作量大，不适合存货收发比较频繁的企业。

【做中学 2-22】 A 公司采用移动加权平均法计算存货发出和结存成本，甲材料的明细账如表 2-7 所示。

表 2-7　原材料明细账

材料名称：甲材料

2016 年		摘要	收入			发出			结存		
月	日		数量/件	单价/元	金额/元	数量/件	单价/元	金额/元	数量/件	单价/元	金额/元
9	1	期初结存							200	60	12 000
9	6	购进	500	66	33 000				700		
9	9	发出				400			300		
9	10	购进	600	70	42 000				900		
9	15	发出				800			100		
9	30	期末结存	1 100		75 000	1 200			100		

9 月 6 日购进后移动加权平均单位成本＝(12 000＋33 000)÷(200＋500)＝64.29(元)

9 月 9 日结存成本＝300×64.29＝19 287(元)

9 月 9 日发出成本＝45 000－19 287＝25 713(元)

9 月 10 日购进后移动加权平均单位成本＝(19 287＋42 000)÷(300＋600)＝68.1(元)

9 月 30 日结存成本＝100×68.1＝6 810(元)

9 月 15 日发出成本＝61 287－6 810＝54 477(元)

④ 个别计价法。个别计价法又称个别认定法，是指本期发出存货和期末结存存货的成本，完全按照存货所属购进批次或生产批次的实际成本进行确定的方法。个别计价法适用于不能够替代使用的存货以及作为特定项目购入或制造的存货。

(3) 账户设置

①“生产成本”账户。属于成本类账户，用于核算企业进行生产所发生的各项生产费

用,进而可以正确地计算产品的生产成本。该账户的借方登记应当计入产品生产成本的各项费用,包括直接材料、直接人工和和期末按照一定的方法分配计入产品生产成本的制造费用;贷方登记结转完工入库产品的生产成本,期末余额在借方,表示尚未完工的产品(即在产品)的成本。该账户应当按照产品的种类或类别设置明细账户,进行明细分类核算。“生产成本”账户结构及核算内容如图2-39所示。

借方　　　　生产成本	贷方
发生的可以计入成本的费用直接材料、直接人工和制造费用	完工入库产品的生产成本
月末在产品的成本	

图2-39 “生产成本”账户结构及核算内容

② “制造费用”账户。属于成本类账户,用来归集和分配企业生产车间为组织和管理产品的生产活动而发生的各项间接的生产费用,包括生产车间所发生的机务料消耗、管理人员的工资、计提的折旧费、修理费、办公费、水电费、季节性停工损失等。借方登记实际发生的各项制造费用;贷方登记期末按照一定方法转入生产成本借方的应当计入产品成本的制造费用;期末在结转后,一般无余额。该账户可按照不同的生产车间部门设置明细分类账户,进行明细分类核算。“制造费用”账户结构及核算内容如图2-40所示。

借方　　　　制造费用	贷方
发生的可以计入成本的费用	期末分配转入“生产成本”的制造费用

图2-40 “制造费用”账户结构及核算内容

③ “库存商品”账户。属于资产类账户,用来核算企业库存的各种商品的实际成本或计划成本,包括库存的外购商品、自制商品以及发出展览的商品等,但不包括委托外单位加工的商品和已办妥销售手续尚未提货的商品。该账户的借方登记验收入库的库存商品的成本,贷方登记发出的库存商品的成本,期末余额在借方,反映期末库存商品的实际成本或计划成本。“库存商品”账户结构及核算内容如图2-41所示。

借方　　　　库存商品	贷方
验收入库商品的成本	发出商品的成本
期末库存商品的成本	

图2-41 “库存商品”账户结构及核算内容

④ “应付职工薪酬”账户。属于负债类账户,用于核算企业根据规定应当付给职工的各种薪酬,包括职工的工资、奖金、津贴和补贴、职工福利、社会保险、住房公积金、工会经费、教育经费等。该账户借方登记本月实际已经支付的职工薪酬总额;贷方登记本月计算的应当支付的职工薪酬总额;期末余额在贷方,反映企业应付而未付的职工薪酬。该账户可按照工资、职工福利、保险费、住房公积金、工会经费、职工教育经费等进行明细核算。“应付职工薪

酬"账户结构及核算内容如图 2-42 所示。

借方	应付职工薪酬 贷方
已经支付的薪酬	本期应付未付的薪酬
	应付未付的职工薪酬

图 2-42 "应付职工薪酬"账户结构及核算内容

(4) 账务处理

① 材料费用的归集和分配。在计算材料费用的归集和分配时,应当根据领料凭证区分不同的车间、部门和用途,按照确定的结果将材料的成本分别借记"生产成本""制造费用""管理费用"等科目,贷记"原材料"科目。

直接用于某种产品生产的材料费用,属于直接材料,应当计入该产品的生产成本;对于由多种产品共同耗用的材料,应当由这些产品共同负担,同时选择合适的标准,在各种产品之间进行分配并计入有关的成本计算对象。对为提供生产条件而服务的间接消耗的各种材料费用,应当先通过"制造费用"科目进行归集,期末,再同其他间接费用一起按照一定的方法和分配标准计入有关产品的成本中;对于行政管理部门领用的材料费用,则应当记入"管理费用"科目。

【做中学 2-23】川河有限公司本月发出材料情况如表 2-8 所示。

表 2-8 发出材料汇总表

2016 年 6 月 30 日

用途	A 材料		B 材料	
	数量/千克	金额/元	数量/千克	金额/元
生产甲产品领用	5 000	350 000	3 000	180 000
生产乙产品领用	6 000	420 000	4 000	240 000
小计	11 000	770 000	7 000	420 000
车间一般耗用	4 000	280 000	3 000	180 000
行政管理部门领用	2 000	140 000	5 000	300 000
合计	17 000	1 190 000	15 000	900 000

分析与处理:该业务一方面使得企业的原材料减少,根据表 2-8,原材料 A 材料共减少 1 190 000元,B 材料共减少 900 000 元,同时根据用途,将领用的原材料分别记入相应的成本费用。原材料的减少属于资产的减少,应记入"原材料"账户的贷方;同时成本费用增加,应记入相关账户的借方。

借:生产成本——甲产品 530 000

——乙产品 660 000

制造费用 460 000

管理费用 440 000

贷:原材料——A 材料 1 190 000

——B 材料 900 000

② 人工费用的归集和分配。职工为企业提供劳务应当获得一定的回报,即企业应当向职工支付一定的薪酬。根据《企业会计准则第九号——职工薪酬》的规定,职工薪酬是指企

业为获得职工提供的服务或解除劳动关系而给予的各种形式的报酬或补偿。职工薪酬包括短期薪酬、离职后福利、辞退福利和其他长期职工福利。企业提供给职工配偶、子女受赡养人、已故员工遗属和其他受益人等的福利，也属于职工薪酬。

准则中所称的职工是指与企业订立劳动合同的所有人员，含全职兼职和临时职工，也包括虽未与企业订立劳务合同，但由企业正式任命的人员。未与企业订立劳务合同或未有其正式任命但向企业所提供的服务与职工所提供的服务类似的人员也属于职工范畴，包括通过企业与劳务中介公司签订的用工合同而向企业提供服务的人员。

a. 计提应付职工薪酬的账务处理。企业计算本月应付职工薪酬时，应根据工资结算汇总表或按月编制的职工薪酬分配表的内容，确认为负债计入当期损益或相关的成本。

为生产产品和提供劳务而负担的职工薪酬，应当计入产品成本或劳务成本。其中，生产工人的职工薪酬，应当借记“生产成本”科目，贷记“应付职工薪酬”科目；生产车间管理人员的应付职工薪酬属于间接费用，应当借记“制造费用”科目，贷记“应付职工薪酬”科目。对于同时生产多种产品的生产工人应付职工薪酬，应当采用一定的分配标准，分别计入各自的产品成本。

应由在建工程或无形资产分摊的职工薪酬，应当计入固定资产或无形资产的成本。除此之外的应付职工薪酬应当全部计入当期损益。例如：公司的管理人员、董事会成员、监事会成员等相关的职工薪酬应在发生时直接记入“管理费用”科目。企业专设的销售机构的销售人员的职工薪酬应记入“销售费用”科目。

【做中学 2-24】川河有限公司 2016 年 6 月应付职工工资总额为 500 000 元，其中：生产甲产品工人工资 200 000 元，乙产品工人工资 100 000，车间管理人员的工资为 40 000 元，行政管理人员工资为 100 000 元，销售人员工资为 60 000 元。

分析与处理：该项业务的发生，按照权责发生制原则，公司的薪酬虽是次月发放，但本月仍形成了公司的负债，故本月的应付职工薪酬增加；同时增加了相应的成本费用。其中生产工人工资属于直接人工的增加，应当直接记入“生产成本”账户的借方；车间管理人员工资 40 000 元属于制造费用的增加，应记入“制造费用”账户的借方；行政管理人员的工资100 000元应记入“管理费用”账户的借方；销售人员工资 60 000 元应记入“销售费用”账户的借方。

借：生产成本——甲产品　　200 000
　　　　　　——乙产品　　100 000
　　制造费用　　40 000
　　管理费用　　100 000
　　销售费用　　60 000
　贷：应付职工薪酬——工资　　500 000

b. 发放职工薪酬的账务处理。向职工支付工资、奖金、津贴、福利费等时，借记“应付职工薪酬——工资”科目，贷记“银行存款”“库存现金”“其他应收款”等科目；支付工会经费和职工教育经费用于工会活动和职工培训时，借记“应付职工薪酬——工会经费”科目，贷记“银行存款”等科目；按照国家规定缴纳社会保险费和住房公积金时，借记“应付职工薪酬——社会保险费或住房公积金”等科目，贷记银行存款；从应付职工薪酬中扣除代垫的医疗费时，借记“应付职工薪酬”科目，贷记“其他应收款”科目。

【做中学 2-25】接做中学 2-24，2016 年 7 月 2 日，川河有限公司用银行存款支付上月应付职工薪酬。

分析与处理:该业务一方面使得银行存款减少;另一方面使得公司的负债减少。银行存款的减少属于资产的减少,应记入"银行存款"账户的贷方;应付职工薪酬的减少属于负债的减少,应记入"应付职工薪酬"账户的借方。

借:应付职工薪酬——工资　　500 000
　贷:银行存款　　500 000

③ 制造费用的归集和分配。企业发生制造费用时,应当借记"制造费用"科目,贷记"累计折旧""银行存款""应付职工薪酬"等科目;期末应当按照一定的分配方法将制造费用分配进入"生产成本",借记"生产成本"等科目,贷记"制造费用"科目。

企业发生的各项制造费用应当按照其用途进行归集和分配,如果生产车间只生产一种产品,则可以直接计入该产品的成本;生产两种以上产品时,必须通过分配,才能将制造费用计入各个产品的成本。

【做中学 2-26】 川河有限公司 2016 年 6 月发生制造费用共计 400 000 元,生产甲、乙两种产品所费工时为 10 000 小时。其中,生产甲产品发生的工时为 6 000 小时,生产乙产品所发生的工时为 4 000 小时。

分析与处理:该项业务的发生是对制造费用根据工时进行分配,一方面,制造费用被分配后,需要分配的制造费用减少;另一方面,将制造费用按照一定的方法分配到两种产品的成本中,则生产成本增加。制造费用的减少属于成本类的减少,应记入"制造费用"账户的贷方;生产成本的增加属于成本类的增加,应记入"生产成本"账户的借方。

制造费用的分配率=400 000÷(6 000+4 000)=40(元/小时)

甲产品分配的制造费用=6 000×40=240 000(元)

乙产品分配的制造费用=4 000×40=160 000(元)

借:生产成本——甲产品　　240 000
　　　　——乙产品　　160 000
　贷:制造费用　　400 000

④ 完工产品生产成本的计算和结转。企业应当通过"生产成本"账户来归集直接材料、直接人工和分配的制造费用,同时需要设置明细账来归集计入各类产品的生产费用。如果企业只生产一种产品,在计算产品成本时,只需要为该产品开设一本明细账;如果企业生产的产品是多种,则应当按照种类分别开设成本明细账。在生产过程中,如果能够分清归属于哪种产品所消耗的,则应直接记入该产品的成本明细账;如果无法辨别,则应当通过相应的分配方法在各种产品的成本之间进行分配,然后记入各产品的成本明细账。

如果月末某种产品全部完工,则应将其转入"库存商品"科目;如果月末某种产品未完工,则该产品生产成本的明细账所归集的费用总额就是该产品的总成本;如果月末某种产品一部分完工,一部分未完工,则根据在产品成本明细账中的费用总额采取适量的方法在完工产品和未完工产品之间进行分配,从而计算出各自的成本。

【做中学 2-27】 接做中学 2-23~做中学 2-26,川河有限公司 2016 年 6 月结转成本,甲、乙产品全部完工。

分析与处理:该业务的发生是计算完工产品的成本。一方面在产品减少;另一方面使得完工产品增加。在产品的减少属于成本类的减少，应记入“生产成本”账户的贷方；完工产品的增加属于资产的增加，应记入“库存商品”账户的借方。

甲产品成本＝530 000(直接材料)＋200 000(直接人工)＋240 000(分配的制造费用)
＝970 000(元)

乙产品成本＝660 000(直接材料)＋100 000(直接人工)＋160 000(分配的制造费用)
＝920 000(元)

借：库存商品——甲产品　970 000
——乙产品　920 000
贷：生产成本——甲产品　970 000
——乙产品　920 000

4）销售过程的账务处理

销售过程是企业经营过程的最后一个阶段，首先，企业购买原材料，经过生产过程，生产出可以对外销售的产品，形成库存商品，然后将库存商品销售出去，从而实现销售收入。销售收入扣除掉企业在生产产品过程中所发生的各项成本，销售过程中发生的运输费、包装费、广告费等费用，以及按照国家规定应当缴纳的各项税金之后的差额，即为销售商品的经营成果(赚取的利润或亏损)。企业在销售过程中，除了销售商品等主要业务之外，还会发生其他业务，如销售原材料、出租包装物、出租固定资产等，从而形成主营业务收支和其他业务收支。

(1) 主营业务收支的核算

企业的主要经营业务范围包括销售商品、自制半成品以及提供劳务等。主营业务核算的主要内容就是确认主营业务收入和结转主营业务成本。本章主要介绍企业销售商品业务的核算内容，包括销售商品收入的确认和计量、销售商品成本的计算与结转，以及销售税金的计算和缴纳等。

① 销售商品收入的确认与计量。销售商品过程的主要问题就是销售收入的确认和计量，包括什么时候可以确认收入，以多少金额进行计量。

根据《企业会计准则14号——收入》的规定，销售商品收入必须同时满足下列条件，才能予以确认。

a. 企业已将商品所有权上的主要风险和报酬转移给购货方。其中，与商品所有权有关的风险，是指商品由于贬值、损坏报废等造成的损失；与商品所有权有关的报酬，是指商品中包含的未来经济利益，包括商品升值等给企业带来的经济利益。在大多数情况下，判断风险和报酬是否已经转移，通常是根据所有权凭证的转移或实物的交付来进行的。有些情况下，企业已将商品所有权上的主要风险和报酬转移给购货方，但实物尚未交付，如交货提款销售等，在这种情况下，应当视同所有权上的风险和报酬已经转移给购货方。

b. 企业既没有保留通常与所有权相联系的继续管理权，也没有对已售出的商品实施有效的控制。通常情况下，企业将产品售出后，不再保留与所有权相关的继续管理权，也不能对商品实施有效控制。但在有些情况下，企业仍然保留继续管理权或对售出的商品实施有效控制，则此项销售不能成立，不能确认为收入，如售后回购的业务。但要注意的是，这里所说的继续管理权一定是指与所有权相联系，如果企业对售出商品保留的继续管理权与所有权无关，则不符合本条件。如开发商在房产出售后保留的物业管理权。

c. 收入的金额能够可靠计量。收入的金额是否能够计量是确认收入的前提。企业在销售商品时,销售价格通常就已经确定了,但是由于在销售过程中会出现一些不确定性的因素,也可能会影响销售价格,新的售价未确定前不能确认为收入。

d. 相关的经济利益很可能流入企业。这里所指的“能够”是指价款收回的可能性大于50%。“经济利益”是指直接或间接流入企业的现金或现金等价物。销售的价款是否能够收回,是收入确认的一个重要条件。一般情况下,企业售出的商品符合合同或协议的规定,并已将发票账单交付给买方,买方也承诺付款,则表明销售商品的价款能够收回。如果日后由于买方发生了资金周转困难,无法收回该款项,则不需要调整原已确认的收入,而是应当对债权计提坏账准备,确认坏账损失。但若企业在进行销售时,就已经得知买家发生了巨额亏损,很可能无法完成付款,则该项经济利益就不能够流入企业,则不应确认为收入。

e. 相关的已发生的或将发生的成本能够可靠计量。按照配比原则,要求实现收入必须与为赚取收入而发生的费用相互配比,所以这就要求在收入能够可靠计量的同时,相关的成本也能够可靠计量。否则,收到的价款就不能确认为收入,而应当确认为负债。

② 账户设置。

a.“主营业务收入”账户。属于损益类账户,用来核算企业确认的销售商品、提供劳务等主营业务的收入。该账户的贷方登记企业实现的主营业务(主营业务收入的增加额);借方登记期末转入“本年利润”账户的主营业务收入以及发生销售退回或销售折让时应当冲减的本期的主营业务收入;期末结转后该账户无余额。该账户应当按照业务的种类设置明细账户,进行明细分类核算。“主营业务收入”账户结构及核算内容如图 2-43 所示。

借方	主营业务收入 贷方
销售退回的应当冲减的收入 期末转入“本年利润”的数额	实现的主营业务收入

图 2-43 “主营业务收入”账户结构及核算内容

b.“应收账款”账户。属于资产类账户。用来核算企业因销售商品和提供劳务等,向购货单位或接受劳务单位收取款项的结算情况。代购货方垫付的各种款项也在该账户中核算。其借方登记由于销售商品及提供劳务等而发生的应收未收的款项(即应收账款的增加),包括应当收取的价款、税款和代垫款项等;贷方登记已经收回的应收账款(即应收账款的减少);期末余额如在借方,表示企业尚未收回的应收账款;期末余额如在贷方,表示企业预收的账款。该账户应当按照不同的购货单位或接受劳务单位设置明细账户,进行明细分类核算。“应收账款”账户结构及核算内容如图 2-44 所示。

借方	应收账款 贷方
因销售商品等产生的应收未收的款项	已经收回的款项
应收未收的款项	预收的款项

图 2-44 “应收账款”账户结构及核算内容

c.“应收票据”账户。属于资产类账户,用来核算企业销售商品或提供劳务而收到的由购货单位开出并承兑的商业汇票。借方登记企业收到的由购货单位开出的商业汇票(即应收票据的增加);贷方登记票据到期收回的应收票据(应收票据的减少);期末余额在借方,反映企业持有的商业汇票的余额。该账户可以按照开出商业汇票的单位进行明细核算。“应收票据”账户结构及核算内容如图 2-45 所示。

借方	应收票据 贷方
收到的应收票据	到期收回的应收票据
企业持有的商业汇票的票面余额	

图 2-45 “应收票据”账户结构及核算内容

d.“预收账款”账户。属于负债类账户，用来核算企业按照合同规定预收的款项，预收款项不多时，也可以不设置本账户，直接记入“应收账款”账户。该账户贷方登记企业预收购买单位订货款的增加；借方登记销售实现时，冲减的预收账款；期末余额在贷方，反映企业预收的款项；期末余额在借方，表示购货单位应当补付给本企业的款项。本账户应当按照购货单位设置明细账户，进行明细分类核算。“预收账款”账户结构及核算内容如图 2-46 所示。

借方	预收账款 贷方
销售实现时转销的预收账款	向购货单位预收的款项
应补收的款项	预收的款项

图 2-46 “预收账款”账户结构及核算内容

e.“主营业务成本”账户。属于损益类账户，用来核算企业确认销售商品、提供劳务等主营业务收入时应当结转的主营业务成本。企业在销售商品过程中，一方面取得主营业务收入；另一方面减少库存商品，表明企业发生了费用，我们把这项费用称为主营业务成本。该账户的借方登记本期因销售商品、提供劳务等日常活动而发生的实际成本；贷方登记期末转入“本年利润”账户的主营业务成本，经过结转之后，该账户没有余额。该账户应当按照主营业务的种类设置明细账户，进行明细分类核算。“主营业务成本”账户结构及核算内容如图 2-47所示。

借方	主营业务成本 贷方
登记发生的主营业务成本	登记期末转入“本年利润”账户的数额

图 2-47 “主营业务成本”账户结构及核算内容

③ 账务处理。企业销售商品或提供劳务实现的收入，应当按实际收到或应收未收的金额，借记“银行存款”“应收账款”“应收票据”等科目；按确认的收入，贷记“主营业务收入”科目。

【做中学 2-28】川河有限公司 2016 年 9 月销售一批产品给甲公司，按照合同约定产品的售价为 1 000 000 元，增值税税额为 170 000 元，产品已经发出，货款已经收到，该产品的成本为 600 000 元。

分析与处理：该经济业务的发生，一方面，使得企业银行存款增加 1 170 000 元；另一方面，使得企业销售收入增加 1 000 000 元，增值税销项税额增加 170 000 元。银行存款的增加属于资产的增加，应记入“银行存款”账户的借方，主营业务收入的增加是收入的增加，应记入“主营业务收入”账户的贷方，增值税销项税额的增加属于负债的增加，应记入“应交税费”账户的贷方。

同时,产品销售完成,企业的库存商品减少,企业的销售成本增加。库存商品的减少属于资产的减少,应记入“库存商品”账户的贷方,销售成本的增加属于费用类的增加,应记入“主营业务成本”账户的借方。

确认收入的实现:

借:银行存款　　1 170 000

　贷:主营业务收入　　1 000 000

　　应交税费——应交增值税(销项税额)　　170 000

同时,结转已销产品的成本:

借:主营业务成本　　600 000

　贷:库存商品　　600 000

【做中学 2-29】川河有限公司 2016 年 9 月销售一批产品给乙公司,发票注明的货款为 200 000 元,增值税为 34 000 元,并替乙公司垫付运费 1 500 元,款项尚未收到。该产品成本为 170 000 元。

分析与处理:该项经济业务的发生一方面使得企业的应收账款增加 235 500 元;另一方面企业销售收入增加 200 000 元,增值税销项税额增加 34 000 元,同时替乙公司垫付运费会导致银行存款减少 1 500 元。应收账款的增加属于资产的增加,应记入“应收账款”账户的借方;主营业务收入的增加属于收入的增加,应记入“主营业务收入”账户的贷方;增值税销项税额的增加属于负债的增加,应记入“应交税费”账户的贷方;银行存款的减少属于资产的减少,应记入“银行存款”账户的贷方。

同时,产品销售完成,企业的库存商品减少,企业的销售成本增加。库存商品的减少属于资产的减少,应记入“库存商品”账户的贷方,销售成本的增加属于费用类的增加,应记入“主营业务成本”账户的借方。

确认收入的实现:

借:应收账款　　235 500

　贷:主营业务收入　　200 000

　　应交税费——应交增值税(销项税额)　　34 000

　　银行存款　　1 500

同时,结转已销产品的成本:

借:主营业务成本　　170 000

　贷:库存商品　　170 000

(2) 其他业务收支的核算

企业除了发生销售商品、提供劳务等主要业务之外,还会发生一些非经常性的次要业务,如销售原材料、出租包装物、出租固定资产、出租无形资产等。对于不同类型的企业而言,一个企业的主营业务可能是另一个企业的其他业务。例如,对于生产花生油的公司而言,花生属于原材料,销售花生属于其他业务;而对于生产花生的公司来说,花生属于库存商品,销售花生则是主营业务。对于其他业务收支核算的确认原则和计量方法与主营业务基本相同。

① 账户设置。

a."其他业务收入"账户。属于损益类账户,用来核算企业除主营业务之外的其他业务收入。该账户的贷方登记企业实现的其他业务(其他业务收入的增加额);借方登记期末转入"本年利润"账户的其他业务收入;期末结转后该账户无余额。该账户应当按照业务的种类设置明细账户,进行明细分类核算。"其他业务收入"账户结构及核算内容如图2-48所示。

借方 其他业务收入	贷方
期末转入"本年利润"的金额	除主营业务之外的其他业务收入

图2-48 "其他业务收入"账户结构及核算内容

b."其他业务成本"账户。属于损益类账户。用以核算企业确认的除主营业务以外的其他经营活动所发生的支出,包括销售材料的成本、出租固定资产的折旧额、出租无形资产的摊销额等。该账户的借方登记除主营业务成本以外的其他业务所发生的成本,贷方反映期末转入"本年利润"账户的金额;期末无余额。本账户应当按照其他业务的种类设置明细账户,进行明细分类核算。"其他业务成本"账户结构及核算内容如图2-49所示。

借方 其他业务成本	贷方
除主营业务以外的其他经营活动所发生的支出	期末转入"本年利润"账户的金额

图2-49 "其他业务成本"账户结构及核算内容

② 账务处理。

【做中学2-30】川河有限公司2016年10月将一批不需用的原材料出售,该批原材料的成本为15 000元,售价18 000元,增值税税额为3 060元,款项已收到并存入银行。

分析与处理:该业务的发生一方面使得企业的银行存款增加;另一方面销售材料使得其他业务收入增加、增值税的销项税额增加。银行存款的增加属于资产类的增加,应记入"银行存款"账户的借方;其他业务收入的增加属于收入的增加,应记入"其他业务收入"账户的贷方;增值税销项税额的增加属于负债的增加,应记入"应交税费"账户的贷方。

同时,企业库存原材料减少,销售成本增加。原材料的减少属于资产的减少,应记入"原材料"账户的贷方。

借:银行存款 21 060
　贷:其他业务收入 18 000
　　应交税费——应交增值税(销项税额) 3 060
借:其他业务成本 15 000
　贷:原材料 15 000

(3) 税金及附加的核算

税收是国家财政收入的主要来源,是保证国家机器正常运转的重要条件,依法纳税是企业和公民应尽的义务。国家征税是根据税法和其他法律法规来进行的,企业在生产经营活动中的某种行为或者某个标的就会成为国家的征税对象。企业向国家缴纳各种税费对企业来说就是一项支出。根据税费的性质，会计上对税费也有不同的处理：第一，将缴纳的税费作为特定对象的组成或构建成本(例如进口货物缴纳的关税、海关手续费和消费税)；第二，将缴纳的税费作为当期的一项费用，营业税费就是反映这些应当被企业作为当期费用进行核算的各类税费金额。

① 账户设置。为了管理和反映当期作为费用的各项税费，企业应设置“税金及附加”科目。该科目属于损益类科目，用于核算企业经营过程中各项应税行为所负担的各种税费，包括消费税、城市维护建设税及教育费附加、资源税、房产税、城镇土地使用税、车船税、印花税以及与投资性房地产相关的房产税和城镇土地使用税等。期末，应将该科目的余额转入“本年利润”科目的借方，结转后该科目无余额。“税金及附加”账户结构及核算内容如图 2-50 所示。

借方　　　　税金及附加	贷方
期末计提应缴纳的消费税、资源税、城市维护建设税、教育费附加、房产税、车船税等	期末转入“本年利润”账户的金额

图 2-50 “税金及附加”账户结构及核算内容

② 账务处理。

【做中学 2-31】 川河有限公司 2016 年 10 月，月末计提应缴纳的消费税 12 000 元，其账务处理如下。

分析与处理：该项经济业务一方面使得税金增加，税金的增加属于费用的增加，应记入“税金及附加”账户的借方；另一方面负债也增加，记入“应交税费”账户的贷方。

借：税金及附加　　　　12 000

　贷：应交税费——应交消费税　　　　12 000

◆ **知识链接**

销售过程的税务处理问题

(1) 销售过程中所涉及的票据

企业根据合同向客户销售产品或提供服务，在收取款项时要向客户开具发票。其中，企业向客户销售产品或提供劳务时，只能向一般纳税人开具增值税专用发票；向小规模纳税人或个人、政府部门等销售商品或提供劳务时，在收款时只能开具增值税普通发票或普通销售发票。

企业销售货款要开具增值税专用发票，增值税专用发票有三联，即发票联、抵扣联和记账联。发票联作为购买方核算采购成本和增值税进项税额的记账凭证；抵扣联作为购买方报送主管税务机关认证和抵扣的凭证；记账联作为销售方核算销售收入和增值税销项税额的记账凭证。

(2) 出售环节的增值税税率

增值税的计征方式目前有两类：一类是增值税的税率，适用于一般纳税人，目前有 17%、11%和 6%共三档税率；二是增值税的征收率，适用于小规模纳税人，小规模纳税人统一按照 3%的征收率计征。

5）期间费用的账务处理

（1）期间费用的构成

期间费用是指企业在日常活动中所发生的、不能直接归属于某个特定产品的成本，而应当直接计入当期损益的各种费用。期间费用包括管理费用、销售费用和财务费用。

管理费用是指企业为组织和管理生产经营发生的各种费用，包括企业在筹建期间发生的开办费、董事会和行政管理部门在企业的经营管理中发生的以及应当由企业统一负担的公司经费、行政管理部门负担的工会经费、董事会会费、聘请中介机构费、咨询费（含顾问费）、诉讼费、业务招待费、技术转让费、研究费用、排污费以及企业生产车间和行政管理部门发生的固定资产日常修理费用等。

销售费用是指企业销售商品和材料、提供劳务的过程中发生的各种费用，包括保险费、包装费、展览费和广告费、商品维修费、运输费、装卸费以及为销售本企业商品而专设的销售机构（含销售网点、售后服务网点等）的职工薪酬、业务费、折旧费等经营费用。企业发生的与专设销售机构相关的固定资产日常修理费用等后续支出也属于销售费用。

财务费用是指企业为筹集生产经营所需资金等而发生的筹资费用，包括利息支出（减利息收入）、汇兑损益以及相关的手续费、企业发生的现金折扣等。

（2）账户设置

① “管理费用”账户。属于损益类账户，用来核算企业为组织和管理企业生产经营活动所发生的各项费用。借方登记发生的各项管理费用；贷方登记期末转入“本年利润”账户的管理费用；期末没有余额。该账户应当按照费用项目设置明细账户，进行明细分类核算。“管理费用”账户结构及核算内容如图 2-51 所示。

借方　　　　管理费用	贷方
发生的管理费用	期末转入“本年利润”账户的金额

图 2-51 “管理费用”账户结构及核算内容

② “销售费用”账户。属于损益类账户，用于核算企业在销售商品过程中发生的各项销售费用及结转情况。借方登记发生的各项销售费用；贷方登记期末转入“本年利润”账户的销售费用；期末无余额。该账户应当按照费用项目设置明细账户，进行明细分类核算。“销售费用”账户结构及核算内容如图 2-52 所示。

借方　　　　销售费用	贷方
销售商品过程中发生的各项销售费用	期末转入“本年利润”账户的金额

图 2-52 “销售费用”账户结构及核算内容

（3）账务处理

① 管理费用账务处理。企业发生的管理费用在实际发生时，应借记“管理费用”账户，贷记“银行存款”等账户。

【做中学 2-32】川河有限公司 2016 年 5 月用现金支付业务招待费 500 元。

分析与处理：该项业务的发生，一方面使得企业的现金减少；另一方面使得企业的业务招待费增加。现金的减少属于资产的减少，应记入“库存现金”账户的贷方；业务招待费应计入管理费用,管理费用的增加属于费用的增加,应记入“管理费用”账户的借方。

借:管理费用　　500

　贷:库存现金　　500

② 销售费用的账务处理。企业在销售商品过程中发生的包装费、展览费、广告费、运输费、装卸费等费用,借记“销售费用”科目,贷记“库存现金”“银行存款”等科目;企业发生的为销售本企业商品而专设的销售机构的职工薪酬等费用,借记“销售费用”科目,贷记“应付职工薪酬”等科目。

【做中学 2-33】川河有限公司 2016 年 2 月发生展览费 3 000 元,用银行存款支付。

分析与处理:该项业务的发生,一方面使得企业的银行存款减少;另一方面使得企业的展览费增加。银行存款的减少属于资产的减少,应记入“银行存款”账户的贷方;展览费应计入销售费用,属于费用的增加,应记入“销售费用”账户的借方。

借:销售费用　　3 000

　贷:银行存款　　3 000

6) 利润形成与分配业务的核算

(1) 利润的形成

① 利润的概念。利润是指企业在一定会计期间的经营成果,包括收入减费用后的净额和直接计入当期损益的利得和损失。利润由营业利润、利润总额和净利润三个层次构成。

a. 营业利润。营业利润是企业利润的主要来源,这一指标能够比较恰当地反映企业管理者的经营业绩。

营业利润＝营业收入－营业成本－税金及附加－销售费用

－管理费用－财务费用－资产减值损失

＋公允价值变动收益(－公允价值变动损失)＋投资收益(－投资损失)

其中:

营业收入＝主营业务收入＋其他业务收入

营业成本＝主营业务成本＋其他业务成本

b. 利润总额。

利润总额＝营业利润＋营业外收入－营业外支出

c. 净利润。

净利润＝利润总额－所得税费用

【做中学 2-34】甲企业本期营业收入 1 000 万元,营业成本 800 万元,管理费用 20 万元,销售费用 35 万元,投资收益为 45 万元,营业外收入 15 万元,营业外支出 10 万元,所得税费用 32 万元。假定不考虑其他因素。

分析与处理:营业外收入 15 万元和营业外支出 10 万元并不属于企业营业所得,所以在计算营业利润时不应包含在内,但仍属于企业的利润,故在计算利润总额时应包括在内。

营业利润＝1 000－800－20－35＋45＝190(万元)

利润总额＝190＋15－10＝195(万元)

净利润＝195－32＝163(万元)

② 账户设置。

a.“营业外收入”账户。属于损益类账户,用来核算企业各项营业外收入的实现和结转情况。包括非流动资产处置利得、政府补助、盘盈利得(固定资产除外)、捐赠利得、非货币性资产交换利得、债务重组利得等。贷方登记营业外收入的实现(即营业外收入的增加);借方登记期末转入"本年利润"账户的金额;期末该账户没有余额。"营业外收入"账户结构及核算内容如图 2-53 所示。

借方 营业外收入	贷方
期末转入"本年利润"账户的金额	取得的营业外收入

图 2-53 "营业外收入"账户结构及核算内容

b."营业外支出"账户。属于损益类,用来核算企业各项营业外支出的发生和结转情况,包括处置非流动资产损失、公益性捐赠支出、盘亏损失等。其借方登记营业外支出的发生(营业外支出的增加);贷方登记期末转入"本年利润"账户的营业外支出金额;期末该账户无余额。"营业外支出"账户结构及核算内容如图 2-54 所示。

借方 营业外支出	贷方
发生的营业外支出金额	期末转入"本年利润"账户的金额

图 2-54 "营业外支出"账户结构及核算内容

c."本年利润"账户。属于所有者权益类账户。按照我国企业会计制度的要求,企业一般应当按月核算利润。在核算时,通过"本年利润"账户进行核算。即在每个会计期末,将各类损益类的账户的金额全部转入"本年利润"账户,通过"本年利润"账户的借贷方结算出本年的损益金额和累计的收益金额。该账户的贷方登记企业期末转入的各项收入,包括主营业务收入、其他业务收入、投资净收益、营业外收入等;借方登记会计期末转入的各项费用,包括主营业务成本,其他业务成本、税金及附加、管理费用、财务费用、销售费用、投资净损失、营业外支出和所得税费用等。该账户期末余额如在贷方,表示实现的累计净收益;余额如果在借方,则表示累计发生的亏损;年末应将账户的余额转入"利润分配"账户,如果余额在贷方,则应从借方转入;如果余额在借方,则应从贷方转入。经过结转之后,该账户期末没有余额。"本年利润"账户结构及核算内容如图 2-55 所示。

借方 本年利润	贷方
期末转入的: 主营业务成本 其他业务成本 税金及附加 管理费用 财务费用 销售费用 投资净损失 公允价值变动损失 营业外支出 所得税费用	期末转入的: 主营业务收入 其他业务收入 投资收益 公允价值变动收益 营业外收入
累计损失	累计净利润

图 2-55 "本年利润"账户结构及核算内容

d."所得税费用"账户。属于损益类账户,用来核算企业确认的应当从当期利润总额中扣除的所得税费用。该账户借方登记企业应当计入当期损益的所得税税额;贷方登记企业期末转入本年利润账户的所得税税额;期末该账户无余额。"所得税费用"账户结构及核算内容如图 2-56 所示。

借方 所得税费用	贷方
企业发生的所得税费用	期末转入"本年利润"账户的金额

图 2-56 "所得税费用"账户结构及核算内容

③ 利润形成的账务处理。

【做中学 2-35】 2016 年 10 月 23 日,川河有限公司收到兄弟企业捐赠 100 000 元,款项已存入银行。

分析与处理:该项业务一方面使得企业的银行存款增加;另一方面使得企业收到的捐赠增加。银行存款的增加属于资产的增加,应记入"银行存款"账户的借方;收到的捐赠属于收益的增加,应记入"营业外收入"账户的贷方(因为收到捐赠并不属于企业的日常活动所得,故不能计入主营业务收入)。

借:银行存款 100 000

贷:营业外收入 100 000

【做中学 2-36】 2016 年 11 月 5 日,川河有限公司发生公益性捐赠 50 000 元。

分析与处理:该项业务的发生一方面使得企业的银行存款减少;另一方面使得企业的支出增加。银行存款的减少属于企业资产的减少,应记入"银行存款"账户的贷方;支出的增加属于费用的增加,应记入"营业外支出"账户的借方。

借:营业外支出 50 000

贷:银行存款 50 000

【做中学 2-37】 假设甲公司 2016 年度各损益类科目结转前余额如表 2-9 所示(假定该公司 2016 年度无纳税调整事项)。

表 2-9 **损益类科目余额表**

科目名称	余额/元	
	借方	贷方
主营业务收入		6 000 000
其他业务收入		700 000
投资收益		400 000
营业外收入		50 000
主营业务成本	4 000 000	
其他业务成本	500 000	
税金及附加	80 000	
管理费用	700 000	
营业外支出	250 000	

根据表2-9所示各损益类科目的余额，应编制以下分录。

分析与处理：该项经济业务结转损益类账户，一方面使得公司损益类账户所记录的收入减少了；另一方面使得公司的利润增加。收入的减少应记入相关账户的借方；利润的增加属于所有者权益的增加，应记入"本年利润"账户的贷方。在结转各项费用时，一方面会使得费用减少；另一方面也会使得公司的利润减少。费用的减少应记入相关账户的贷方，利润的减少属于所有者权益的减少，应记入"本年利润"账户的借方。

结转收入：

	借方	贷方
借：主营业务收入	6 000 000	
其他业务收入	700 000	
投资收益	400 000	
营业外收入	50 000	
贷：本年利润		7 150 000

结转费用：

	借方	贷方
借：本年利润	5 530 000	
贷：主营业务成本		4 000 000
其他业务成本		500 000
税金及附加		80 000
管理费用		700 000
营业外支出		250 000

计提所得税费用：

2016年度甲公司利润总额＝7 150 000－5 530 000＝1 620 000(元)

应交所得税＝1 620 000×25%＝405 000(元)

	借方	贷方
借：所得税费用	405 000	
贷：应交税费——应交所得税		405 000

结转所得税费用账户：

	借方	贷方
借：本年利润	405 000	
贷：所得税费用		405 000

(2) 利润的分配

利润分配是指企业根据国家有关的规定以及经股东大会等类似机构批准，对企业可供分配利润指定其用途和分配给投资者的行为。投资者将资金投入企业作为股本或实收资本，参与企业的生产经营活动，有权分享企业的税后利润。

① 利润分配的顺序。根据国家相关法律法规的规定，企业当年实现的净利润，首先应当弥补以前年度未弥补完的亏损，对于剩余的部分，应当按照下列顺序进行分配。

a. 提取法定盈余公积。金法定盈余公积金应当按照本年实现净利润的一定比例进行提取。《公司法》规定：公司制企业按照净利润的10%提取的法定盈余公积金，累计金额超过注册资本50%的，可以不再提取。

b. 提取任意盈余公积金。任意盈余公积金一般由股东大会决议提取。

c. 投资者分配利润或股利。企业实现的净利润在扣除上述项目后，形成可供投资者分配的利润。

可供分配的利润＝净利润－弥补以前年度亏损＋年初未分配利润

② 账户设置。

a."利润分配"账户。属于所有者权益账户，用于核算企业利润的分配和历年分配后的余额。该账户借方登记实际分配的利润额，包括提取的盈余公积和分配给投资者的利润，以及年末从"本年利润"账户全年转入的亏损；贷方登记用盈余公积弥补的亏损和其他转入数以及年末从"本年利润"账户转入的全年实现的净利润。期末余额如在借方，表示未弥补的亏损额；如在贷方，表示未分配的利润额。利润分配账户下，一般应设置以下几个主要明细账户："盈余公积补亏""提取法定盈余公积""提取任意盈余公积""应付现金股利或利润""转作股本的股利""未分配利润"等。期末应将"利润分配"账户下的其他明细账户的余额转入"未分配利润"明细账户，结转后，除"未分配利润"明细账户可能有余额外，其他明细账户均无余额。"利润分配"账户结构及核算内容如图 2-57 所示。

借方　　　　利润分配	贷方
已分配的利润额	盈余公积补亏和从"本年利润"账户转入的净利润
累计未弥补亏损	累计未分配利润

图 2-57 "利润分配"账户结构及核算内容

b."盈余公积"账户。属于所有者权益类，用来核算企业从税后净利润中提取的盈余公积，包括法定盈余公积、任意盈余公积的增减变动情况及结余情况。贷方登记提取的盈余公积(即盈余公积的增加)；借方登记实际使用的盈余公积(即盈余公积的减少)；期末余额在贷方，表示结余的盈余公积。该账户应当设置以下明细账户："法定盈余公积""任意盈余公积"等。"盈余公积"账户结构及核算内容如图 2-58 所示。

借方　　　　盈余公积	贷方
已分配的利润额	盈余公积补亏和从"本年利润"账户转入的净利润
	结余的盈余公积

图 2-58 "盈余公积"账户结构及核算内容

c."应付股利"账户。属于负债类的账户，用来核算企业按照股东大会或类似权力机构决议分配给投资者的股利。贷方登记应当付给投资人的股利或利润(即应付股利的增加)；借方登记实际支付给投资者的股利(应付股利的减少)；期末余额在贷方，表示尚未支付的股利或利润。但企业分配给投资者的股票股利不在本账户核算。"应付股利"账户结构及核算内容如图 2-59 所示。

借方　　　　应付股利	贷方
实际向投资者支付的股利或利润	应付未付的股利或利润
	尚未支付的股利

图 2-59 "应付股利"账户结构及核算内容

③ 账务处理。

a. 将净利润转入利润分配。会计期末，企业应当将当年实现的净利润转入“利润分配——未分配利润”科目，借记“本年利润”科目，贷记“利润分配——未分配利润”科目；如为亏损，则做相反分录。

【做中学2-38】接做中学2-37，结转甲公司净利润。

分析与处理：该项业务的发生一方面使得未分配利润增加；另一方面使得企业记录在本年利润账户的利润减少。未分配利润的增加属于所有者权益的增加，应记入“利润分配”账户的贷方；本年利润账户的利润减少应记入该账户的借方（如果企业亏损，做一笔相反的分录即可）。

甲公司净利润＝1 620 000－405 000＝1 215 000（元）

借：本年利润　　1 215 000

　贷：利润分配——未分配利润　　1 215 000

b. 提取盈余额公积。企业提取的盈余公积金时，借记“利润分配——提取盈余公积金”“利润分配——提取任意盈余公积”科目；贷记“盈余公积——法定盈余公积”“盈余公积——任意盈余公积”科目。

【做中学2-39】接做中学2-38，甲公司按照10%计提法定盈余公积，5%计提任意盈余公积。

分析与处理：提取盈余公积一方面会使得企业的盈余公积增加；另一方面使得企业已经分配的利润增加。盈余公积的增加属于所有者权益的增加，应记入“盈余公积”账户的贷方；已经分配利润的增加属于所有者权益的减少，应记入“利润分配”账户的借方。

甲公司计提法定盈余公积＝1 215 000×10%＝121 500（元）

甲公司计提任意盈余公积＝1 215 000×5%＝60 750（元）

借：利润分配——提取法定盈余公积　　121 500

　　　　　——提取任意盈余公积　　60 750

　贷：盈余公积——法定盈余公积　　121 500

　　　　　　——任意盈余公积　　60 750

c. 向投资者分配利润或股利。企业根据股东大会或类似机构审批的利润分配方案，按应支付的现金股利或利润借记“利润分配——应付现金股利”科目，贷记“应付股利”等科目。

【做中学2-40】接做中学2-39，甲公司宣告发放现金股利600 000元。

分析与处理：该项业务的发生一方面使得企业已经分配的利润增加；另一方面虽然现金股利已经决定分配给股东，但分配的当时并不是支付，故形成企业的一项负债。已经分配的利润增加属于所有者权益的减少，应记入“利润分配”账户的借方；负债的增加应记入“应付股利”账户的贷方。在支付现金股利时，一方面使得企业的负债减少；另一方面使得企业的银行存款减少。负债的减少应记入“应付股利”账户的借方；银行存款的减少属于资产的减少，应记入“银行存款”账户的贷方。

借：利润分配——应付现金股利　　600 000

　贷：应付股利　　600 000

支付现金股利时：

借:应付股利　　600 000

　贷:银行存款　　600 000

d. 结转未分配利润。年度终了,企业应将“利润分配”科目所属的其他明细科目的余额转入“未分配利润”明细科目,借记“利润分配——未分配利润”等科目,贷记“利润分配——提取法定盈余公积”“利润分配——提取任意盈余公积”“利润分配——应付现金股利”等科目。结转后,除“未分配利润”明细科目外,其他明细科目均无余额。“未分配利润”明细科目的贷方表示累计未分配的利润;借方余额则表示累计未弥补的亏损。

【做中学 2-41】 接做中学 2-40,甲公司结转未分配利润。

分析与处理:该项业务将提取法定盈余公积等明细账户的金额转入未分配利润账户。结转时,应从各账户余额相反的方向转入未分配利润。

借:利润分配——未分配利润　　782 250

　贷:利润分配——提取法定盈余公积　　121 500

　　　　　　——提取任意盈余公积　　60 750

　　　　　　——应付现金股利　　600 000

2.2.3 企业终止阶段财税实务应用

企业的寿命是有限的,在经历了发展期、成长期、成熟期之后必然进入衰退期,直至终止自己的寿命。由于会计的四大假设之一是持续经营,因此企业进入终止阶段,就不符合持续经营的前提,账务处理就会有所不同。

1. 企业终止的定义

企业终止是指停止经营活动、清理财产、清偿债务,依法注销企业法人资格等一系列行为。

根据《公司法》规定,企业终止的原因主要有:①营业期限届满;②企业章程规定的解散事由出现;③企业的合并或分立;④依法被撤销,依法宣告破产。

2. 企业清算

企业清算是指企业解散时,为了终止现在的财产和其他法律关系,依照相应的法律程序,对企业的债权债务关系进行清理处分和分配,以了结其债权债务关系,从而消灭企业的法人资格,企业除因合并或分立而解散,其他原因引起的终止必须经过清算程序,企业清算的程序如下。

(1) 登记债权。清算时应当对债权进行登记,在申报债权期间清算,不得对债权人进行清偿。

(2) 清理公司财产,制订清理方案。清算期间应当对企业财产进行清理,编制资产负债表和财产清单,制订清算方案,如果发现财产不足以清偿债务的,应当依法向人民法院申请宣告破产。

(3) 清偿债务。企业财产在分别支付清算费用、职工工资、社会保险费、法定补偿金、缴纳所欠税款、清偿企业债务后,才可以将剩余资产分配给股东。有限责任公司按照股东的出资比例进行分配，股份有限公司则按照持股的比例进行分配，企业在清算期间不得展开与清算无关的任何经营活动。

(4) 公告企业终止。企业清算结束后，应当编制清算报告，报股东大会或者人民法院确认并报送企业登记机关申请注销登记，公告企业终止。

◆ **知识链接**

企业清算的所得税处理

企业清算的所得税处理是指企业不再持续经营，发生结束自身业务、处置资产、偿还债务等行为时的所得税进行处理。在计算清算过程中的所得税时，应当注意以下与优惠政策有关的问题。

(1) 因清算过程中处置一切资产所产生的所得均不能享受税收优惠。

(2) 清算企业在定期减免税期间发生的清算业务不能享受减免税待遇，即使是国家重点扶持的企业也不可以享受优惠。

(3) 清算企业在清算前购买的享受抵免税额的环保设备等还尚未执行到期的，应允许纳税人从清算所得中减去上述应享受的抵免税额。

任务 2.3　会计核算方法认知

2.3.1　填制与审核会计凭证

1. 会计凭证概述

会计凭证是记录经济业务、明确经济责任并据以登记账簿的书面证明文件。

会计凭证的填制和审核，对于如实反映经济业务的内容，有效监督经济业务的合理性和合法性，保证会计核算资料的真实性、可靠性、合理性，发挥会计在经济管理中的作用，具有重要意义；填制和审核会计凭证作为会计核算的一项重要内容，在经济管理中具有重要作用。

会计凭证是多种多样的，可以按照不同的标准进行分类，其中按其用途和填制程序分类，分为原始凭证和记账凭证两类。

2. 填制和审核原始凭证

1) 原始凭证的概念和内容

原始凭证，又称原始单据，是指在经济业务发生或完成时取得或填制的凭证，用以记录、证明经济业务的发生或完成情况、明确经办人的责任，是进行会计核算的原始资料。

2) 原始凭证的填制与审核

不同类型的经济业务，其填制或取得的原始凭证的格式是不相同的，其具体的填制方法和内容也不相一致，但在任何一张原始凭证的填制过程当中，都应遵守下列基本要求。

(1) 真实可靠。在填制原始凭证时，不允许以任何手段弄虚作假、伪造或变造原始凭证,要以实际发生的经济业务为依据,真实正确地填写。

(2) 内容完整。原始凭证中应该填写的项目要逐项填写,不可缺漏。若项目填写不全、单位公章模糊或有其他不符合规定的,不得作为会计核算的原始书面证明。

(3) 填制及时。在经济业务发生后,要及时取得或填制原始凭证,据以编制记账凭证、登记账簿,保证会计信息的时效性。

(4) 手续完备。填制原始凭证时,必须符合手续完备的要求,经济业务的有关部门和人员要认真审核,签名盖章。

(5) 书写规范。原始凭证要用蓝色或黑色墨水书写,字迹清楚、规范,填写支票必须使用碳素墨水,需要套写的凭证,必须一次套写清楚,合计的小写金额前应加注币值符号,如"¥""$"等。大写金额至分的,后面不加整字,其余一律在末尾加"整"字,大写金额前还应加注币值单位,注明"人民币""港币""美元"等字样,且币值单位与金额数字之间,以及金额数字之间不得留有空隙。

各种凭证不得随意涂改、刮擦、挖补,若填写错误,应采用规定的方法予以更正。对于重要的原始凭证,如支票以及各种结算凭证,一律不得涂改。对于预先印有编号的各种凭证,在填写错误后,要加盖"作废"戳记,并单独保管。

阿拉伯数字应一个一个地写,不得连笔写。阿拉伯金额数字前面应写人民币符号"¥"。人民币符号"¥"与阿拉伯数字之间不得留有空白。凡阿拉伯数字前写有人民币符号"¥"的,数字后面不再写"元"字。所有以元为单位的阿拉伯数字,除表示单价情况外,一律填写到角分,无角分的,角位和分位可写"00",或符号"—";有角无分的,分位应写"0",不得用符号"—"代替。

汉字大写金额数字,一律用正楷字或行书字书写,如壹、贰、叁、肆、伍、陆、柒、捌、玖、拾、佰、仟、万、亿、元、角、分、零、整、正等易于辨认、不易涂改的字样。不得用一、二(两)、三、四、五、六、七、八、九、十、毛、另(或0)等字样代替,不得任意自选简化字。

3. 填制和审核记账凭证

记账凭证是会计人员根据审核无误的原始凭证进行归类、整理编制的,是登记账簿直接依据的书面证明。

记账凭证种类较多,格式不一,但无论哪种类型的记账凭证,都是依据审核无误的原始凭证进行分类、整理,按照复式记账凭证的要求,运用会计科目编制会计分录,据以登记账簿。

记账凭证按其用途可以分为专用记账凭证和通用记账凭证。

4. 填制和审核凭证应用举例

红光机械有限责任公司(增值税一般纳税人)2016 年 12 月发生以下经济业务(附列相关原始凭证)。同时,运用借贷记账法分析其各项经济业务,并根据审核无误的原始凭证填制相应的记账凭证。

(1) 12 月 1 日,收到投资者华达投资有限责任公司追加投入本金 100 万元,存入银行,取得表 A-1 $\frac{1}{4}$~表 A-1 $\frac{4}{4}$所示原始凭证,填制表 B-1 所示记账凭证。

表 A-1 $\frac{1}{4}$ **投资协议书**

投资协议

投资方：华达投资有限责任公司

被投资方：红光机械有限责任公司

投资方与被投资方经过充分协商，在平等自愿的基础上，投资方华达投资有限责任公司以现金 100 万元投资红光机械有限责任公司，获得 100 万元的股份。

甲方：华达投资有限责任公司　　乙方：红光机械有限责任公司

法定代表人：李欣　　法定代表人：赵宏

签约日期：2016 年 11 月 10 日　　签约日期：2016 年 11 月 10 日

表 A-1 $\frac{2}{4}$ **关于同意红光机械有限责任公司注册资本金变更的批复函**

关于同意红光机械有限责任公司注册资本金变更的批复

蓉工商[2016]96 号

红光机械有限责任公司：

你公司《关于要求变更企业资质证书注册资本金的请示》已收悉。经审核，上报材料符合有限责任公司企业资质管理有关规定，同意你公司注册资本金增加 100 万元。

成都市工商管理局

2016 年 11 月 25 日

表 A-1 $\frac{3}{4}$ **收款收据** No. 0615263

第三联：记账联　　2016 年 12 月 01 日

今收到华达投资有限责任公司投资款 人民币壹佰万元整￥1 000 000.00	红光机械有限责任公司 财务专用章

单位盖章：　　会计：张珊　　出纳：赵玲　　经手人：

表 A-1 $\frac{4}{4}$ **中国工商银行进账单(收账通知)** 3

2016 年 12 月 01 日

出票人	全称	华达投资有限责任公司	收款人	全称	红光机械有限责任公司
	账号	55486587509		账号	532001260004619
	开户银行	建设银行培风支行		开户银行	工商银行高新西区支行
金额	人民币(大写)壹佰万元整			千 百 十 万 千 百 十 元 角 分	¥ 1 0 0 0 0 0 0 0 0
票据种类	转账支票	票据张数 1			
票据号码	0276549				
复核: 记账:			工商银行高新西区支行 2016.12.01 转讫 银行盖章		

此联是收款人开户银行交收款人的收账通知

表 B-1 **记 账 凭 证**

2016 年 12 月 01 日 记字 第 1 号

摘 要	总账科目	明细科目	√	借方 千	百	十	万	千	百	十	元	角	分	贷方 千	百	十	万	千	百	十	元	角	分
收到投入本金	银行存款				1	0	0	0	0	0	0	0	0										
	实收资本	华达投资有限责任公司													1	0	0	0	0	0	0	0	0
合 计				¥	1	0	0	0	0	0	0	0	0	¥	1	0	0	0	0	0	0	0	0

附件 4 张

会计主管:李华 记账:张珊 稽核:柳芳 填制:王铭

(2) 12 月 1 日,借入短期借款 15 万元,款项已存入企业存款账户,取得表 A-2 $\frac{1}{2}$ 和表 A-2 $\frac{2}{2}$ 所示原始凭证,填制表 B-2 所示记账凭证。

表 A-2 $\frac{1}{2}$ **短期借款申请书**

2016 年 12 月 01 日

企业名称:红光机械有限责任公司 企业性质:有限责任公司

申请借款金额	150 000 元
借款用途	流动资金周转借款
借款期限	6 个月
还款资金来源	销货款

续表

 赵宏 申请企业:红光机械有限责任公司	负责人:赵宏
 经办行审批意见:同意借款。	经办人:何跃

表 A-2 $\frac{2}{2}$

贷款凭证(3)(收账通知)

2016 年 12 月 01 日

贷款单位名称	红光机械有限责任公司	种类	流动资金贷款	贷款户账号	532001260004619

金额	人民币(大写):壹拾伍万元整	千	百	十	万	千	百	十	元	角	分
			¥	1	5	0	0	0	0	0	0

用途	生产周转	单位申请期限	自 2016 年 12 月 01 日起至 2017 年 06 月 30 日止	利率	10.89%
		银行核定期限	自 2016 年 12 月 01 日起至 2017 年 05 月 31 日止		

上列贷款已核准发放 流动资金 贷款。 并已转收你单位 高新西区支行 账号账户。 银行签章 2016 年 12 月 1 日	单位会计分录 收入 付出 复核 记账 主管 会计

表 B-2

记 账 凭 证

2016 年 12 月 01 日 记 字 第 2 号

摘要	总账科目	明细科目	√	借方 千	百	十	万	千	百	十	元	角	分	贷方 千	百	十	万	千	百	十	元	角	分	
借入短期借款	银行存款					1	5	0	0	0	0	0	0											附件
	短期借款															1	5	0	0	0	0	0	0	
																								2
																								张
合计					¥	1	5	0	0	0	0	0	0		¥	1	5	0	0	0	0	0	0	

会计主管:李华 记账:张珊 稽核:柳芳 填制:王铭

(3) 12 月 2 日,职工张小明出差归来,报销差旅费 1 500 元,退回多余款项现金 100 元,取得表 A-3 $\frac{1}{2}$ 和表 A-3 $\frac{2}{2}$ 所示原始凭证,填制表 B-3 所示记账凭证。

表 A-3 $\frac{1}{2}$

差旅费报销单

姓名:张小明　　所属部门:供应科　　业务主管:2016 年 12 月 02 日　　金额单位:元

起日			止日			各项补助费							车船费		合计金额
						出差乘补助			住宿费	夜间乘车补助					
月	日	起	月	日	讫	天数	标准	金额	金额	日数	标准	金额	类别	金额	
11	25	成都	11	26	重庆									150	150
11	26	重庆	12	1	重庆	6	50	300	900						1 200
12	2	重庆	12	2	成都									150	150
								300	900					300	1 500
合计人民币大写⊗万壹仟伍佰零拾零元零角零分															
原借差旅费　1 600 元报销 1 500 元补付(退回)　100 元															
出差事由	洽谈业务														

附件　张

审批人签字:赵文明　会计主管签字:李华　报账人签字:张小明　领款人签字:张小明

表 A-3 $\frac{2}{2}$

收款收据

No. 0615264

第三联:记账联　　2016 年 12 月 02 日

今收到:供应科张小明

交　来:差旅费预借款

人民币(大写)壹仟陆佰元整(实际报销 1 500 元)　¥1600.00

备注:

现金付讫

收款单位(盖章)　　收款人:赵玲　　经办人:高慧

表 B-3

记 账 凭 证

2016 年 12 月 02 日　　记 字 第 3 号

摘　要	总账科目	明细科目	√	借方 千	百	十	万	千	百	十	元	角	分	贷方 千	百	十	万	千	百	十	元	角	分
张小明出差归来,报销差旅费,原借款 1 600 元	管理费用	差旅费						1	5	0	0	0	0										
	库存现金								1	0	0	0	0										
	其他应收款	张小明																1	6	0	0	0	0
合　计							¥	1	6	0	0	0	0				¥	1	6	0	0	0	0

附件 2 张

会计主管:李华　　记账:张珊　　稽核:柳芳　　填制:王铭

(4) 12 月 6 日,向成都市辉煌建材有限公司购入圆钢 30 吨,材料已入库,款已支付,取得表 A-4 $\frac{1}{7}$～表 A-4 $\frac{7}{7}$所示原始凭证,填制表 B-4 所示记账凭证。

表 A-4 $\frac{1}{7}$

5100154130　　　　四川增值税专用发票　　　　No 00481621

抵扣联

开票日期：2016 年 12 月 06 日

购买方	名称：红光机械有限责任公司 纳税人识别号：91510208830020288X 地址、电话：成都市新鸿路 156 号　87846158 开户行及账号：工行高新西区支行 532001260004619	密码区	>56937＊－536//32 8784636<＊56932＋－ <8574－686<79>56 409－8－85><56>>8 加密版本： 01340003326000 049262

货物或应税劳务、服务名称	规格型号	单位	数量	单价	金额	税率	税额
圆钢		吨	30	3 000.00	90 000.00	17%	15 300.00
合计					￥90 000.00		￥15 300.00
价税合计(大写)	⊗壹拾万零伍仟叁佰元整				(小写)￥105 300.00		

销售方	名称：成都市辉煌建材有限公司 纳税人识别号：91510023891856092X 地址、电话：成都市蜀光路 180 号　56239068 开户行及账号：工行蜀光支行 512085373293482	备注	成都市辉煌建材有限公司 91510023891856092X 发票专用章

收款人：兰　蕙　　复核：刘大伟　　开票人：何　斌　　销售方：(章)

第二联：抵扣联　购买方扣税凭证

表 A-4 $\frac{2}{7}$

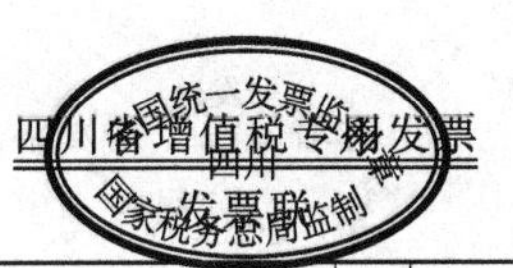

5100154130　　　　四川省增值税专用发票　　　　No 00481621

发票联

开票日期：2016 年 12 月 06 日

购买方	名　称：红光机械有限责任公司 纳税人识别号：91510208830020288X 地址、电话：成都市新鸿路 156 号　87846158 开户行及账号：工行高新西区支行 532001260004619	密码区	>56937＊－536//32 8784636<＊56932＋－ <8574－686<79>56 409－8－85><56>>8 加密版本： 01340003326000 049262

货物或应税劳务、服务名称	规格型号	单位	数量	单价	金额	税率	税额
圆钢		吨	30	3 000.00	90 000.00	17%	15 300.00
合计					￥90 000.00		￥15 300.00
价税合计(大写)	⊗壹拾万零伍仟叁佰元整				(小写)￥105 300.00		

销售方	名称：成都市辉煌建材有限公司 纳税人识别号：91510023891856092X 地址、电话：成都市蜀光路 180 号　56239068 开户行及账号：工行蜀光支行 512085373293482	备注	成都市辉煌建材有限公司 91510023891856092X 发票专用章

收款人：兰　蕙　　复核：刘大伟　　开票人：何　斌　　销售方：(章)

第三联：发票联　购买方记账凭证

表 A-4 $\frac{3}{7}$

5100162130　　四川省增值税专用发票　　No 00241063

抵扣联

开票日期:2016 年 12 月 06 日

购买方	名称:红光机械有限责任公司 纳税人识别号:91510208830020288X 地址、电话:成都市新鸿路 156 号　87846158 开户行及账号:工行高新西区支行 532001260004619				密码区	>56937＊－536//32 8784636<＊56932＋－ <8574－686<79>56 409－8－85><56>>8	加密版本: 0134000332600 0049262
货物或应税劳务、服务名称	规格型号	单位	数量	单价	金额	税率	税额
运费					1 200.00	11%	132.00
合计					¥1 200.00		¥132.00
价税合计(大写)	⊗壹仟叁佰叁拾贰元整				(小写)¥1 332.00		
销售方	名称:成都市捷运公司 纳税人识别号:91510023891856093X 地址、电话:成都市临江路 128 号　56723856 开户行及账号:工行临江支行 612091235687569				备注	成都市捷运公司 91510023891856093X 发票专用章	

收款人:柳　荫　　复核:兰　原　　开票人:张　海　　销售方:(章)

第二联:抵扣联　购买方扣税凭证

表 A-4 $\frac{4}{7}$

5100162130　　四川省增值税专用发票　　No 00241063

发票联

开票日期:2016 年 12 月 06 日

购买方	名称:红光机械有限责任公司 纳税人识别号:510208830020288 地址、电话:成都市新鸿路 156 号　87846158 开户行及账号:工行高新西区支行 532001260004619				密码区	>56937＊－536//32 8784636<＊56932＋－ <8574－686<79>56 409－8－85><56>>8	加密版本: 0134000332600 0049262
货物或应税劳务、服务名称	规格型号	单位	数量	单价	金额	税率	税额
运费					1 200.00	11%	132.00
合计					¥1 200.00		¥132.00
价税合计(大写)	⊗壹仟叁佰叁拾贰元整				(小写)¥1 332.00		
销售方	名称:成都市捷运公司 纳税人识别号:91510023891856093X 地址、电话:成都市临江路 128 号　56723856 开户行及账号:工行临江支行 612091235687569				备注	成都市捷运公司 91510023891856093X 发票专用章	

收款人:柳　荫　　复核:兰　原　　开票人:张　海　　销售方:(章)

第三联:发票联　购买方记账凭证

表 A-4 $\frac{5}{7}$

收料单

供货单位:成都市辉煌建材有限公司 凭证编号:

发票编号:00481621 2016 年 12 月 06 日 收料仓库:材料物资仓库

类别	编号	名称	规格	单位	数量		实际成本				计划成本	
					应收	实收	单价	金额	运费	合计	单位成本	金额
	A01	圆钢		吨	30	30	3 000	90 000.00	1 200.00	91 200.00	3 000	90 000.00

主管:王新民 记账:汪笑蕊 仓库保管:钱维光 经办人:赵乐乐

表 A-4 $\frac{6}{7}$

中国工商银行
转账支票存根
10205120
26725479

附加信息

出票日期:2016 年 12 月 06 日

收款人:成都市辉煌建材有限公司
金 额:¥105 300.00
用 途:付货款

单位主管: 会计:

表 A-4 $\frac{7}{7}$

中国工商银行
转账支票存根
10205120
26725480

附加信息

出票日期:2016 年 12 月 06 日

收款人:成都市捷运公司
金 额:¥1 332.00
用 途:代垫运费

单位主管: 会计:

表 B-4

记 账 凭 证

2016 年 12 月 06 日　　　　记 字 第 4 号

摘　要	总账科目	明细科目	√	借　方										贷　方										
				千	百	十	万	千	百	十	元	角	分	千	百	十	万	千	百	十	元	角	分	
购买原材料，款付，料入库	原材料	主要材料(圆钢)					9	1	2	0	0	0	0											附件
	应交税费	应交增值税(进项税额)					1	5	4	3	2	0	0											
	银行存款															1	0	6	6	3	2	0	0	5
																								张
合　计					¥	1	0	6	6	3	2	0	0		¥	1	0	6	6	3	2	0	0	

会计主管：李华　　记账：张珊　　稽核：柳芳　　填制：王铭

(5) 12 月 07 日，购买办公用品，付现金 300 元，取得表 A-5 $\frac{1}{2}$ 和表 A-5 $\frac{2}{2}$ 所示原始凭证，填制表 B-5 所示记账凭证。

表 A-5 $\frac{1}{2}$

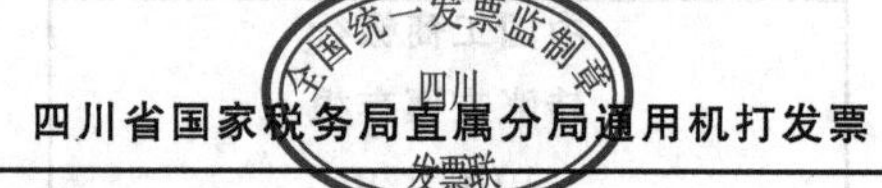

四川省国家税务局直属分局通用机打发票

发票代码　152901536001
发票号码　53157283
购货方名称：
发票号码：53157283
机器编号：018110026572　开票人：杜文
收款单位：成都市文字办公用品商店
开票日期：2016/12/07　14:28:16
付款单位：红光机械有限责任公司

项目	单价	数量	金额
A4 复印纸	40	5	200.00
32K 笔记本	10	10	100.00

除购货方名称　手写无效

现金付讫

小计金额：¥300.00
应收金额：¥300.00　折扣金额：¥0.00
小写合计：¥300.00
大写合计：叁佰元整
防伪码：0193 6153 6352　2310

成都市文宇办公用品商店
91510675320183456X
发票专用章

凡持购物卡购买商品金额部分不作报销

表 A-5 $\frac{2}{2}$

办公用品领用表

领用单位:厂部管理部门　　2016 年 12 月 07 日　　编号:

材料名称	领发数量			金额/元	备注
	A4 复印纸	32K 笔记本	碳素笔		
厂部管理部门	5	10		300.00	
合计	5	10		300.00	

主管:　　审核:　　领料:王宁　　发料:张明

表 B-5

记 账 凭 证

2016 年 12 月 07 日　　记字 第 5 号

摘　要	总账科目	明细科目	√	借方 千	百	十	万	千	百	十	元	角	分	贷方 千	百	十	万	千	百	十	元	角	分
购买办公用品	管理费用	办公费							3	0	0	0	0										
	库存现金																		3	0	0	0	0
合　计								¥	3	0	0	0	0					¥	3	0	0	0	0

附件 2 张

会计主管:李华　　记账:张珊　　稽核:柳芳　　填制:王铭

(6) 12 月 13 日,销售普通车床,货款及代垫运费已办妥托收手续,并支付托收手续费,取得表表 A-6 $\frac{1}{5}$～表 A-6 $\frac{5}{5}$。

表 A-6 $\frac{1}{5}$

5100154130　　四川增值税专用发票　　No 05051998

此联不作报销、扣税凭证使用　　开票日期:2016 年 12 月 13 日

（印章：全国统一发票监制章 四川 国家税务总局监制）

购买方	名称:重庆机电公司 纳税人识别号:91500103617588689X 地址、电话:重庆市西城路 50 号　67844668 开户行及账号:工行西城支行 532001803380887			密码区	略		
货物及应税劳务、服务名称	规格型号	单位	数量	单价	金额	税率	税额
普通机床		台	10	43 000.00	430 000.00	17%	73 100.00
合　计					¥430 000.00		¥73 100.00
价税合计(大写)	⊗伍拾万零叁仟壹佰元整			(小写)¥503 100.00			
销售方	名称:红光机械有限责任公司 纳税人识别号:9151020883002028 8X 地址、电话:成都市新鸿路 156 号　87846158 开户行及账号:工行高新西区支行 532001260004619			备注	（印章：红光机械有限责任公司 91510208830020288X 发票专用章）		

第一联:记账联 销售方记账凭证

收款人:赵玲　　复核:　　开票人:李新　　销售方:(章)

表 A-6 $\frac{2}{5}$

托收凭证(受理回单) **1**

委托日期 2016 年 12 月 13 日

业务类型		委托收款(□邮划 □电划)　托收承付(□邮划 □电划)			
付款人	全　称	重庆机电公司	收款人	全　称	红光机械有限责任公司
	账号或地址	532001803380887		账　号	532001260004619
	开户银行	工行西城支行		开户银行	工行高新西区支行

托收金额	人民币(大写)　伍拾万陆仟伍佰元整	千	百	十	万	千	百	十	元	角	分
			¥	5	0	6	5	0	0	0	0

款项内容	货款、税金、运费	托收凭据名称	托收承付	附寄单证张数	3 张
商品发运情况	已发运		合同名称号码		
备注： 复核　记账	款项收妥日期 年　月　日		工商银行高新西区支行 2016.12.13 讫收 收款单位开户银行盖章 2016 年 12 月 13 日		

此联是收款人开户银行给收款人的银行回单

表 A-6 $\frac{3}{5}$

中国工商银行成都市分行邮、电、手续费收费凭证(借方凭证) **1**

2016 年 12 月 13 日

缴款人名称：红光机械有限责任公司	信(电)汇　笔　汇票　笔　其他　笔
账号：高新西区支行 532001260004619	托收、委托　笔　支票　本　专用托收　笔

邮电金额					电报费金额					手续费金额					合计金额						
百	十	元	角	分	百	十	元	角	分	百	十	元	角	分	千	百	十	元	角	分	科目＿＿＿＿ 对方科目＿＿＿＿
										¥	1	5	0	0		¥	1	5	0	0	复核　记账 复票　制票

表 A-6 $\frac{4}{5}$

货　票　　A　№ 04315

计划号码或运输号码　　成都市铁路局　　丙联　　运及收款凭证：发站→托运人

发站	成都	到站	重庆	车种车号		货车标重		承运人/托运人装车
到站所属省市自治区						施封号码		
托运人	名称	红光机械有限责任公司		经　由		铁路货车篷布号码		
	住址		电话					
收货人	名称	重庆机电公司		运价里程		集装箱号码		
	住址		电话					

续表

货物名称	件数	包装	货物价格	托运人确定质量/千克	现付费用			
					费别	金额	费别	金额
普通车床	10		340		运费	3 400		
					基金 1			
					基金 2			
					印花税			
合　计					合　计	3 400.00		
托运人记载事项					承运人记载事项			
托运人签约须知见背面	托运人盖章或签字 李勇 2016 年 12 月 13 日			到站交付日期	成都市铁路局 业务专用章		发站承运日期	

表 A-6 $\frac{5}{5}$

中国工商银行 转账支票存根
10205120 26725481
附加信息
出票日期:2016 年 12 月 13 日
收款人:成都市铁路局
金　额:¥3 400.00
用　途:代垫运费
单位主管:　　会计:

表 B-6

记 账 凭 证

2016 年 12 月 13 日　　记 字 第 6 号

摘　要	总账科目	明细科目	√	借方										贷方									
				千	百	十	万	千	百	十	元	角	分	千	百	十	万	千	百	十	元	角	分
销售普通车床，商品已发出，款项已办妥托收	应收账款	重庆机电公司				5	0	6	5	0	0	0	0										
	主营业务收入	普通车库														4	3	0	0	0	0	0	0
	应交税费	应交增值税（销项税额）															7	3	1	0	0	0	0
	银行存款																	3	4	0	0	0	0
合　计					¥	5	0	6	5	0	0	0	0		¥	5	0	6	5	0	0	0	0

附件 4 张

会计主管:李华　　记账:张珊　　稽核:柳芳　　填制:王铭

表 B-7

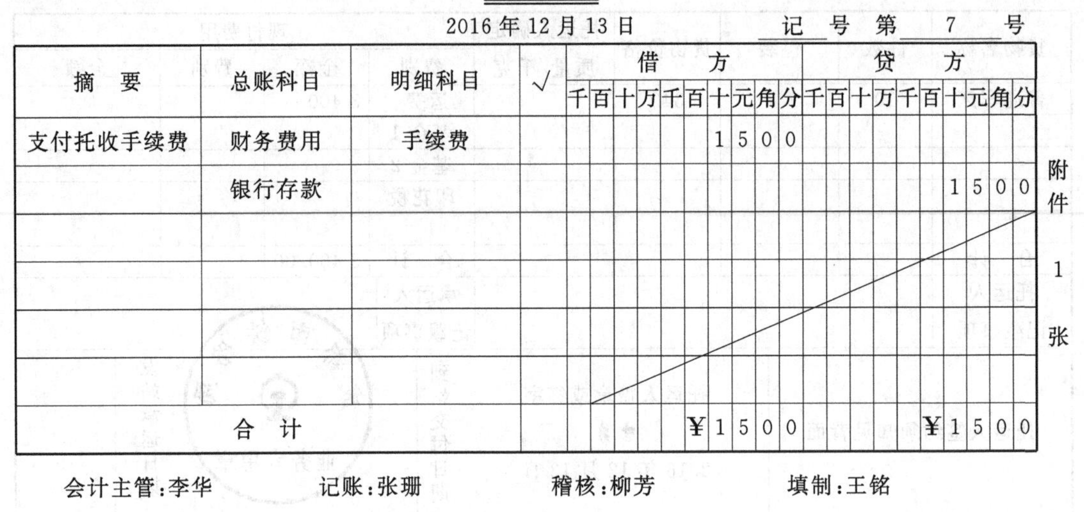

记 账 凭 证

2016 年 12 月 13 日　　　记 号第 7 号

摘要	总账科目	明细科目	√	借方										贷方									
				千	百	十	万	千	百	十	元	角	分	千	百	十	万	千	百	十	元	角	分
支付托收手续费	财务费用	手续费								1	5	0	0										
	银行存款																			1	5	0	0
合计									¥	1	5	0	0						¥	1	5	0	0

附件 1 张

会计主管:李华　　记账:张珊　　稽核:柳芳　　填制:王铭

(7) 12 月 14 日,向南京铸城机电有限责任公司购入刨床一台,取得表 A-7 $\frac{1}{6}$～表 A-7 $\frac{6}{6}$所示原始凭证,填制表 B-8 所示记账凭证。

表 A-7 $\frac{1}{6}$

3200161130　　　**江苏增值税专用发票**　　　No 02974926

抵扣联

(印章:全国统一发票监制章 国家税务总局监制)

开票日期:2016 年 12 月 14 日

购买方	名称:红光机械有限责任公司 纳税人识别号:91510208830020288X 地址、电话:成都市新鸿路 156 号 87461588 开户行及账号:工行高新西区支行 532001260004619	密码区	25709388079<>56 84+5872<64+5-327 ><56875983 * 632 * >+769694<<978 * + 7636583+8 *	加密版本: 3200032864 02974926

货物或应税劳务、服务名称	规格型号	单位	数量	单价	金额	税率	税额
刨床		台	1	100 000.00	100 000.00	17%	17 000.00
合计					¥100 000.00		¥17 000.00
价税合计(大写)	⊗壹拾壹万柒仟元整				(小写)¥117 000.00		

销售方	名称:南京铸城机电有限责任公司 纳税人识别号:91321001140498721X 地址、电话:锦绣路 232 号 46862386 开户行及账号:工行大厂营业部 110802000754608	备注	(印章:南京铸城机电有限责任公司 91321001140498721X 发票专用章)

第二联:抵扣联 购买方抵扣凭证

收款人:刘小小　　复核:郑 丽　　开票人:郑 文　　销售方:(章)

表 A-7 $\frac{2}{6}$

3200161130 江苏增值税专用发票 No 02974926

抵扣联

开票日期:2016 年 12 月 14 日

购买方	名称:红光机械有限责任公司 纳税人识别号:915102088300202 88X 地址、电话:成都市新鸿路 156 号 87461588 开户行及账号:工行高新西区支行 532001260004619	密码区	25709388079<>568 4+5872<<64+5−327> 加密版本: <56875983*632*>+ 3200032864 769694<<<978*+763 02974926 6583+8*

货物或应税劳务、服务名称	规格型号	单位	数量	单价	金额	税率	税额
刨床		台	1	100 000.00	100 000.00	17%	17 000.00
合计					¥100 000.00		¥17 000.00
价税合计(大写)	⊗壹拾壹万柒仟元整				(小写)¥117 000.00		

销售方	名称:南京铸城机电有限责任公司 纳税人识别号:91321001140498721X 地址、电话:锦绣路 232 号 46862386 开户行及账号:工行大厂营业部 110802000754608	备注	南京铸城机电有限责任公司 91321001140498721X 发票专用章

收款人:刘小小 复核:郑 丽 开票人:郑 文 销售方:(章)

第三联:发票联 购买方记账凭证

表 A-7 $\frac{3}{6}$

3200161130 江苏增值税专用发票 No 00241063

抵扣联

开票日期:2016 年 12 月 14 日

购买方	名称:红光机械有限责任公司 纳税人识别号:915102088300202 88X 地址、电话:成都市新鸿路 156 号 87846158 开户行及账号:工行高新西区支行 532001260004619	密码区	>56937*−536//32 8784636<*56932+− <8574−686<79>56 409−8−85><56>>8 加密版本: 0134000332600 0049262

货物或应税劳务、服务名称	规格型号	单位	数量	单价	金额	税率	税额
运费					3 000.00	11%	330.00
合计					¥3 000.00		¥330.00
价税合计(大写)	⊗叁仟叁佰叁拾元整				(小写)¥3 330.00		

销售方	名称:南京枫影物流公司 纳税人识别号:91320023891856092X 地址、电话:南京市雨花台路 128 号 86723856 开户行及账号:工行雨花支行 612091235687569	备注	南京枫影物流公司 91320023891856092X 发票专用章

收款人:柳 荫 复核:兰 原 开票人:张 海 销售方:(章)

第二联:抵扣联 购买方扣税凭证

表 A-7 $\frac{4}{6}$

3200161130 江苏增值税专用发票 No 00241063

发票联

开票日期:2016 年 12 月 14 日

<table>
<tr><td>购买方</td><td colspan="5">名称:红光机械有限责任公司
纳税人识别号:91510208830020288X
地址、电话:成都市新鸿路 156 号 87846158
开户行及账号:工行高新西区支行 532001260004619</td><td>密码区</td><td colspan="3">>56937＊－536//32
8784636<＊56932＋－
<8574－686<79>56
409－8－85><56>>8
加密版本:
0134000332600
0049262</td></tr>
<tr><td colspan="2">货物或应税劳务、服务名称</td><td>规格型号</td><td>单位</td><td>数量</td><td>单价</td><td>金额</td><td>税率</td><td>税额</td><td></td></tr>
<tr><td colspan="2">运费
合计</td><td></td><td></td><td></td><td></td><td>3 000.00
¥3 000.00</td><td>11%</td><td>330.00
¥330.00</td><td></td></tr>
<tr><td colspan="2">价税合计(大写)</td><td colspan="5">⊗叁仟叁佰叁拾元整</td><td colspan="3">(小写)¥3 330.00</td></tr>
<tr><td>销售方</td><td colspan="5">名称:南京枫影物流公司
纳税人识别号:91320023891856092X
地址、电话:南京市雨花台路 128 号 86723856
开户行及账号:工行雨花支行 612091235687569</td><td>备注</td><td colspan="3">南京枫影物流公司
91320023891856092X
发票专用章</td></tr>
</table>

第三联:发票联 购买方记账凭证

收款人:柳 荫　复核:兰 原　开票人:张 海　销售方:(章)

表 A-7 $\frac{5}{6}$

固定资产验收单

供货单位:南京铸城机电有限责任公司　凭证编号:

发票编号:02974926　2016 年 12 月 14 日　收料仓库:材料物资仓库

类别	编号	名称	规格	单位	数量		实际成本			
					应收	实收	单价	金额	运费	合计
	C01	刨床		台	1	1	100 000.00	100 000.00	3 000.00	103 000.00

主管:王新民　记账:汪笑蕊　仓库保管:钱维光　经办人:赵乐乐

表 A-7 $\frac{6}{6}$

网银国内跨行汇款凭证

网银业务编号:7600000827878306　渠道编号:CBTT736812016168　业务类型:C200 汇兑

发起行行号:104651003017　汇款人开户行行号:532001264619　汇出行委托日期:2016/12/14

汇款人开户行名称:工行高新西区支行

汇款人账号:532001260004619

汇款人名称:红光机械有限责任公司

接收行行号:354651016258　收款人开户行行号:354651016258　汇出行经办日期:2016/12/14

收款人开户行名称:工行大厂营业部

收款人账号:110802000754608

收款人名称:南京铸城机电有限责任公司

汇款币种、金额:CNY 120 330.00

大写金额:壹拾贰万零叁佰叁拾元整

手续费币种、金额:CNY 0.50

续表

大写金额:伍角整
电子汇划费币种、金额:CNY 2.50
大写金额:贰元伍角整
附言:
摘要:设备款
此联为客户回单自助设备打印,注意避免重复自助打印次数:1　银行盖章
打印时间:2016/12/14　15:20:28

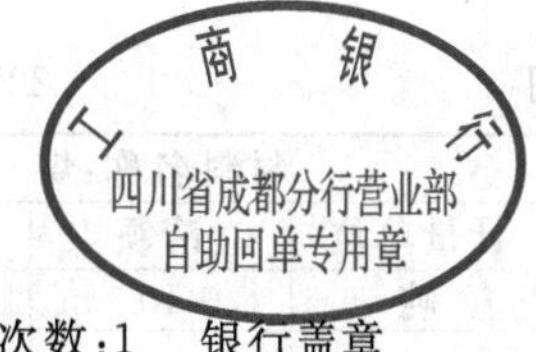

表 B-8　　**记 账 凭 证**

2016 年 12 月 14 日　　记 字 第 8 号

摘要	总账科目	明细科目	√	借方										贷方									
				千	百	十	万	千	百	十	元	角	分	千	百	十	万	千	百	十	元	角	分
向南京铸城机电公司购入刨床	固定资产	生产经营用固定资产				1	0	3	0	0	0	0	0										
	应交税费	应交增值税(进项税额)					1	7	3	3	0	0	0										
	财务费用	手续费									3	0	0										
	银行存款																1	2	0	3	3	0	0
合计					¥	1	2	0	3	3	3	0	0		¥	1	2	0	3	3	3	0	0

附件 4 张

会计主管:李华　　记账:张珊　　稽核:柳芳　　填制:王铭

(8) 12 月 15 日,各车间领用材料,取得表 A-8 $\frac{1}{22}$～表 A-8 $\frac{22}{22}$所示原始凭证,填制表 B-9 所示记账凭证。

表 A-8 $\frac{1}{22}$　　**领 料 单**

领用单位:铸造车间　　2016 年 12 月 15 日　　编号:

用途	材料名称:生铁			规格型号:		备注
	计量单位	请领	实发	单位成本/元	总成本/元	
普通车床	吨	30	30	2 350	70 500	
合计						

主管:　　审核:　　领料:黄德　　发料:严明

表 A-8 $\frac{2}{22}$　　**领 料 单**

领用单位:铸造车间　　2016 年 12 月 15 日　　编号:

用途	材料名称:焦炭			规格型号:		备注
	计量单位	请领	实发	单位成本/元	总成本/元	
普通车床	吨	15	15	480	7 200	
合计						

主管:　　审核:　　领料:黄德　　发料:严明

表 A-8 $\frac{3}{22}$ 领 料 单

领用单位:铸造车间 2016 年 12 月 15 日 编号:

用途	材料名称:煤			规格型号:		备注
	计量单位	请领	实发	单位成本/元	总成本/元	
普通车床	吨	10	10	180	1 800	
合计						

主管: 审核: 领料:黄德 发料:严明

表 A-8 $\frac{4}{22}$ 领 料 单

领用单位:铸造车间 2016 年 12 月 15 日 编号:

用途	材料名称:生铁			规格型号:		备注
	计量单位	请领	实发	单位成本/元	总成本/元	
刻模铣床	吨	8	8	2 350	18 800	
合计						

主管: 审核: 领料:黄德 发料:严明

表 A-8 $\frac{5}{22}$ 领 料 单

领用单位:铸造车间 2016 年 12 月 15 日 编号:

用途	材料名称:焦炭			规格型号:		备注
	计量单位	请领	实发	单位成本/元	总成本/元	
刻模铣床	吨	10	10	480	4 800	
合计						

主管: 审核: 领料:黄德 发料:严明

表 A-8 $\frac{6}{22}$ 领 料 单

领用单位:铸造车间 2016 年 12 月 15 日 编号:

用途	材料名称:煤			规格型号:		备注
	计量单位	请领	实发	单位成本/元	总成本/元	
刻模铣床	吨	5	5	180	900	
合计						

主管: 审核: 领料:黄德 发料:严明

表 A-8 $\frac{7}{22}$ **领 料 单**

领用单位:机加工车间 2016 年 12 月 15 日 编号:

用途	材料名称:润滑油			规格型号:		备注
	计量单位	请领	实发	单位成本/元	总成本/元	
刻模铣床	千克	20	20	4.0	80	
合计						

主管: 审核: 领料:李一 发料:严明

表 A-8 $\frac{8}{22}$ **领 料 单**

领用单位:机加工车间 2016 年 12 月 15 日 编号:

用途	材料名称:圆钢			规格型号:		备注
	计量单位	请领	实发	单位成本/元	总成本/元	
刻模铣床	吨	6	6	3 000	18 000	
合计						

主管: 审核: 领料:李一 发料:严明

表 A-8 $\frac{9}{22}$ **领 料 单**

领用单位:装配车间 2016 年 12 月 15 日 编号:

用途	材料名称:电机			规格型号:Y123M		备注
	计量单位	请领	实发	单位成本/元	总成本/元	
刻模铣床	台	10	10	1 450	14 500	
合计						

主管: 审核: 领料:王海 发料:严明

表 A-8 $\frac{10}{22}$ **领 料 单**

领用单位:装配车间 2016 年 12 月 15 日 编号:

用途	材料名称:电机			规格型号:AOB-25		备注
	计量单位	请领	实发	单位成本/元	总成本/元	
刻模铣床	台	50	50	260	13 000	
合计						

主管: 审核: 领料:王海 发料:严明

表 A-8 $\frac{11}{22}$

领　料　单

领用单位:装配车间　　　　2016 年 12 月 15 日　　　　编号:

用途	材料名称:轴承			规格型号:D318		备注
	计量单位	请领	实发	单位成本/元	总成本/元	
刻模铣床	套	20	20	340	6 800	
合计						

主管:　　　　审核:　　领料:王海　　发料:严明

表 A-8 $\frac{12}{22}$

领　料　单

领用单位:装配车间　　　　2016 年 12 月 15 日　　　　编号:

用途	材料名称:轴承			规格型号:D462		备注
	计量单位	请领	实发	单位成本/元	总成本/元	
刻模铣床	套	10	10	140	1 400	
合计						

主管:　　　　审核:　　领料:王海　　发料:严明

表 A-8 $\frac{13}{22}$

领　料　单

领用单位:装配车间　　　　2016 年 12 月 15 日　　　　编号:

用途	材料名称:润滑油			规格型号:		备注
	计量单位	请领	实发	单位成本/元	总成本/元	
刻模铣床	千克	30	30	4	120	
合计						

主管:　　　　审核:　　领料:王海　　发料:严明

表 A-8 $\frac{14}{22}$

领　料　单

领用单位:机加工车间　　　　2016 年 12 月 15 日　　　　编号:

用途	材料名称:圆钢			规格型号:		备注
	计量单位	请领	实发	单位成本/元	总成本/元	
普通车床	吨	15	15	3 000	45 000	
合计						

主管:　　　　审核:　　领料:李一　　发料:严明

表 A-8 $\frac{15}{22}$

领　料　单

领用单位:机加工车间　　2016 年 12 月 15 日　　编号:

用途	材料名称:润滑油			规格型号:		备注
	计量单位	请领	实发	单位成本/元	总成本/元	
普通车床	千克	50	50	4.0	200	
合计						

主管:　　审核:　　领料:李一　　发料:严明

表 A-8 $\frac{16}{22}$

领　料　单

领用单位:装配车间　　2016 年 12 月 15 日　　编号:

用途	材料名称:电机			规格型号:Y132M		备注
	计量单位	请领	实发	单位成本/元	总成本/元	
普通车床	台	30	30	1 450	43 500	
合计						

主管:　　审核:　　领料:王海　　发料:严明

表 A-8 $\frac{17}{22}$

领　料　单

领用单位:装配车间　　2016 年 12 月 15 日　　编号:

用途	材料名称:电机			规格型号:AOB-25		备注
	计量单位	请领	实发	单位成本/元	总成本/元	
普通车床	千克	100	100	260	26 000	
合计						

主管:　　审核:　　领料:王海　　发料:严明

表 A-8 $\frac{18}{22}$

领　料　单

领用单位:装配车间　　2016 年 12 月 15 日　　编号:

用途	材料名称:轴承			规格型号:D318		备注
	计量单位	请领	实发	单位成本/元	总成本/元	
普通车床	套	50	50	340	17 000	
合计						

主管:　　审核:　　领料:王海　　发料:严明

表 A-8 $\frac{19}{22}$

领　料　单

领用单位:装配车间　　　　2016 年 12 月 15 日　　　　编号:

用途	材料名称:轴承			规格型号:D462		备注
	计量单位	请领	实发	单位成本/元	总成本/元	
普通车床	套	200	200	140	28 000	
合计						

主管:　　　　审核:　　　　领料:王海　　　　发料:严明

表 A-8 $\frac{20}{22}$

领　料　单

领用单位:装配车间　　　　2016 年 12 月 15 日　　　　编号:

用途	材料名称:标准件			规格型号:		备注
	计量单位	请领	实发	单位成本/元	总成本/元	
普通车床	个	300	300	21	6 300	
合计						

主管:　　　　审核:　　　　领料:王海　　　　发料:严明

表 A-8 $\frac{21}{22}$

领　料　单

领用单位:装配车间　　　　2016 年 12 月 15 日　　　　编号:

用途	材料名称:润滑油			规格型号:		备注
	计量单位	请领	实发	单位成本/元	总成本/元	
普通车床	千克	100	100	4.00	400	
合计						

主管:　　　　审核:　　　　领料:王海　　　　发料:严明

表 A-8 $\frac{22}{22}$

发料凭证汇总表

2016 年 12 月 15 日　　　　单位:元

应借科目		原料及主要材料	燃料	辅助材料	外购半成品	合计
生产成本	普通车床	115 500.00	9 000.00	600.00	120 800.00	245 900.00
	刻模铣床	36 800.00	5 700.00	200.00	35 700.00	78 400.00
合计		152 300.00	14 700.00	800.00	156 500.00	324 300.00

会计主管:李华　　　　审核:张珊　　　　制表:王铭

表 B-9

记 账 凭 证

2016 年 12 月 15 日　　　　记 字 第 9 号

摘 要	总账科目	明细科目	√	借方										贷方									
				千	百	十	万	千	百	十	元	角	分	千	百	十	万	千	百	十	元	角	分
生产领用材料	生产成本	普通车床				2	4	5	9	0	0	0	0										
		刻模铣床					7	8	4	0	0	0	0										
	原材料	原料及主要材料														1	5	2	3	0	0	0	0
		燃料															1	4	7	0	0	0	0
		辅助材料																	8	0	0	0	0
		外购半成品														1	5	6	5	0	0	0	0
合 计					¥	3	2	4	3	0	0	0	0		¥	3	2	4	3	0	0	0	0

附件 22 张

会计主管：李华　　记账：张珊　　稽核：柳芳　　填制：王铭

(9) 12 月 16 日，向华新集团公司购进圆钢，材料入库，货款尚未支付，取得表 A-9 $\frac{1}{3}$～表 A-9 $\frac{3}{3}$所示原始凭证，填制表 B-10 所示记账凭证。

表 A-9 $\frac{1}{3}$

5100162130　　四川增值税专用发票　　No 02041159

抵扣联

开票日期：2016 年 12 月 16 日

购买方	名称：红光机械有限责任公司 纳税人识别号：915102088300202 88X 地址、电话：成都市新鸿路 156 号 878846158 开户行及账号：工行高新西区支行 532001260004619						密码区	略
货物及应税劳务、服务名称	规格型号	单位	数量	单价	金额	税率	税额	
圆钢	40CRϕ55	吨	50	3 100.00	155 000.00	17%	26 350.00	
合 计					¥155 000.00		¥26 350.00	
价税合计(大写)	⊗壹拾捌万壹仟叁佰伍拾元整			(小写)¥181 350.00				
销售方	名称：华新集团公司 纳税人识别号：91510108618686315X 地址、电话：成都市西湾东路 5 号 86475545 开户行及账号：成都市商业银行西村支行 19225580134067						备注	华新集团公司 91510108618686315X 发票专用章

第二联：抵扣联 购买方抵扣凭证

收款人：蔡涛　　复核：戴刚　　开票人：高鹏　　销售方：(章)

表 A-9 $\frac{2}{3}$

5100163130　　四川增值税专用发票　　No 02041159

发票联

开票日期：2016 年 12 月 16 日

购买方	名称：红光机械有限责任公司 纳税人识别号：91510208830020288X 地址、电话：成都市兴华路 156 号　87846158 开户行及账号：工行高新西区支行 532001260004619				密码区	略		
货物及应税劳务、服务名称	规格型号	单位	数量	单价	金额	税率	税额	
圆钢	40CRϕ5	吨	50	3 100.00	155 000.00	17%	26 350.00	
合　计					¥155 000.00		¥26 350.00	
价税合计(大写)	⊗壹拾捌万壹仟叁佰伍拾元整			(小写)¥181 350.00				
销售方	名称：华新集团公司 纳税人识别号：91510108618686315X 地址、电话：成都市西湾东路 5 号 86475545 开户行及账号：成都市商业银行西村支行 19225580134067				备注	华新集团公司 91510108618686315X 发票专用章		

第三联：发票联　购买方记账凭证

收款人：蔡涛　　复核：戴刚　　开票人：高鹏　　销售方：(章)

表 A-9 $\frac{3}{3}$

收料单

供货单位：华新集团公司　　凭证编号：

发票编号：02041159　　2016 年 12 月 16 日　　收料仓库：材料物资仓库

类别	编号	名称	规格	单位	数量		实际成本			
					应收	实收	单价	金额	运费	合计
	A01	圆钢		吨	50	50	3 100	155 000.00		155 000.00

主管：王新民　　记账：汪笑蕊　　仓库保管：钱维光　　经办人：赵乐乐

表 B-10

记 账 凭 证

2016 年 12 月 16 日　　　　记 字 第 10 号

摘　要	总账科目	明细科目	√	借方 千	百	十	万	千	百	十	元	角	分	贷方 千	百	十	万	千	百	十	元	角	分
购进圆钢，货款尚未支付	原材料	原料及主要材料（圆钢）				1	5	5	0	0	0	0	0										
	应交税费	应交增值税（进项税额）					2	6	3	5	0	0	0										
	应付账款	华新集团公司														1	8	1	3	5	0	0	0
合　计					¥	1	8	1	3	5	0	0	0		¥	1	8	1	3	5	0	0	0

附件 2 张

会计主管：李华　　记账：张珊　　稽核：柳芳　　填制：王铭

（10）12 月 19 日，收回销货款，取得表 A-10 所示原始凭证，填制表 B-11 所示记账凭证。

表 A-10

托收凭证（受理回单）　**4**

委托日期 2016 年 12 月 19 日

业务类型	委托收款（□邮划 □电划）		托收承付（□邮划 □电划）	
付款人 全称	重庆机电公司	收款人 全称	红光机械有限责任公司	
付款人 账号或地址	532001803380887	收款人 账号	532001260004619	
付款人 开户银行	工行西城支行	收款人 开户银行	工行高新西区支行	
托收金额	人民币（大写）　伍拾万零陆仟伍佰元整		千 百 十 万 千 百 十 元 角 分	¥ 5 0 6 5 0 0 0 0
款项内容	货款、税金、运费	托收凭据名称 托收承付	附寄单证张数	3 张
商品发运情况	已发运	合同名称号码		
备注： 复核　记账	款项收妥日期 年　月　日		工商银行高新西区支行 2016.12.19 收讫 收款单位开户银行盖章 2016 年 12 月 19 日	

此联是收款人开户银行给收款人的银行回单

表 B-11 记 账 凭 证

2016 年 12 月 19 日 记 字 第 11 号

摘要	总账科目	明细科目	√	借方										贷方									
				千	百	十	万	千	百	十	元	角	分	千	百	十	万	千	百	十	元	角	分
收到销货款	银行存款					5	0	6	5	0	0	0	0										
	应收账款	重庆机电公司														5	0	6	5	0	0	0	0
合计					¥	5	0	6	5	0	0	0	0		¥	5	0	6	5	0	0	0	0

附件 1 张

会计主管:李华 记账:张珊 稽核:柳芳 填制:王铭

(11) 12 月 19 日,偿还短期借款,款项已从企业存款账户划出,取得表 A-11 所示原始凭证,填制表 B-12 所示记账凭证。

表 A-11 偿还贷款凭证(第一联)

2016 年 12 月 19 日

借款单位名称	红光机械有限责任公司	贷款户账号	532001260004619	结算账号	532001260004619
偿还金额(大写)	贰拾万元整			千百十万千百十元角分	¥ 2 0 0 0 0 0 0 0
贷款种类	短期借款	借出日期	2016 年 07 月 19 日	原约定还款日期	2016 年 12 月 19 日
上列款项请由本单位账户内偿还到期贷款 借款单位盖章 红光机械有限责任公司 财务专用章			会计分录: 收: 付: 复核员记账员	工商银行高新西区支行 2016.12.19 转讫	

偿还贷款收据

表 B-12 记 账 凭 证

2016 年 12 月 19 日 记 字 第 12 号

摘要	总账科目	明细科目	√	借方										贷方									
				千	百	十	万	千	百	十	元	角	分	千	百	十	万	千	百	十	元	角	分
偿还短期借款	短期借款					2	0	0	0	0	0	0	0										
	银行存款															2	0	0	0	0	0	0	0
合计					¥	2	0	0	0	0	0	0	0		¥	2	0	0	0	0	0	0	0

附件 2 张

会计主管:李华 记账:张珊 稽核:柳芳 填制:王铭

(12) 12 月 20 日，开出现金支票，提取现金 5 000 元备用，取得表 A-12 所示原始凭证，填制表 B-13 所示记账凭证。

表 A-12

中国工商银行
现金支票存根
10205110
25647230
附加信息
出票日期 2016 年 12 月 20 日
收款人：红光机械有限责任公司
金 额：¥5 000.00
用 途：备用
单位主管： 会计：

表 B-13 **记 账 凭 证**

2016 年 12 月 20 日 记 字 第 13 号

摘 要	总账科目	明细科目	√	借方 千	百	十	万	千	百	十	元	角	分	贷方 千	百	十	万	千	百	十	元	角	分
提现备用	库存现金							5	0	0	0	0	0										
	银行存款																	5	0	0	0	0	0
合 计							¥	5	0	0	0	0	0				¥	5	0	0	0	0	0

附件 1 张

会计主管：李华 记账：张珊 稽核：柳芳 填制：王铭

(13) 12 月 20 日，销售部王峰预借差旅费 3 000 元，以现金付讫，取得表 A-13 所示原始凭证，填制表 B-14 所示记账凭证。

表 A-13 **借款单（一）**

借款日期：2016 年 12 月 20 日

借款部门	销售部	借款理由	去西安进行市场推广
借款金额（大写）人民币叁仟元整			¥3 000.00
部门领导意见：同意借款，按时回报销。赵云光 2016.12.20 现金付讫			借款人签字：王峰

借款记账联

表 B-14 **记 账 凭 证**

2016 年 12 月 20 日 记 字 第 14 号

摘要	总账科目	明细科目	√	借方										贷方									
				千	百	十	万	千	百	十	元	角	分	千	百	十	万	千	百	十	元	角	分
王峰预借差旅费	其他应收款	王峰						3	0	0	0	0	0										
	库存现象																	3	0	0	0	0	0
合 计							¥	3	0	0	0	0	0				¥	3	0	0	0	0	0

附件 1 张

会计主管:李华 记账:张珊 稽核:柳芳 填制:王铭

(14) 12 月 23 日,向鼎盛广告设计有限公司支付广告费 10 600 元,取得表 A-14 $\frac{1}{3}$～表 A-14 $\frac{3}{3}$所示原始凭证,填制表 B-15 所示记账凭证。

表 A-14 $\frac{1}{3}$

中国工商银行
转账支票存根
10205120
26725482

附加信息

出 票 日 期 2016 年 12 月 23 日

收款人:鼎盛广告公司
金 额:¥10 600.00
用 途:付广告费

单位主管: 会计:

表 A-14 $\frac{2}{3}$

5100162130　　　　**四川增值税专用发票**　　　　No 00341236

全国统一发票监制章 四川 国家税务总局监制

抵扣联

开票日期：2016 年 12 月 23 日

购买方	名称：红光机械有限责任公司 纳税人识别号：91510208830020288X 地址、电话：成都市新鸿路 156 号　87846158 开户行及账号：工行高新西区支行 532001260004619				密码区	＞56937＊－536//32 8784636＜＊56932＋－ ＜8574－686＜79＞56 409－8－85＞＜56＞＞8	加密版本： 0134000332600 0049262	
货物或应税劳务、服务名称		规格型号	单位	数量	单价	金额	税率	税额
广告费						10 000.00	6%	600.00
合计						¥10 000.00		¥600.00
价税合计（大写）		⊗壹万零陆佰元整				（小写）¥10 600.00		
销售方	名称：鼎盛广告设计有限公司 纳税人识别号：91510123891876397X 地址、电话：成都市春江路 128 号　66153872 开户行及账号：工行春江支行 512161235687620				备注	鼎盛广告设计有限公司 91510123891876397X 发票专用章		

第二联：抵扣联 购买方扣税凭证

收款人：章　兰　　复核：刘　原　　开票人：兰　天　　销售方：（章）

表 A-14 $\frac{3}{3}$

5100162130　　　　**四川增值税专用发票**　　　　No 00341236

全国统一发票监制章 四川 国家税务总局监制

发票联

开票日期：2016 年 12 月 23 日

购买方	名称：红光机械有限责任公司 纳税人识别号：91510208830020288X 地址、电话：成都市新鸿路 156 号　87846158 开户行及账号：工行高新西区支行 532001260004619				密码区	＞56937＊－536//32 8784636＜＊56932＋－ ＜8574－686＜79＞56 409－8－85＞＜56＞＞8	加密版本： 0134000332600 0049262	
货物或应税劳务、服务名称		规格型号	单位	数量	单价	金额	税率	税额
广告费						10 000.00	6%	600.00
合计						¥10 000.00		¥600.00
价税合计（大写）		⊗壹万零陆佰元整				（小写）¥10 600.00		
销售方	名称：鼎盛广告设计有限公司 纳税人识别号：91510123891876397X 地址、电话：成都市春江路 128 号　66153872 开户行及账号：工行春江支行 512161235687620				备注	鼎盛广告设计有限公司 91510123891876397X 发票专用章		

第三联：发票联 购售方记账凭证

收款人：章　兰　　复核：刘　原　　开票人：兰　天　　销售方：（章）

表 B-15

记 账 凭 证

2016 年 12 月 23 日　　　　记 字 第 15 号

摘 要	总账科目	明细科目	√	借方（千百十万千百十元角分）	贷方（千百十万千百十元角分）
付广告费	销售费用	广告费		1000000	
	应交税费	应交增值税（进项税额）		60000	
		银行存款			1060000
	合 计			¥1060000	¥1060000

附件 2 张

会计主管：李华　　记账：张珊　　稽核：柳芳　　填制：王铭

(15) 12 月 25 日，发放 12 月职工工资，取得表 A-15 $\frac{1}{9}$～表 A-15 $\frac{9}{9}$所示原始凭证，填制表 B-16 所示记账凭证。

表 A-15 $\frac{1}{9}$

中国工商银行
转账支票存根
10205120
26725483
附加信息

出票日期 2016 年 12 月 25 日

收款人：红光机械有限责任公司
金　额：¥314 630.00
用　途：发工资

单位主管：　　会计：

表 A-15 $\frac{2}{9}$

工资结算单

部门：铸造车间　　2016 年 12 月　　单位：元

姓名		基本工资	奖金	津贴	应扣工资		应付工资	代扣款项			实发金额	签章
					病假	事假		个税	公积金	社保		
生产工人	张大明	900	1 000	80		40	1 940	30		100	1 810	
	王勇	850	900	50			1 800	40		80	1 680	
	……											
	合计	60 000	6 500	1 000		500	67 000	1 100		9 800	56 100	
管理人员	王霞	1 500	500	180			2 180		300		1 880	
	史艳	1 300	300	200		80	1 720			30	1 690	
	……											
	合计	4 600	2 000	980		180	7 400	180	300	150	6 770	

人事主管：　　复核：李冰洁　　制表：王艳

表 A-15 $\frac{3}{9}$

工资结算单

部门:机加工车间　　　　2016 年 12 月　　　　单位:元

姓名		基本工资	奖金	津贴	应扣工资		应付工资	代扣款项			实发金额	签章
					病假	事假		个税	公积金	社保		
生产工人	顾勇	1 000	1 200	200		50	2 350	80	300	60	1 910	
	邓小海	800	1 000	200			2 000		300		1 700	
	合计	74 000	16 000	10 000	200	200	99 600	600	15 000	500	83 500	
管理人员	黄斌	1 400	300	200	50		1 850	50	150	20	1 630	
	郑洋	1 300	200	180		30	1 650		150	10	1 490	
	合计	5 000	800	580	50	30	6 300	120	300	100	5 780	

人事主管:　　　　复核:李冰洁　　　　制表:王艳

表 A-15 $\frac{4}{9}$

工资结算单

部门:装配车间　　　　2016 年 12 月　　　　单位:元

姓名		基本工资	奖金	津贴	应扣工资		应付工资	代扣款项			实发金额	签章
					病假	事假		个税	公积金	社保		
生产工人	苏美	1 000	1 300	200		30	2 470	50	300	100	2 020	
	刘海	900	1 000	300	20		2 180		300		1 880	
	合计	65 000	12 800	7 600	500	700	84 200	200	12 000	500	71 500	
管理人员	沈阳	1 800	600	500		100	2 800	100	600	200	1 900	
	合计	4 000	1 200	1 000		200	6 000	100	600	200	5 100	

人事主管:　　　　复核:李冰洁　　　　制表:王艳

表 A-15 $\frac{5}{9}$

工资结算单

部门:配电车间　　　　2016 年 12 月　　　　单位:元

姓名	基本工资	奖金	津贴	应扣工资		应付工资	代扣款项			实发金额	签章
				病假	事假		个税	公积金	社保		
杜明宏	2 100	1 000	400			3 500	50	300	80	3 070	
合计	4 200	1 000	400			5 600	50	300	80	5 170	

人事主管:　　　　复核:李冰洁　　　　制表:王艳

表 A-15 $\frac{6}{9}$

工资结算单

部门:机修车间　　　　2016 年 12 月　　　　单位:元

姓　名	基本工资	奖金	津贴	应扣工资		应付工资	代扣款项			实发金额	签章
				病假	事假		个税	公积金	社保		
李渊	1 500	200	300			2 000		20		30	1 950
杨树	1 480	220	280			1 980			300		1 680
合计	4 800	2 800	800		200	8 200		200	900	300	6 800

人事主管:　　　　复核:李冰洁　　　　制表:王艳

表 A-15 $\frac{7}{9}$

工资结算单

部门:销售部门　　　　2016 年 12 月　　　　单位:元

姓　名	基本工资	奖金	津贴	应扣工资		应付工资	代扣款项			实发金额	签章
				病假	事假		个税	公积金	社保		
杜威	1 800	700		80		2 420	50		60	2 310	
张娜	1 700	500				2 200				2 200	
合计	3 500	1 200		80		4 620	50		60	4 510	

人事主管:　　　　复核:李冰洁　　　　制表:王艳

表 A-15 $\frac{8}{9}$

工资结算单

部门:厂部　　　　2016 年 12 月　　　　单位:元

姓　名	基本工资	奖金	津贴	应扣工资		应付工资	代扣款项			实发金额	签章
				病假	事假		个税	公积金	社保		
王菲菲	3 000	1 000			100	3 900		300		3 600	
罗格	2 900	800				3 700				3 700	
合计	58 700	12 600			1 300	70 000		600		69 400	

人事主管:　　　　复核:李冰洁　　　　制表:王艳

表 A-15 $\frac{9}{9}$

工资结算汇总表

2016 年 12 月　　　　单位:元

车间、部门		基本工资	奖金	津贴	应扣工资	应付工资	代扣款项			实发金额
							个税	公积金	社保	
铸造车间	生产工人	60 000	6 500	1 000	500	67 000	1 100		9 800	56 100
	管理人员	4 600	2 000	980	180	7 400	180	300	150	6 770
机加工车间	生产工人	74 000	16 000	10 000	400	99 600	600	15 000	500	83 500
	管理人员	5 000	800	580	80	6 300	120	300	100	5 780

续表

车间、部门		基本工资	奖金	津贴	应扣工资	应付工资	代扣款项			实发金额
							个税	公积金	社保	
装配车间	生产工人	65 000	12 800	7 600	1 200	84 200	200	12 000	500	71 500
	管理人员	4 000	1 200	1 000	200	6 000	100	600	200	5 100
配电车间		4 200	1 000	400		56 00	50	300	80	5 170
机修车间		4 800	2 800	800	200	8 200	200	900	300	6 800
销售部门		3 500	1 200		80	4 620	50		60	4 510
厂部		58 700	12 600		1 300	70 000		600		69 400
合计		283 800	56 900	22 360	4 140	358 920	2 600	30 000	11 690	314 630

会计主管： 复核：柳芳 制表：王铭

表 B-16

记 账 凭 证

2016 年 12 月 25 日 记 字 第 16 号

摘 要	总账科目	明细科目	√	借方										贷方										
				千	百	十	万	千	百	十	元	角	分	千	百	十	万	千	百	十	元	角	分	
发放 12 月职工工资	应付职工薪酬	工资				3	5	8	9	2	0	0	0											附件
	银行存款															3	1	4	6	3	0	0	0	
	应交税费	个人所得税																2	6	0	0	0	0	9
	其他应付款	代付公积金															3	0	0	0	0	0	0	
		代付社保															1	1	6	9	0	0	0	张
合 计					¥	3	5	8	9	2	0	0	0		¥	3	5	8	9	2	0	0	0	

会计主管：李华 记账：张珊 稽核：柳芳 填制：王铭

(16) 12 月 26 日，销售生铁，款项已收到，取得表 A-16 $\frac{1}{3}$～表 A-16 $\frac{3}{3}$所示原始凭证，填制表 B-17、表 B-18 所示记账凭证。

表 A-16 $\frac{1}{3}$

中国工商银行 进账单（收账通知） **3**

No 2231567

2016 年 12 月 26 日 第____号

出票人	全 称	兴成机车厂	收款人	全 称	红光机械有限责任公司
	账 号	532001803335632		账 号	532001260004619
	开户银行	工行西体支行		开户银行	工行高新西区支行

人民币（大写）伍仟捌佰伍拾元整	千	百	十	万	千	百	十	元	角	分
				¥	5	8	5	0	0	0

票据种类	支票
票据张数	1
单位主管 会 计 复 核 记 账	收款人开户行盖章

工商银行高新西区支行 2016.12.26 转讫

表 A-16 $\frac{2}{3}$

5100154130　　四川增值税专用发票　　No 05051992

此联不作报销、扣税凭证使用　　开票日期:2016 年 12 月 26 日

购买方	名称:兴成机车厂 纳税人识别号:91510103617588689X 地址、电话:成都市西体路 50 号 83344668 开户行及账号:工行西体支行 803335632			密码区	略		
货物或应税劳务、服务名称	规格型号	单位	数量	单价	金额	税率	税额
生铁		吨	2	2 500.00	5 000.00	17%	850.00
合　计					¥5 000.00		¥850.00
价税合计(大写)	⊗伍仟捌佰伍拾元整　　(小写)¥5 850.00						
销售方	名称:红光机械有限责任公司 纳税人识别号:91510208830020288X 地址、电话:新鸿路 156 号　87846158 开户行及账号:工行高新西区支行 532001260004619			备注	红光机械有限责任公司 91510208830020288X 发票专用章		

第一联:记账联　销售方记账凭证

收款人:　　复核:　　开票人:李新　　销售方(章):

表 A-16 $\frac{3}{3}$

领 料 单

领用单位:　　2016 年 12 月 26 日　　编号:

用途	材料名称:生铁			规格型号:		备注
	计量单位	请领	实发	单位成本/元	总成本/元	
对外销售	吨	2	2	2 350	4 700	
合计						

主管:　　审核:　　领料:宋平　　发料:杨江

表 B-17

记 账 凭 证

2016 年 12 月 26 日　　记 字 第 17 号

摘　要	总账科目	明细科目	√	借方 千	百	十	万	千	百	十	元	角	分	贷方 千	百	十	万	千	百	十	元	角	分
销售生铁,款项已收到	银行存款							5	8	5	0	0	0										
	其他业务收入	材料销售																5	0	0	0	0	0
	应交税费	应交增值税(销项税额)																	8	5	0	0	0
合　计							¥	5	8	5	0	0	0				¥	5	8	5	0	0	0

附件 2 张

会计主管:李华　　记账:张珊　　稽核:柳芳　　填制:王铭

表 B-18　　　　　　　　　　　　**记 账 凭 证**

2016 年 12 月 26 日　　　　　　　　记 字 第 18 号

摘　要	总账科目	明细科目	√	借				方						贷				方					
				千	百	十	万	千	百	十	元	角	分	千	百	十	万	千	百	十	元	角	分
结转销售生铁成本	其他业务成本							4	7	0	0	0	0										
	原材料	原料及主要材料																4	7	0	0	0	0
合　计							¥	4	7	0	0	0	0				¥	4	7	0	0	0	0

附件 1 张

会计主管:李华　　　记账:张珊　　　稽核:柳芳　　　填制:王铭

(17) 12 月 30 日,计提当月固定资产折旧,取得表 A-17 所示原始凭证,填制表 B-19 所示记账凭证。

表 A-17　　　　　　　　　　　　**固定资产折旧提取表**

使用部门	本月应计折旧额				合　计
	房屋、建筑物	机器设备	其他设备	运输工具	
基本生产车间	1 200	800	416		2 416
行政管理部门	1 000			300	1 300
合　　计					3 716

会计主管:李华　　　审核:柳芳　　　制单:王铭

表 B-19　　　　　　　　　　　　**记 账 凭 证**

2016 年 12 月 30 日　　　　　　　　记 字 第 19 号

摘　要	总账科目	明细科目	√	借				方						贷				方					
				千	百	十	万	千	百	十	元	角	分	千	百	十	万	千	百	十	元	角	分
计提固定资产折旧	制造费用	折旧费						2	4	1	6	0	0										
	管理费用	折旧费						1	3	0	0	0	0										
	累计折旧																	3	7	1	6	0	0
合　计							¥	3	7	1	6	0	0				¥	3	7	1	6	0	0

附件 1 张

会计主管:李华　　　记账:张珊　　　稽核:柳芳　　　填制:王铭

(18) 12 月 30 日,分配工资及费用,取得表 A-18 所示原始凭证,填制表 B-20、表 B-21 所示记账凭证。

表 A-18　　　　　　　　　　　　**工资费用分配表**

2016 年 12 月

分厂、产品		定额工时	工资费用	
			分配率	分配额
铸造车间	普通车床	3 500		46 900
	刻模铣床	1 500		20 100
	合　计	5 000	13.40	67 000

续表

分厂、产品		定额工时	工资费用	
			分配率	分配额
机加工车间	普通车床	5 800		82 534
	刻模铣床	1 200		17 066
	合　计	7 000	14.23	99 600
装配车间	普通车床	4 500		50 535
	刻模铣床	3 000		33 665
	合　计	7 500	11.23	84 200
辅助生产	机修车间			8 200
	配电车间			5 600
制造费用	铸造车间			7 400
	机加工车间			6 300
	装配车间			6 000
销 售 部 门				4 620
厂　　部				70 000
合　　计				358 920

注:分配率留小数点后 2 位。

表 B-20　　**记 账 凭 证**

2016 年 12 月 30 日　　记 字 第 20 号 1/2

摘　要	总账科目	明细科目	√	借方										贷方									
				千	百	十	万	千	百	十	元	角	分	千	百	十	万	千	百	十	元	角	分
本月工资费用分配	生产成本	普通车床				1	7	9	9	6	9	0	0										
		刻模铣床					7	0	8	3	1	0	0										
	生产成本	机修车间						8	2	0	0	0	0										
		配电车间						5	6	0	0	0	0										
	制造费用	职工薪酬					1	9	7	0	0	0	0										
	管理费用	职工薪酬					7	0	0	0	0	0	0										
	合　计																						

附件 2 张

会计主管：李华　　记账：张珊　　稽核：柳芳　　填制：王铭

表 B-21　　**记 账 凭 证**

2016 年 12 月 30 日　　记 字 第 20 号 2/2

摘　要	总账科目	明细科目	√	借方										贷方									
				千	百	十	万	千	百	十	元	角	分	千	百	十	万	千	百	十	元	角	分
本月工资费用分配	销售费用	职工薪酬						4	6	2	0	0	0										
	应付职工薪酬	工资														3	5	8	9	2	0	0	0
	合　计				¥	3	5	8	9	2	0	0	0		¥	3	5	8	9	2	0	0	0

附件同上张

会计主管:李华　　记账:张珊　　稽核:柳芳　　填制:王铭

(19) 12 月 30 日，计提应由企业负担的职工社会保险费和住房公积金，取得表 A-19 所示原始凭证，填制表 B-22、表 B-23 所示记账凭证。

表 A-19 **职工社保和公积金提取分配表**

2016 年 12 月

分厂、产品		工资	社保		公积金		合计
			比例	金额	比例	金额	
普通车床		179 969	28%	50 391.32	10%	17 996.9	68 388.22
刻模铣床		70 831	28%	19 832.68	10%	7 083.1	26 915.78
辅助生产	机修车间	8 200	28%	2 296	10%	820	3 116
	配电车间	5 600	28%	1 568	10%	560	2 128
制造费用		19 700	28%	5 516	10%	1 970	7 486
销售部门		4 620	28%	1 293.6	10%	462	1 755.6
厂 部		70 000	28%	19 600	10%	7 000	26 600
合 计		358 920		100 497.6		35 892	136 389.6

注：分配率留小数点后 2 位。

表 B-22 **记 账 凭 证**

2016 年 12 月 30 日　　记 字 第 21 号½

摘 要	总账科目	明细科目	√	借方（千百十万千百十元角分）	贷方（千百十万千百十元角分）
计提社保和公积金	生产成本	普通车床		6838822	
		刻模铣床		2691578	
	生产成本	机修车间		311600	
		配电车间		212800	
	制造费用	职工薪酬		748600	
	销售费用	职工薪酬		175560	
	合 计				

附件 1 张

会计主管：李华　　记账：张珊　　稽核：柳芳　　填制：王铭

表 B-23 **记 账 凭 证**

2016 年 12 月 30 日　　记 字 第 21 号½

摘 要	总账科目	明细科目	√	借方（千百十万千百十元角分）	贷方（千百十万千百十元角分）
同上	管理费用	职工薪酬		2660000	
	应付职工薪酬	社会保险费			10049760
		住房公积金			3589200
	合 计			¥13638960	¥13638960

附件 同上 张

会计主管：李华　　记账：张珊　　稽核：柳芳　　填制：王铭

(20) 12 月 31 日,分配结转机修车间和配电车间本月发生的辅助生产费用,取得表 A-20 所示原始凭证,填制表 B-24 所示记账凭证。

表 A-20 **辅助生产费用分配表**

2016 年 12 月 31 日

分厂、产品	机修车间		配电车间		合计
	分配率	分配额	分配率	分配额	
普通车床	2.263 2	7 921.2	1.545 6	5 409.6	13 330.8
刻模铣床	2.263 2	3 394.8	1.545 6	2 318.4	5 713.2
合计		11 316		7 728	19 044

注:分配率留小数点后 4 位。

表 B-24 **记 账 凭 证**

2016 年 12 月 31 日　　　　记 字 第 22 号

摘　要	总账科目	明细科目	√	借方										贷方									
				千	百	十	万	千	百	十	元	角	分	千	百	十	万	千	百	十	元	角	分
分配结转辅助生产费用	生产成本	普通车床					1	3	3	3	0	8	0										
		刻模铣床						5	7	1	3	2	0										
	生产成本	机修车间															1	1	3	1	6	0	0
		配电车间																7	7	2	8	0	0
	合　计					¥	1	9	0	4	4	0	0			¥	1	9	0	4	4	0	0

附件 1 张

会计主管:李华　　记账:张珊　　稽核:柳芳　　填制:王铭

(21) 12 月 31 日,分配结转制造费用,取得表 A-21 所示原始凭证,填制表 B-25 所示记账凭证。

表 A-21 **制造费用分配表**

2016 年 12 月 31 日

分厂、产品	制造费用总额		
	分配标准(工时)	分配率	分配额
普通车床	3 500	5.9204	20 721.4
刻模铣床	1 500	5.9204	8 880.6
合计		5.9204	29 602

注:分配率留小数点后 4 位。

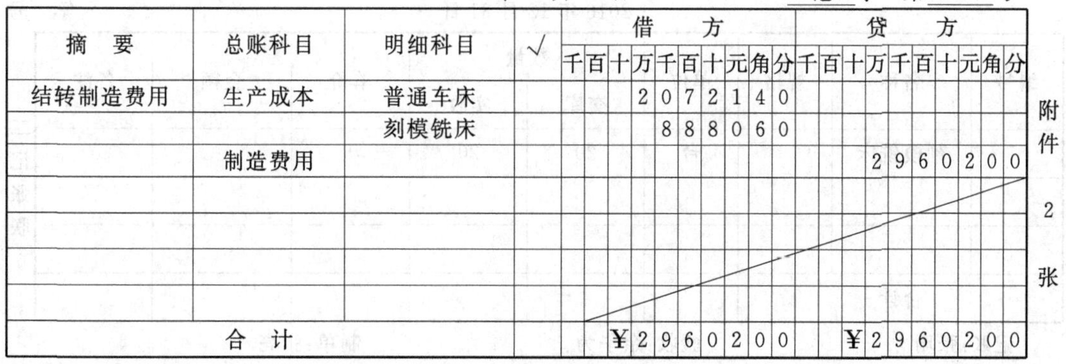

表 B-25

记 账 凭 证

2016 年 12 月 31 日　　　　记 字 第 23 号

摘要	总账科目	明细科目	√	借方										贷方									
				千	百	十	万	千	百	十	元	角	分	千	百	十	万	千	百	十	元	角	分
结转制造费用	生产成本	普通车床					2	0	7	2	1	4	0										
		刻模铣床						8	8	8	0	6	0										
	制造费用																2	9	6	0	2	0	0
合 计						¥	2	9	6	0	2	0	0			¥	2	9	6	0	2	0	0

附件 2 张

会计主管：李华　　记账：张珊　　稽核：柳芳　　填制：王铭

(22) 12 月 31 日，本月加工生产的普通车床和刻模铣床全部完工，计算并结转完工产品成本，取得表 A-22 $\frac{1}{4}$～表 A-22 $\frac{4}{4}$ 所示原始凭证，填制表 B-26 所示记账凭证。

表 A-22 $\frac{1}{4}$

完工产品成本汇总计算单

产品名称：普通车床　　2016 年 12 月 31 日　　完工产量：50

项　目	直接材料	直接人工	制造费用	产品总成本
月初在产品成本	158 740	42 978	25 000	226 718
本月生产费用	245 900	248 357.22	34 052.20	528 309.42
本月生产费用合计	404 640	291 335.22	59 052.2	755 027.42
本月完工产品总成本	404 640	291 335.22	59 052.2	755 027.42
产品单位成本	8 092.8	5 826.704 4	1 181.044	15 100.55

制表：王铭

表 A-22 $\frac{2}{4}$

完工产品成本汇总计算单

产品名称：刻模铣床　　2016 年 12 月 31 日　　完工产量：20

项　目	直接材料	直接人工	制造费用	产品总成本
月初在产品成本	57 610	29 526	13 650	100 786
本月生产费用	78 400	97 746.78	14 593.8	190 740.58
本月生产费用合计	136 010	127 272.78	28 243.8	291 526.58
本月完工产品总成本	136 010	127 272.78	28 243.8	291 526.58
产品单位成本	6 800.5	6 363.639	1 412.19	14 576.33

制表：王铭

表 A-22 $\frac{3}{4}$

产品入库单

2016 年 12 月 30 日　　第　号

编号	名称	规格	单位	数量		单价	金额	备注
				交库	实收			
	普通车床		台	50	50			
	合计							

二记账联

记账：张珊　　验收：余华为　　制单：张亮

表 A-22 $\frac{4}{4}$

产品入库单

2016 年 12 月 31 日　　　　第　　号

编号	名称	规格	单位	数量		单价	金额	备注
				交库	实收			
	刻模铣床		台	20	20			
	合计							

二记账联

记账：张珊　　　　验收：余华为　　　　制单：张亮

表 B-26

记 账 凭 证

2016 年 12 月 31 日　　　　记 字 第 24 号

摘　要	总账科目	明细科目	√	借方 千	百	十	万	千	百	十	元	角	分	贷方 千	百	十	万	千	百	十	元	角	分
结转完工产品成本	库存商品	普通车床				7	5	5	0	2	7	4	2										
		刻模铣床				2	9	1	5	2	6	5	8										
	生产成本	普通车床														7	5	5	0	2	7	4	2
		刻模铣床														2	9	1	5	2	6	5	8
合　计				¥	1	0	4	6	5	5	4	0	0	¥	1	0	4	6	5	5	4	0	0

附件 4 张

会计主管：李华　　　记账：张珊　　　稽核：柳芳　　　填制：王铭

(23) 12 月 31 日，结转已售产品成本，取得表 A-23 所示原始凭证，填制表 B-27 所示记账凭证。

表 A-23

产品销售成本计算表

2016 年 12 月 31 日　　　　单位：元

产品名称	单位	月初结存			本月完工产品			本月销售		
		数量	单位成本	总成本	数量	单位成本	总成本	数量	单位成本	总成本
普通车床	台	67	15 170.15	1 016 400.05	50	15 100.55	755 027.50	10	15 140.41	151 404.10
合计				1 016 400.05			755 027.50			151 404.10

会计主管：李华　　　　复核：柳芳　　　　制表：王铭

表 B-27

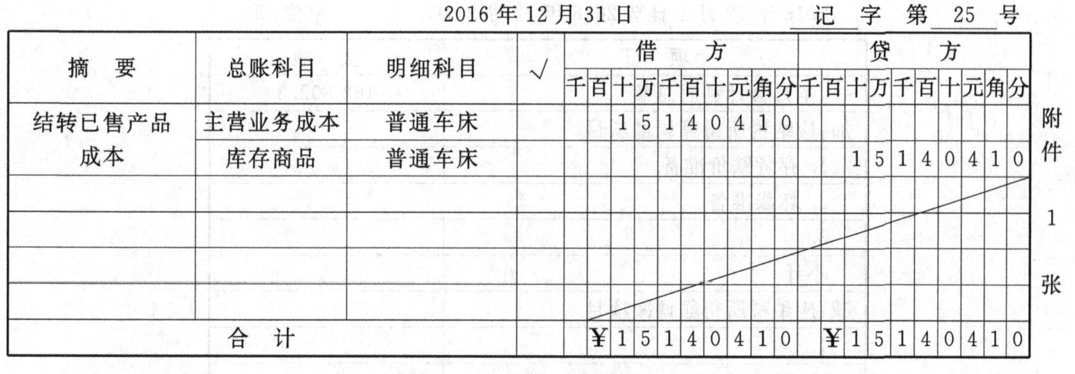

记账凭证

2016 年 12 月 31 日　　　　记 字 第 25 号

摘要	总账科目	明细科目	√	借方										贷方									
				千	百	十	万	千	百	十	元	角	分	千	百	十	万	千	百	十	元	角	分
结转已售产品成本	主营业务成本	普通车床				1	5	1	4	0	4	1	0										
	库存商品	普通车床														1	5	1	4	0	4	1	0
合计					¥	1	5	1	4	0	4	1	0		¥	1	5	1	4	0	4	1	0

附件 1 张

会计主管：李华　　记账：张珊　　稽核：柳芳　　填制：王铭

(24) 12 月 31 日，结转损益类账户，填制表 B-28、表 B-29 所示记账凭证。

表 B-28

记账凭证

2016 年 12 月 31 日　　　　记 字 第 26 号

摘要	总账科目	明细科目	√	借方										贷方									
				千	百	十	万	千	百	十	元	角	分	千	百	十	万	千	百	十	元	角	分
结转收入类账户	主营业务收入					4	3	0	0	0	0	0	0										
	其他业务收入							5	0	0	0	0	0										
	本年利润															4	3	5	0	0	0	0	0
合计					¥	4	3	5	0	0	0	0	0		¥	4	3	5	0	0	0	0	0

附件 张

会计主管：李华　　记账：张珊　　稽核：柳芳　　填制：王铭

表 B-29

记账凭证

2016 年 12 月 31 日　　　　记 字 第 27 号

摘要	总账科目	明细科目	√	借方										贷方									
				千	百	十	万	千	百	十	元	角	分	千	百	十	万	千	百	十	元	角	分
结转费用类账户	本年利润					2	7	2	1	9	7	7	0										
	主营业务成本															1	5	1	4	0	4	1	0
	其他业务成本																	4	7	0	0	0	0
	管理费用																9	9	7	0	0	0	0
	财务费用																			1	8	0	0
	销售费用																1	6	3	7	5	6	0
合计					¥	2	7	2	1	9	7	7	0		¥	2	7	2	1	9	7	7	0

附件 张

会计主管：李华　　记账：张珊　　稽核：柳芳　　填制：王铭

(25) 12 月 31 日，计算本月所得税(假设无纳税调整项目)，取得表 A-24 所示原始凭证，填制表 B-30 所示记账凭证。

表 A-24 **企业应纳所得税计算表**

2016 年 12 月 1 日至 2016 年 12 月 31 日　　　　单位:元

项目	金额
一、本月会计利润总额	162 802.3
加:应纳税所得额调增项目	
1. 存货跌价准备	
2. 坏账准备	
3.	
小计	
减:应纳税所得额调减项目	
1.	
2.	
小计	
二、应纳税所得额	162 802.3
乘:适用税率(25%)	
三、应纳所得税	40 700.58

会计主管:李华　　　　复核:柳芳　　　　制表:王铭

表 B-30 **记账凭证**

2016 年 12 月 31 日　　　　记 字 第 28 号

摘要	总账科目	明细科目	√	借方										贷方									
				千	百	十	万	千	百	十	元	角	分	千	百	十	万	千	百	十	元	角	分
计提本月所得税费用	所得税费用						4	0	7	0	0	5	8										
	应交税费	应交所得税															4	0	7	0	0	5	8
合计						¥	4	0	7	0	0	5	8			¥	4	0	7	0	0	5	8

附件 1 张

会计主管:李华　　　　记账:张珊　　　　稽核:柳芳　　　　填制:王铭

(26)12 月 31 日,结转本月所得税费用,填制表 B-31 所示记账凭证。

表 B-31 **记账凭证**

2016 年 12 月 31 日　　　　记 字 第 29 号

摘要	总账科目	明细科目	√	借方										贷方									
				千	百	十	万	千	百	十	元	角	分	千	百	十	万	千	百	十	元	角	分
结转本月所得税费用	本年利润						4	0	7	0	0	5	8										
	所得税费用																4	0	7	0	0	5	8
合计						¥	4	0	7	0	0	5	8			¥	4	0	7	0	0	5	8

附件 1 张

会计主管:李华　　　　记账:张珊　　　　稽核:柳芳　　　　填制:王铭

(27) 12月31日，结转本年利润，填制表B-32所示记账凭证。

表 B-32

记 账 凭 证

2016年12月31日　　　　记 字 第 30 号

摘要	总账科目	明细科目	√	借方										贷方									
				千	百	十	万	千	百	十	元	角	分	千	百	十	万	千	百	十	元	角	分
结转本年利润	本年利润				1	3	3	9	2	4	2	9	7										
	利润分配	未分配利润													1	3	3	9	2	4	2	9	7
合计				¥	1	3	3	9	2	4	2	9	7	¥	1	3	3	9	2	4	2	9	7

附件 张

会计主管：李华　　记账：张珊　　稽核：柳芳　　填制：王铭

(28) 12月31日，计提盈余公积，取得表A-25所示原始凭证，填制表B-33所示记账凭证。

表 A-25

利润分配计算表

2016年12月31日

项目	利润分配基数	分配比例	分配金额
法定盈余公积	1 339 242.97	10%	133 924.30
任意盈余公积	1 339 242.97	5%	66 962.15
向投资者分配利润			待股东大会后再行分配
合计			200 886.45

会计主管：李华　　复核：柳芳　　填制：王铭

表 B-33

记 账 凭 证

2016年12月31日　　　　记 字 第 31 号

摘要	总账科目	明细科目	√	借方										贷方									
				千	百	十	万	千	百	十	元	角	分	千	百	十	万	千	百	十	元	角	分
提取盈余公积	利润分配	提取法定盈余公积				1	3	3	9	2	4	3	0										
		提取任意盈余公积					6	6	9	6	2	1	5										
	盈余公积	法定盈余公积														1	3	3	9	2	4	3	0
		任意盈余公积															6	6	9	6	2	1	5
合计					¥	2	0	0	8	8	6	4	5		¥	2	0	0	8	8	6	4	5

附件 张

会计主管：李华　　记账：张珊　　稽核：柳芳　　填制：王铭

(29) 12 月 31 日,结转未分配利润,填制表 B-34 所示记账凭证。

表 B-34

记 账 凭 证

2016 年 12 月 31 日　　　　记 字 第 32 号

摘 要	总账科目	明细科目	√	借 方										贷 方									
				千	百	十	万	千	百	十	元	角	分	千	百	十	万	千	百	十	元	角	分
结转未分配利润	利润分配	未分配利润				2	0	0	8	8	6	4	5										
	利润分配	提取法定盈余公积														1	3	3	9	2	4	3	0
		提取任意盈余公积															6	6	9	6	2	1	5
合 计					¥	2	0	0	8	8	6	4	5		¥	2	0	0	8	8	6	4	5

附件 张

会计主管:李华　　记账:张珊　　稽核:柳芳　　填制:王铭

2.3.2 设置与登记会计账簿

按照《税收征管法细则》规定,从事生产、经营的纳税人应当自领取营业执照或者发生纳税义务之日起 15 日内,按照国家有关规定设置会计账簿,组织相应的会计核算,同时,按照《会计法》规定,各企业、行政事业单位必须依法设置会计账簿体系,并保证其真实、完整。由此可见,建账是会计核算工作的首要环节。

1. 会计账簿概述

1) 账簿的概念

账簿是由具有一定格式的账页组成的簿籍,以会计凭证为依据,连续、系统、全面、综合地记录和反映经济业务引起的各项资产、权益增减变动情况和结果的财务会计信息资料。

2) 账簿的分类

会计核算中使用的账簿,其种类和结构是多种多样的,记录和反映的内容也不完全一样。为了便于人们了解、掌握和使用各种账簿,需要对账簿进行分类。

(1) 账簿按用途分类

账簿按照用途可以分为序时账簿、分类账簿和备查账簿三种。

① 序时账簿。序时账簿也叫作日记账,是指按照经济业务发生或完成的时间先后顺序,逐日逐笔顺序登记的账簿,包括现金日记账和银行存款日记账。日记账作为经济业务的原始序时记录,便于随时查阅经济业务的发生或完成情况。

② 分类账簿。分类账簿是指用来分类记录单位全部经济业务发生情况及其结果的账簿,分为总分类账簿(简称总账)、明细分类账簿(简称明细账)。其中,总账是根据统一规定的总账科目设置的,用来记录全部经济业务总括情况的账簿;明细账是根据明细科目或企业管理的实际需要设置的,用来分类、连续地记录某一类经济业务的详细情况的账簿。

③ 备查账簿。备查账簿是对某些不能在日记账或分类账中记录的事项,便于查考而作

辅助性登记的账簿,也称辅助账。

企事业单位在办理完工商、税务等登记手续后应设置适应其经济业务和管理需要的总账、明细账、日记账及其他辅助性账簿体系。

(2) 账簿按外表形式分类

账簿按外表形式可以划分为订本式账簿、活页式账簿和卡片式账簿。各种形式的账簿比较如表 2-10 所示。

表 2-10　　账簿按外表形式进行分类

类别	说　明	优　点	缺　点
订本式账簿	启用时已固定装订成册	可以避免账页散失,防止随意抽换账页,确保会计档案的真实性和完整性	不能增减账页,容易造成预留账页不够或过多
活页式账簿	启用前将所需的零散账页按一定顺序装订	可以随时增减账页	容易散失或被抽换
卡片式账簿	是由具有专门格式、使用分散的卡片组成的账簿。一般放在卡片箱(或卡片夹)内	紧随实物存放,便于及时记录	容易散失或被抽换

通常情况下,企业设置的总账、日记账因其重要性,应选用订本式账簿;而债权债务及其他明细账则选用活页式账簿,固定资产明细账选用卡片式账簿。

(3) 账簿按账页格式分类

账簿按照所使用的账页格式可以划分为三栏式账簿、数量金额式账簿和多栏式账簿。

各种账簿账页格式如表 2-11～表 2-13 所示。

表 2-11　三栏式账簿　　明细账

二级科目：　三级科目：　　总第______页分第______页

年		凭证编号	摘要	对方科目	借方										贷方										借或贷	余额									
月	日				千	百	十	万	千	百	十	元	角	分	千	百	十	万	千	百	十	元	角	分		千	百	十	万	千	百	十	元	角	分

表 2-12　　　　数量金额式账簿

明细账

货号：　　品名：　　计量单位：　　　　总第　页　分第　页

年		记账凭证		摘要	借方											贷方											余额										
					数量	单价	金额									数量	单价	金额									数量	单价	金额								
月	日	字	号				百	十	万	千	百	十	元	角	分			百	十	万	千	百	十	元	角	分			百	十	万	千	百	十	元	角	分

表 2-13　　　　多栏式账簿

明细账

年		凭证号数	摘要																																				
月	日			百	十	万	千	百	十	元	角	分	百	十	万	千	百	十	元	角	分	百	十	万	千	百	十	元	角	分	百	十	万	千	百	十	元	角	分

通常情况下，三栏式账簿适用于只需要进行金额核算的账户。如总账、债权债务等往来明细账。

2. 设置账簿

1）账簿的启用规则

账簿是各单位的重要经济档案，为了保证账簿记录资料的真实性、合法性和完整性，明确记账责任，在账簿启用时，应首先填写设计在各类账簿扉页中的“账簿启用及经管人员一览表”，其格式如表 2-14 所示；其次，填写账户目录，包括每个账户的编号、名称和页次。

表 2-14　　　　账簿启用及经管人员一览表

单位名称：　　　　账簿名称：(单位公章)

账簿编号：　　　　账簿册数：

账簿页数：　　　　启用日期：

会计主管(签章)：　　　　记账人员(签章)：

移交日期			移交人		接管日期			接管人		会计主管	
年	月	日	姓名	盖章	年	月	日	姓名	盖章	姓名	盖章

账户目录的格式与内容如表 2-15 所示。

表 2-15　　　　　　　　　　　　**账户目录(科目索引)**

编号	科目	起讫页码	编号	科目	起讫页码

2）启用新账

启用新账，俗称“开账”，是指会计人员在填写账簿扉页后，在账页内确定相关账户的金额登记位置。企业一般主要在以下情况下启用新账。

第一种情形：按规定从事生产、经营的纳税人应当自领取营业执照或者发生纳税义务之日起 15 日内设置账簿，在新账簿账页内，按所需使用的账户名称开设相应账户后，对发生的经济业务进行登记。

第二种情形：上一会计年度结束关闭旧账，下一会计年度开始启用新账。即新会计年度开始时，单位一般应对总账、日记账和明细账账簿进行重新启用，开设相应的账户，将上一年度各账户的余额结转到下一会计年度对应的新账户中，如表 2-16 所示。

表 2-16　　　　　　　　　　　　**启用新账**

总分类账

会计科目名称及编码银行存款　　　　　　　　　　总第____页　分第____页

2016年		凭证编号	摘要	对方科目	借方										√	贷方										√	借或贷	余额									
月	日				千	百	十	万	千	百	十	元	角	分		千	百	十	万	千	百	十	元	角	分			千	百	十	万	千	百	十	元	角	分
		略	略																																		
12	31		本月合计					2	6	8	0	0	0	0					1	2	6	0	0	0	0		借				2	1	8	6	0	0	0
			本年累计				9	8	7	8	9	0	0	0				4	6	8	5	2	0	0	0		借				2	1	8	6	0	0	0
			结转下年																								借				2	1	8	6	0	0	0

总分类账

会计科目名称及编码银行存款　　　　　　　　　　总第____页　分第____页

2017年		凭证编号	摘要	对方科目	借方										√	贷方										√	借或贷	余额									
月	日				千	百	十	万	千	百	十	元	角	分		千	百	十	万	千	百	十	元	角	分			千	百	十	万	千	百	十	元	角	分
1	1		上年结转																								借				2	1	8	6	0	0	0

◆ **知识链接**

印 花 税

印花税是对经济活动和经济交往中书立、使用、领受具有法律效力的应税凭证的单位和个人征收的一种税。因其采取在账簿上粘贴印花税票完税而得名。按规定,对于启用的非资金类账簿,按件贴花5元;对于记载单位资金的账簿,企业刚成立启用新账,按实收资本的0.5‰贴花,以后每年按实收资本和资本公积增加金额的0.5‰贴花,若实收资本和资本公积未增加的,免贴印花。

启用新账簿时企业应自行计算应纳税额,并自行向税务机关购买印花税票,自行一次贴足印花税票并加以注销或划销。

企业建账后,日常会计核算围绕“填制与审核会计凭证”和“登记账簿”两个环节展开,到月末还要编制会计报表。因此,填制与审核会计凭证是会计核算的专门方法之一,是最频繁、最基本的会计核算工作。

3. 登记账簿

登记账簿处于“填制与审核会计凭证”“登记账簿”和“编制会计报表”会计核算流程中的中间环节,起着承上启下的作用。

1) 登记账簿的规则

通过登记账簿,将分散在会计凭证中的数据和资料进行归类,并逐步加工汇总成综合性的会计信息,为编制会计报表提供依据。为了保证账簿记录资料的质量,登记账簿时必须严格遵守以下规则。

(1) 必须根据审核无误的记账凭证及所附原始凭证登记会计账簿,并保证账簿记录与会计凭证内容相同。

(2) 应当按记账凭证日期、凭证号数、摘要、金额和其他有关资料逐项对应登入相应账户中。每笔经济业务登记入账后,应逐项复核无误并在记账凭证上签名或盖章,注明已登账的符号“√”,表示已经登记入账,避免重登或漏登。

(3) 账簿应保持清晰、整洁,文字、数字应书写端正规范。书写时,不占满格,紧靠本行底线,一般为行距的二分之一。

(4) 除按规定可用红字记账外,登记账簿必须使用蓝黑或者碳素墨水书写,不得使用铅笔或圆珠笔,只有在复写账页上才能用圆珠笔书写。

(5) 应按账户页次逐页逐行登记,不能跳行、隔页。如不慎发生跳行、隔页时,应将空行或空页注销。如出现空行时,应在该行用红笔画一条通栏红线,或注明“此页空白”,并由记账人员在该行签名或盖章;如出现空页时,应在该页用红笔画对角斜线,或注明“此页空白”,并由记账人员在该页签名或盖章。

(6) 账簿记录发生错误时,不得采用涂改、刮擦、挖补或用褪色药水消除笔迹等手段更正,更不能将本页撕毁重新抄写,必须按照规定的方法进行错账的更正。

(7) 需结出余额的账户,结出账户余额后,应当在“借或贷”栏内注明余额的“借”或“贷”方向。若余额为零,应当在“借或贷”栏内注明“平”字,并在余额栏“元”位上用“θ”表示。

(8) 每张账页记满并需继续登记时,应在本页最后一行结出本页借、贷方发生额合计数及余额，并在“摘要”栏内注明“过次页”字样，同时在次页第一行“摘要”栏注明“承前页”字样，并将上页结出的借、贷方发生额合计数及余额分别记入本页第一行的相应栏内，然后再开始登记经济业务，以保持账簿记录的连续性。

(9) 实行会计电算化的单位，总账和明细账应定期打印出来存档。

2) 账簿的登记方法

各单位应按照国家统一会计制度的规定和会计业务的需要设置会计账簿。各单位设置的会计账簿多种多样，不同的账页格式和账户又有不同的登记方法。下面介绍各类会计主体一般应设置的账簿所反映的经济内容和登记方法。

(1) 日记账的设置与登记方法如表2-17所示。

表2-17　日记账的设置与登记方法

种类	账页格式	账簿外表形式	作用	登记方法
现金日记账	一般采用“借、贷、余”三栏式	订本式	能随时提供库存现金的收入及其来源、支出及其用途，以及结存余额的详细资料	由出纳员按照经济业务发生的时间先后顺序，依据审核无误的现金收付款凭证及有关银行存款付款凭证，逐日逐笔进行登记，并于每日终了结出现金余额
银行存款日记账	一般采用“借、贷、余”三栏式	订本式	能随时提供银行存款的增加及其来源、支出及其用途，以及结存余额的详细情况，以便了解资金周转情况	由出纳员按照经济业务发生的时间先后顺序，依据审核无误的银行存款收付款凭证及有关现金付款凭证，逐日逐笔进行登记，并于每日终了结出银行存款余额

(2) 分类账的设置与登记方法如表2-18所示。

表2-18　分类账的登记方法

种类	账页格式	提供信息	登记方法
总分类账	一般采用“借、贷、余”三栏式	能全面、系统、总括地反映会计主体的资金增减变动情况，为编制会计报表提供必要的数据资料	由于各单位采用的会计核算形式不同，总账的登记依据也略有不同
明细分类账	可根据需要，分别采用三栏式、数量金额式、多栏式等账页格式	明细分类账提供详细具体的会计核算资料，对总账资料起补充说明	要根据原始凭证、原始凭证汇总表和记账凭证每天进行登记，或定期登记

◆ **知识链接**

会计核算形式

会计核算形式又称会计核算程序，是指在会计核算中，以账簿为核心，把会计凭证、账簿、会计报表、记账程序和记账方法有机结合起来的核算组织形式。目前，我国采用的会计核算形式主要有记账凭证核算形式、科目汇总表核算形式等。

1. 记账凭证核算形式

记账凭证核算形式是最基本的核算形式，它的主要特点是直接根据记账凭证逐笔登记总分类账。记账凭证核算的优点是核算程序简单明了,易于掌握,缺点是登记总账的工作量较大,因此适用于规模小、经济业务量少的单位。

记账凭证核算形式如图 2-60 所示。

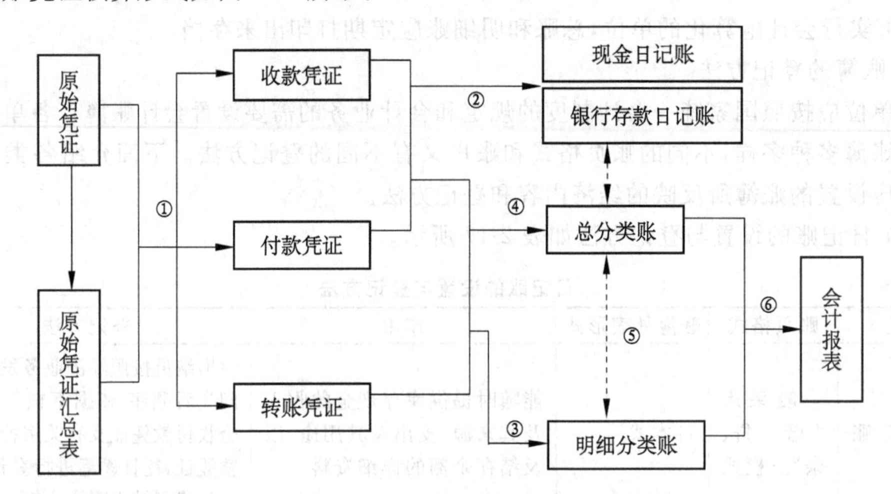

图 2-60 记账凭证核算形式

2. 科目汇总表核算形式

科目汇总表核算形式的主要特点是根据记账凭证定期编制科目汇总表,再根据科目汇总表定期登记总账。其优点是减少了登记总账的工作量,缺点是不能反映账户之间的对应关系,不便于查对账目。科目汇总表核算形式适用于规模较大、业务量较多的单位。

科目汇总表又称记账凭证汇总表,是根据收款凭证、付款凭证和转账凭证或通用的记账凭证,按照相同的账户归类,定期汇总计算每一账户的借方发生额和贷方发生额,并将发生额填入科目汇总表的相应栏目内。对于现金账户和银行存款账户的借方发生额和贷方发生额,也可以直接根据现金日记账和银行存款日记账的收支合计数填列,而不再根据收款凭证和付款凭证归类汇总填列。科目汇总表可以每月汇总一次编制一张,也可以 5 天或 10 天汇总一次,每月编制几张。

科目汇总表核算形式如图 2-61 所示。

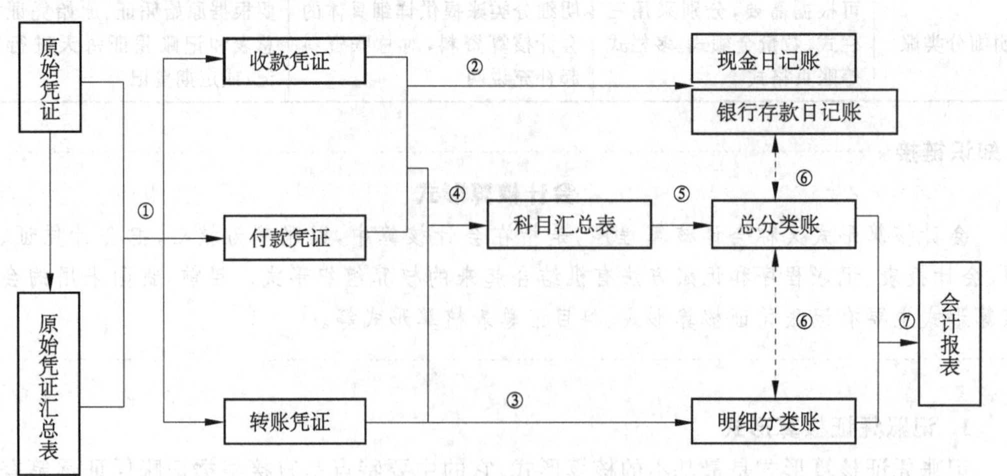

图 2-61 科目汇总表核算形式

下面以前已提及的红光机械有限公司发生的2016年12月经济业务为例，列示账簿的设置和登记方法。

资料1：红光机械有限公司2016年12月初的总分类账户和相关明细分类账户期初余额如表C-1所示，“原材料”明细账户期初余额如表C-2所示。

表C-1　　　　总分类账户及明细账户余额

单位：元

总分类账户	明细分类账户	借方期初余额	贷方期初余额	备注
库存现金		6 000		
银行存款		2 052 000		
其他货币资金	 外埠存款—攀枝花工商银行 银行汇票存款 存出投资款	353 000 22 000 45 000 286 000		
应收账款	 东方机电公司 成都市机床经销公司 北方重型机械厂 成都市贸易公司	800 000 500 000 160 000 100 000 40 000		
其他应收款	 厂办备用金 张小明 王红	13 000 1 500 1 600 9 900		定额备用金
原材料	 原料及主要材料 燃料 外购半成品 辅助材料	1 957 270 494 700 19 800 1 430 250 12 520		
库存商品	 普通车床 刻模铣床	1 509 200 1 016 400 492 800		
生产成本	 普通车床 刻模铣床	327 504 226 718 100 786		普通车床直接材料158 740，直接人工42 978，制造费用25 000；刻模铣床直接材料57 610，直接人工29 526，制造费用13 650
固定资产		13 037 000		
累计折旧			4 120 000	
短期借款			800 000	
应付账款	 新华轴承厂 宏达轴承厂 重庆钢厂		973 700 126 360 540 000 307 340	

续表

总分类账户	明细分类账户	借方期初余额	贷方期初余额	备注
应付职工薪酬			72 400	
应交税费	 应交所得税 未交增值税		201 900 67 200 134 700	10 月、11 月未交所得税
其他应付款	 存入保证金 王明		72 000 70 000 2 000	
实收资本			10 000 000	
本年利润			1 217 141.25	1～11 月利润
利润分配			2 597 832.75	年初未分配利润
合计		20 054 974	20 054 974	

表 C-2 **"原材料"明细账户期初余额**

明细账户及材料名称	计量单位	结存数量	计划单价/元	结存金额/元
原料及主要材料：				494 700
生铁	吨	102	2 350	239 700
圆钢	吨	85	3 000	255 000
燃料：				19 800
焦炭	吨	30	480	14 400
煤	吨	30	180	5 400
外购半成品：				1 430 250
电机 Y123M	台	185	1 450	268 250
AB-25	台	500	260	130 000
轴承 D318	套	1 800	340	612 000
D462	套	2 700	140	378 000
标准件	个	2 000	21	42 000
辅助材料：				12 520
油漆	千克	1 100	10	11 000
润滑油	千克	380	4	1 520

资料 2：该公司 12 月经济业务编制并已审核的记账凭证及所附的原始凭证(见2.3.1 填制与审核会计凭证部分，略)。

根据前述资料，对红光机械有限责任公司开设并登记账簿。

1. 现金日记账的登记

登记现金日记账见表 D-1。

表 D-1 **现金日记账**

2016年		凭证		摘要	√	借方(收入)金额										贷方(支出)金额										余额									
月	日	字	号			千	百	十	万	千	百	十	元	角	分	千	百	十	万	千	百	十	元	角	分	千	百	十	万	千	百	十	元	角	分
12	1			期初余额																										6	0	0	0	0	0
12	2	记	3	收差旅余款							1	0	0	0	0															6	1	0	0	0	0
12	7	记	5	购办公用品																	3	0	0	0	0					5	8	0	0	0	0
12	20	记	13	提现备用						5	0	0	0	0	0														1	0	8	0	0	0	0
12	20	记	14	预借差旅款																3	0	0	0	0	0					7	8	0	0	0	0
12	31			本月合计						5	1	0	0	0	0					3	3	0	0	0	0					7	8	0	0	0	0

2. 银行存款日记账的登记

登记银行存款日记账见表 D-2。

表 D-2 **银行存款日记账**

2016年		凭证		摘要	√	借方(收入)金额										贷方(支出)金额										余额									
月	日	字	号			千	百	十	万	千	百	十	元	角	分	千	百	十	万	千	百	十	元	角	分	千	百	十	万	千	百	十	元	角	分
12	1			期初余额																							2	0	5	2	0	0	0	0	0
12	1	记	1	收到投资款			1	0	0	0	0	0	0	0	0												3	0	5	2	0	0	0	0	0
12	1	记	2	短期借款				1	5	0	0	0	0	0	0												3	2	0	2	0	0	0	0	0
12	6	记	4	付购料款														1	0	5	3	0	0	0	0		3	0	9	6	7	0	0	0	0
12	6	记	4	付运费																1	3	3	2	0	0		3	0	9	5	3	6	8	0	0
12	13	记	6	代垫运费																3	4	0	0	0	0		3	0	9	1	9	6	8	0	0
12	13	记	7	付托收手续费																		1	5	0	0		3	0	9	1	9	5	3	0	0
12	14	记	8	付购刨床款														1	2	0	3	3	3	0	0		2	9	7	1	6	2	0	0	0
12	19	记	11	收到货款				5	0	6	5	0	0	0	0												3	4	7	8	1	2	0	0	0
12	19	记	12	归还借款														2	0	0	0	0	0	0	0		3	2	7	8	1	2	0	0	0
12	20	记	13	提取现金																5	0	0	0	0	0		3	2	7	3	1	2	0	0	0
12	23	记	15	付广告费															1	0	6	0	0	0	0		3	2	6	2	5	2	0	0	0
12	25	记	16	发放工资														3	1	4	6	3	0	0	0		2	9	4	7	8	9	0	0	0
12	26	记	17	销售生铁						5	8	5	0	0	0												2	9	5	3	7	4	0	0	0
12	31			本月合计			1	6	6	2	3	5	0	0	0			7	6	0	6	1	0	0	0		2	9	5	3	7	4	0	0	0

3. 明细账的登记

登记明细账见表 D-3～表 D-20。

表 D-3 **其他应收款明细账**

二级科目:厂办备用金　　三级科目:　　总第　页分第　页

2016年		凭证编号	对方科目	摘要	借方										√	贷方										√	借贷	余额									
月	日				千	百	十	万	千	百	十	元	角	分		千	百	十	万	千	百	十	元	角	分			千	百	十	万	千	百	十	元	角	分
12	1			期初余额																							借					1	5	0	0	0	0

表 D-4 **其他应收款明细账**

二级科目:张小明　　三级科目:　　总第　页分第　页

2016年		凭证		对方科目	摘要	借方										√	贷方										√	借贷	余额									
月	日	字	号			千	百	十	万	千	百	十	元	角	分		千	百	十	万	千	百	十	元	角	分			千	百	十	万	千	百	十	元	角	分
12	1				期初余额																							借					1	6	0	0	0	0
12	2	记	3		报销差旅费																1	6	0	0	0	0		平								0		

表 D-5 **其他应收款明细账**

二级科目:王　红　　三级科目:　　总第　页分第　页

2016年		凭证编号	对方科目	摘要	借方										√	贷方										√	借贷	余额									
月	日				千	百	十	万	千	百	十	元	角	分		千	百	十	万	千	百	十	元	角	分			千	百	十	万	千	百	十	元	角	分
12	1			期初余额																							借					9	9	0	0	0	0

表 D-6 **原材料明细账**

货号:　　品名:原料及主要材料(生铁)　　计量单位:吨　　总第　页分第　页

2016年		记账凭证		摘要	借方											贷方											余额										
					数量	单价	金额									数量	单价	金额									数量	单价	金额								
月	日	字	号				百	十	万	千	百	十	元	角	分			百	十	万	千	百	十	元	角	分			百	十	万	千	百	十	元	角	分
12	1			期初																							102	2 350		2	3	9	7	0	0	0	0
12	15	记	9	领用材料												38	2 350			8	9	3	0	0	0	0											
12	26	记	18	销售												2	2 350				4	7	0	0	0	0	62	2 350		1	4	5	7	0	0	0	0

表 D-7 **原材料明细账**

货号： 品名：原料及主要材料（圆钢） 计量单位：吨 总第 页分第 页

2016年		记账凭证		摘要	借方											贷方											余额										
					数量	单价	金额									数量	单价	金额									数量	单价	金额								
月	日	字	号				百	十	万	千	百	十	元	角	分			百	十	万	千	百	十	元	角	分			百	十	万	千	百	十	元	角	分
12	1			期初																							85	3 000		2	5	5	0	0	0	0	0
12	15	记	9	领用材料												21	3 000			6	3	0	0	0	0	0	64	3 000		1	9	2	0	0	0	0	0

表 D-8 **原材料明细账**

货号： 品名：燃料（焦炭） 计量单位：吨 总第 页分第 页

2016年		记账凭证		摘要	借方											贷方											余额										
					数量	单价	金额									数量	单价	金额									数量	单价	金额								
月	日	字	号				百	十	万	千	百	十	元	角	分			百	十	万	千	百	十	元	角	分			百	十	万	千	百	十	元	角	分
12	1			期初																							30	480			1	4	4	0	0	0	0
12	15	记	9	领用材料												25	480			1	2	0	0	0	0	0	5	480				2	4	0	0	0	0

表 D-9 **原材料明细账**

货号： 品名：燃料（煤） 计量单位：吨 总第 页分第 页

2016年		记账凭证		摘要	借方											贷方											余额										
					数量	单价	金额									数量	单价	金额									数量	单价	金额								
月	日	字	号				百	十	万	千	百	十	元	角	分			百	十	万	千	百	十	元	角	分			百	十	万	千	百	十	元	角	分
12	1			期初																							30	180				5	4	0	0	0	0
12	15	记	9	领用材料												15	180				2	7	0	0	0	0	15	180				2	7	0	0	0	0

表 D-10 **原材料明细账**

货号：Y123M 品名：外购半成品（电机） 计量单位：台 总第 页分第 页

2016年		记账凭证		摘要	借方											贷方											余额										
					数量	单价	金额									数量	单价	金额									数量	单价	金额								
月	日	字	号				百	十	万	千	百	十	元	角	分			百	十	万	千	百	十	元	角	分			百	十	万	千	百	十	元	角	分
12	1			期初																							185	1 450		2	6	8	2	5	0	0	0
12	15	记	9	领用材料												40	1 450			5	8	0	0	0	0	0	145	1 450		2	1	0	2	5	0	0	0

表 D-11 **原材料明细账**

货号:AB-25　　品名:外购半成品(电机)　　计量单位:台　　　　总第　页分第　页

2016年		记账凭证		摘要	借方											贷方											余额										
					数量	单价	金额									数量	单价	金额									数量	单价	金额								
月	日	字	号				百	十	万	千	百	十	元	角	分			百	十	万	千	百	十	元	角	分			百	十	万	千	百	十	元	角	分
12	1			期初																							500	260		1	3	0	0	0	0	0	0
12	15	记	9	领用材料												150	260			3	9	0	0	0	0	0	350	260			9	1	0	0	0	0	0

表 D-12 **原材料明细账**

货号:D318　　品名:外购半成品(轴承)　　计量单位:套　　　　总第　页分第　页

2016年		记账凭证		摘要	借方											贷方											余额										
					数量	单价	金额									数量	单价	金额									数量	单价	金额								
月	日	字	号				百	十	万	千	百	十	元	角	分			百	十	万	千	百	十	元	角	分			百	十	万	千	百	十	元	角	分
12	1			期初																							1 800	340		6	1	2	0	0	0	0	0
12	15	记	9	领用材料												70	340			2	3	8	0	0	0	0	1 730	340		5	8	8	2	0	0	0	0

表 D-13 **原材料明细账**

货号:D462　　品名:外购半成品(轴承)　　计量单位:套　　　　总第　页分第　页

2016年		记账凭证		摘要	借方											贷方											余额										
					数量	单价	金额									数量	单价	金额									数量	单价	金额								
月	日	字	号				百	十	万	千	百	十	元	角	分			百	十	万	千	百	十	元	角	分			百	十	万	千	百	十	元	角	分
12	1			期初																							2 700	140		3	7	8	0	0	0	0	0
12	15	记	9	领用材料												210	140			2	9	4	0	0	0	0	2 490	140		3	4	8	6	0	0	0	0

表 D-14

原材料明细账

货号：　　品名：外购半成品(标准件)　　计量单位：个　　　　　总第　页分第　页

2016年		记账凭证		摘要	借方											贷方											余额										
					数量	单价	金额									数量	单价	金额									数量	单价	金额								
月	日	字	号				百	十	万	千	百	十	元	角	分			百	十	万	千	百	十	元	角	分			百	十	万	千	百	十	元	角	分
12	1			期初																							2 000	21			4	2	0	0	0	0	0
12	15	记	9	领用材料												300	21				6	3	0	0	0	0	1 700	21			3	5	7	0	0	0	0

表 D-15

原材料明细账

货号：　　品名：辅助材料(油漆)　　计量单位：千克　　　　　总第　页分第　页

2016年		记账凭证		摘要	借方											贷方											余额										
					数量	单价	金额									数量	单价	金额									数量	单价	金额								
月	日	字	号				百	十	万	千	百	十	元	角	分			百	十	万	千	百	十	元	角	分			百	十	万	千	百	十	元	角	分
12	1			期初																							1 100	10			1	1	0	0	0	0	0

表 D-16

原材料明细账

货号：　　品名：辅助材料(润滑油)　　计量单位：千克　　　　　总第　页分第　页

2016年		记账凭证		摘要	借方											贷方											余额										
					数量	单价	金额									数量	单价	金额									数量	单价	金额								
月	日	字	号				百	十	万	千	百	十	元	角	分			百	十	万	千	百	十	元	角	分			百	十	万	千	百	十	元	角	分
12	1			期初																							380	4				1	5	2	0	0	0
12	15	记	9	领用材料												200	4					8	0	0	0	0	180	4					7	2	0	0	0

表 D-17

制造费用明细账

2016年		凭证		摘要	折旧费	职工薪酬			合计
月	日	字	号		百十万千百十元角分	百十万千百十元角分	百十万千百十元角分	百十万千百十元角分	百十万千百十元角分
12	30	记	19	计提折旧	241600				241600
12	30	记	20	分配本月工资费用		1970000			2211600
12	30	记	21	计提社保和公积金		748600			2960200
				合计	241600	2718600			2960200
12	31	记	23	分配结转制造费用	241600	2718600			2960200

表 D-18

管理费用明细账

2016年		凭证		摘要	差旅费	办公费	折旧费	职工薪酬	合计
月	日	字	号		百十万千百十元角分	百十万千百十元角分	百十万千百十元角分	百十万千百十元角分	百十万千百十元角分
12	2	记	3	报销差旅费	150000				150000
12	7	记	5	购买办公用品		30000			180000
12	30	记	19	计提折旧			130000		310000
12	30	记	20	分配本月工资费用				7000000	7310000
12	30	记	21	计提本月社保及公积金				2660000	9970000
				合计	150000	30000	130000	9660000	9970000
12	31	记	27	结转至本年利润	150000	30000	130000	9660000	9970000

表 D-19

生产成本明细账

产品名称：普通车床

2016年 月	日	凭证 字	号	摘要	直接材料	直接人工	制造费用	其他	合计
12	1			月初在产品成本	158740.00	42978.00	25000.00		226718.00
12	15	记	9	生产领用材料	245900.00				472618.00
12	30	记	20	分配本月工资费用		179969.00			652587.00
12	30	记	21	计提社保和公积金		68388.22			720975.22
12	31	记	22	分配辅助生产费用			13330.80		734306.02
12	31	记	23	分配制造费用			20721.40		755027.42
12	31			本月生产费用合计	404640.00	291335.22	59052.20		755027.42
12	31	记	24	结转完工产品成本	404640.00	291335.22	59052.20		755027.42

表 D-20

生产成本明细账

产品名称：刻模铣床

2016年 月	日	凭证 字	号	摘要	直接材料	直接人工	制造费用	其他	合计
12	1			月初在产品成本	57610.00	29526.00	13650.00		100786.00
12	15	记	9	生产领用材料	78400.00				179186.00
12	30	记	20	分配本月工资费用		70831.00			250017.00
12	30	记	21	计提社保和公积金		26915.78			276932.78
12	31	记	22	分配辅助生产费用			5713.20		282645.98
12	31	记	23	分配制造费用			8880.60		291526.58
12	31			本月生产费用合计	136010.00	127272.78	28243.80		291526.58
12	31	记	24	结转完工产品成本	136010.00	127272.78	28243.80		291526.58

4. 总账的登记

登记总账见表 D-21～表 D-48。

(1) 库存现金总分类账

表 D-21 **总分类账**

科目名称:库存现金

2016 年		凭证		摘要	借方										贷方										借或贷	余额									
月	日	字	号		千	百	十	万	千	百	十	元	角	分	千	百	十	万	千	百	十	元	角	分		千	百	十	万	千	百	十	元	角	分
12	1			期初余额																					借					6	0	0	0	0	0
12	2	记	3	收差旅余款						1	0	0	0	0																					
12	7	记	5	购办公用品																3	0	0	0	0											
12	20	记	13	提现备用					5	0	0	0	0	0																					
12	20	记	14	预借差旅款															3	0	0	0	0	0						7	8	0	0	0	0
12	31			本月合计					5	1	0	0	0	0					3	3	0	0	0	0	借					7	8	0	0	0	0

(2) 银行存款总分类账

表 D-22 **总分类账**

科目名称:银行存款

2016 年		凭证		摘要	借方										贷方										借或贷	余额									
月	日	字	号		千	百	十	万	千	百	十	元	角	分	千	百	十	万	千	百	十	元	角	分		千	百	十	万	千	百	十	元	角	分
12	1			期初余额																					借		2	0	5	2	0	0	0	0	0
12	1	记	1	收到投资款		1	0	0	0	0	0	0	0	0													3	0	5	2	0	0	0	0	0
12	1	记	2	短期借款			1	5	0	0	0	0	0	0													3	2	0	2	0	0	0	0	0
12	6	记	4	付购料款等													1	0	6	6	3	2	0	0			3	0	9	5	3	6	8	0	0
12	13	记	6	代垫运费															3	4	0	0	0	0			3	0	9	1	9	6	8	0	0
12	13	记	7	付托收手续费																	1	5	0	0			3	0	9	1	9	5	3	0	0
12	14	记	8	付购刨床款													1	2	0	3	3	3	0	0			2	9	7	1	6	2	0	0	0
12	19	记	11	收到货款			5	0	6	5	0	0	0	0													3	4	7	8	1	2	0	0	0
12	19	记	12	归还借款													2	0	0	0	0	0	0	0			3	2	7	8	1	2	0	0	0
12	20	记	13	提取现金															5	0	0	0	0	0			3	2	7	3	1	2	0	0	0
12	23	记	15	付广告费														1	0	6	0	0	0	0			3	2	6	2	5	2	0	0	0
12	25	记	16	发放工资													3	1	4	6	3	0	0	0			2	9	4	7	8	9	0	0	0
12	26	记	17	销售生铁					5	8	5	0	0	0													2	9	5	3	7	4	0	0	0
12	31			本月合计			1	6	6	2	3	5	0	0	0		7	6	0	6	1	0	0	0	借		2	9	5	3	7	4	0	0	0

（3）其他货币资金总分类账

表 D-23

总分类账

科目名称：其他货币资金

2016年		凭证编号	摘要	借方										贷方										借或贷	余额									
月	日			千	百	十	万	千	百	十	元	角	分	千	百	十	万	千	百	十	元	角	分		千	百	十	万	千	百	十	元	角	分
12	1		期初余额																					借			3	5	3	0	0	0	0	0
	6	3	购买股票													2	4	0	9	7	0	0	0	借			1	1	2	0	3	0	0	0
12	31		本月合计													2	4	0	9	7	0	0	0	借			1	1	2	0	3	0	0	0

（4）交易性金融资产总分类账

表 D-24

总分类账

科目名称：交易性金融资产

2016年		凭证编号	摘要	借方										贷方										借或贷	余额									
月	日			千	百	十	万	千	百	十	元	角	分	千	百	十	万	千	百	十	元	角	分		千	百	十	万	千	百	十	元	角	分
12	1		期初余额																					借			3	5	3	0	0	0	0	0
	6	3	购买股票			2	4	0	9	7	0	0	0											借			5	9	3	0	0	0	0	0
12	31		本月合计			2	4	0	0	0	0	0	0											借			5	9	3	0	0	0	0	0

（5）应收账款总分类账

表 D-25

总分类账

科目名称：应收账款

2016年		凭证		摘要	借方										贷方										借或贷	余额									
月	日	字	号		千	百	十	万	千	百	十	元	角	分	千	百	十	万	千	百	十	元	角	分		千	百	十	万	千	百	十	元	角	分
12	1			期初余额																					借			8	0	0	0	0	0	0	0
12	13	记	6	销售车床													5	0	6	5	0	0	0	0											
12	19	记	11	收回货款			5	0	6	5	0	0	0	0											借			8	0	0	0	0	0	0	0
12	31			本月合计			5	0	6	5	0	0	0	0			5	0	6	5	0	0	0	0	借			8	0	0	0	0	0	0	0

(6) 其他应收款总分类账

表 D-26

总分类账

科目名称:其他应收款

2016年		凭证		摘要	借方										贷方										借或贷	余额									
月	日	字	号		千	百	十	万	千	百	十	元	角	分	千	百	十	万	千	百	十	元	角	分		千	百	十	万	千	百	十	元	角	分
12	1			期初余额																					借				1	3	0	0	0	0	0
12	2	记	3	报销差旅费															1	6	0	0	0	0											
12	20	记	14	王峰预借差旅费					3	0	0	0	0	0											借				1	4	4	0	0	0	0
12	31			本月合计					3	0	0	0	0	0					1	6	0	0	0	0	借				1	4	4	0	0	0	0

(7) 原材料总分类账

表 D-27

总分类账

科目名称:原材料

2016年		凭证		摘要	借方										贷方										借或贷	余额									
月	日	字	号		千	百	十	万	千	百	十	元	角	分	千	百	十	万	千	百	十	元	角	分		千	百	十	万	千	百	十	元	角	分
12	1			期初余额																					借		1	9	5	7	2	7	0	0	0
12	6	记	4	购买材料				9	1	2	0	0	0	0																					
12	15	记	9	生产领用材料													3	2	4	3	0	0	0	0											
12	16	记	10	购买材料			1	5	5	0	0	0	0	0																					
12	26	记	18	结转材料成本															4	7	0	0	0	0	借		1	8	7	4	4	7	0	0	0
12	31			本月合计			2	4	6	2	0	0	0	0			3	2	9	0	0	0	0	0	借		1	8	7	4	4	7	0	0	0

(8) 生产成本总分类账

表 D-28

总分类账

科目名称:生产成本

2016年		凭证		摘要	借方										贷方										借或贷	余额									
月	日	字	号		千	百	十	万	千	百	十	元	角	分	千	百	十	万	千	百	十	元	角	分		千	百	十	万	千	百	十	元	角	分
12	1			期初余额																					借			3	2	7	5	0	4	0	0
12	15	记	9	领用材料			3	2	4	3	0	0	0	0																					
12	30	记	20	分配工资费用			2	6	4	6	0	0	0	0																					
12	30	记	21	计提社保和公积金			1	0	0	5	4	8	0	0																					
12	31	记	22	结转辅助生产费用				1	9	0	4	4	0	0				1	9	0	4	4	0	0											
12	31	记	23	结转制造费用				2	9	6	0	2	0	0											借		1	0	4	6	5	5	4	0	0
12	31	记		结转完工产品成本												1	0	4	6	5	5	4	0	0	平								0		
12	31			本月合计			7	3	8	0	9	4	0	0		1	0	6	5	5	9	8	0	0	平								0		

（9）库存商品总分类账

表 D-29

总分类账

科目名称：库存商品

2016年		凭证		摘要	借方										贷方										借或贷	余额									
月	日	字	号		千	百	十	万	千	百	十	元	角	分	千	百	十	万	千	百	十	元	角	分		千	百	十	万	千	百	十	元	角	分
12	1			期初余额																					借		1	5	0	9	2	0	0	0	0
12	31	记	24	产品完工入库		1	0	4	6	5	5	4	0	0																					
12	31	记	25	结转产品销售成本													1	5	1	4	0	4	1	0	借		2	4	0	4	3	4	9	9	0
12	31			本月合计		1	0	4	6	5	5	4	0	0			1	5	1	4	0	4	1	0	借		2	4	0	4	3	4	9	9	0

（10）固定资产总分类账

表 D-30

总分类账

科目名称：固定资产

2016年		凭证		摘要	借方										贷方										借或贷	余额									
月	日	字	号		千	百	十	万	千	百	十	元	角	分	千	百	十	万	千	百	十	元	角	分		千	百	十	万	千	百	十	元	角	分
12	1			期初余额																					借	1	3	0	3	7	0	0	0	0	0
12	14	记	8	购入固定资产			1	0	3	0	0	0	0	0											借	1	3	1	4	0	0	0	0	0	0
12	31			本月合计			1	0	3	0	0	0	0	0											借	1	3	1	4	0	0	0	0	0	0

（11）累计折旧总分类账

表 D-31

总分类账

科目名称：累计折旧

2016年		凭证		摘要	借方										贷方										借或贷	余额									
月	日	字	号		千	百	十	万	千	百	十	元	角	分	千	百	十	万	千	百	十	元	角	分		千	百	十	万	千	百	十	元	角	分
12	1			期初余额																					贷		4	1	2	0	0	0	0	0	0
12	30	记	19	计提折旧															3	7	1	6	0	0	贷		4	1	2	3	7	1	6	0	0
12	31			本月合计															3	7	1	6	0	0	贷		4	1	2	3	7	1	6	0	0

（12）短期借款总分类账

表 D-32

总分类账

科目名称：短期借款

2016年		凭证		摘要	借方										贷方										借或贷	余额									
月	日	字	号		千	百	十	万	千	百	十	元	角	分	千	百	十	万	千	百	十	元	角	分		千	百	十	万	千	百	十	元	角	分
12	1			期初余额																					贷			8	0	0	0	0	0	0	0
12	1	记	2	借入款项													1	5	0	0	0	0	0	0											
12	19	记	12	归还借款			2	0	0	0	0	0	0	0											贷			7	5	0	0	0	0	0	0
12	31			本月合计			2	0	0	0	0	0	0	0			1	5	0	0	0	0	0	0	贷			7	5	0	0	0	0	0	0

（13）应付账款总分类账

表 D-33 **总分类账**

科目名称：应付账款

2016年		凭证		摘要	借方										贷方										借或贷	余额									
月	日	字	号		千	百	十	万	千	百	十	元	角	分	千	百	十	万	千	百	十	元	角	分		千	百	十	万	千	百	十	元	角	分
12	1			期初余额																					贷			9	7	3	7	0	0	0	0
12	16	记	10	购进材料,赊欠													1	8	1	3	5	0	0	0	贷		1	1	5	5	0	5	0	0	0
12	31			本月合计													1	8	1	3	5	0	0	0	贷		1	1	5	5	0	5	0	0	0

（14）其他应付款总分类账

表 D-34 **总分类账**

科目名称：其他应付款

2016年		凭证		摘要	借方										贷方										借或贷	余额									
月	日	字	号		千	百	十	万	千	百	十	元	角	分	千	百	十	万	千	百	十	元	角	分		千	百	十	万	千	百	十	元	角	分
12	1			期初余额																					贷				7	2	0	0	0	0	0
12	25	记	16	代扣社保和公积金														4	1	6	9	0	0	0	贷			1	1	3	6	9	0	0	0
12	31			本月合计														4	1	6	9	0	0	0	贷			1	1	3	6	9	0	0	0

（15）应付职工薪酬总分类账

表 D-35 **总分类账**

科目名称：应付职工薪酬

2016年		凭证		摘要	借方										贷方										借或贷	余额									
月	日	字	号		千	百	十	万	千	百	十	元	角	分	千	百	十	万	千	百	十	元	角	分		千	百	十	万	千	百	十	元	角	分
12	1			期初余额																					贷				7	2	4	0	0	0	0
12	25	记	16	发工资			3	5	8	9	2	0	0	0																					
12	30	记	20	分配本月工资费用													3	5	8	9	2	0	0	0											
12	30	记	21	计提社保和公积金													1	3	6	3	8	9	6	0	贷			2	0	8	7	8	9	6	0
12	31			本月合计			3	5	8	9	2	0	0	0			4	9	5	3	0	9	6	0	贷			2	0	8	7	8	9	6	0

（16）应交税费总分类账

表 D-36

总分类账

科目名称:应交税费

2016年		凭证		摘要	借方										贷方										借或贷	余额									
月	日	字	号		千	百	十	万	千	百	十	元	角	分	千	百	十	万	千	百	十	元	角	分		千	百	十	万	千	百	十	元	角	分
12	1			期初余额																					贷			2	0	1	9	0	0	0	0
12	6	记	4	购进材料				1	5	4	3	2	0	0																					
12	13	记	6	销售产品														7	3	1	0	0	0	0											
12	14	记	8	购进固定资产				1	7	3	3	0	0	0																					
12	16	记	10	购进材料				2	6	3	5	0	0	0																					
12	23	记	15	支付广告费						6	0	0	0	0																					
12	25	记	16	代扣个人税															2	6	0	0	0	0											
12	26	记	17	销售材料																8	5	0	0	0											
12	31	记	28	应交所得税														4	0	7	0	0	5	8	贷			2	5	9	4	3	8	5	8
12	31			本月合计				5	9	7	1	2	0	0			1	1	7	2	5	0	5	8	贷			2	5	9	4	3	8	5	8

（17）实收资本总分类账

表 D-37

总分类账

科目名称:实收资本

2016年		凭证		摘要	借方										贷方										借或贷	余额									
月	日	字	号		千	百	十	万	千	百	十	元	角	分	千	百	十	万	千	百	十	元	角	分		千	百	十	万	千	百	十	元	角	分
12	1			期初余额																					贷	1	0	0	0	0	0	0	0	0	0
12	1	记	1	接受投资												1	0	0	0	0	0	0	0	0	贷	1	1	0	0	0	0	0	0	0	0
12	31			本月合计												1	0	0	0	0	0	0	0	0	贷	1	1	0	0	0	0	0	0	0	0

（18）本年利润总分类账

表 D-38

总分类账

科目名称:本年利润

2016年		凭证		摘要	借方										贷方										借或贷	余额									
月	日	字	号		千	百	十	万	千	百	十	元	角	分	千	百	十	万	千	百	十	元	角	分		千	百	十	万	千	百	十	元	角	分
12	1			期初余额																					贷		1	2	1	7	1	4	1	2	5
12	31	记	26	结转收入													4	3	5	0	0	0	0	0											
12	31	记	27	结转费用			2	7	2	1	9	7	7	0											贷		1	3	7	9	9	8	4	5	5
12	31	记	29	结转所得税费用				4	0	7	0	0	5	8											贷		1	3	3	9	2	7	3	7	2
12	31	记	30	结转至未分配利润		1	3	3	9	2	4	2	9	7											平								0		
12	31			合计		1	6	5	2	1	4	1	2	5			4	3	5	0	0	0	0	0	平								0		

(19) 利润分配总分类账

表 D-39

总分类账

科目名称:利润分配

2016年 月	日	凭证 字	号	摘要	借方	贷方	借或贷	余额
12	1			期初余额			贷	2597832.75
12	31	记	30	结转本年利润		1339242.97		
12	31	记	31	提取盈余公积	200886.45			
12	31	记	32	结转未分配利润	200886.45	200886.45	贷	3736189.27
12	31			本月合计	401772.90	1540129.42	贷	3736189.27

(20) 主营业务收入总分类账

表 D-40

总分类账

科目名称:主营业务收入

2016年 月	日	凭证 字	号	摘要	借方	贷方	借或贷	余额
12	13	记	6	销售普通车床		430000.00	贷	430000.00
12	31	记	26	结转至本年利润	430000.00		平	0
12	31			本月合计	430000.00	430000.00	平	0

(21) 其他业务收入总分类账

表 D-41

总分类账

科目名称:其他业务收入

2016年 月	日	凭证 字	号	摘要	借方	贷方	借或贷	余额
12	26	记	17	销售材料		5000.00	贷	5000.00
12	31	记	26	结转至本年利润	5000.00		平	0
12	31			本月合计	5000.00	5000.00	平	0

(22) 主营业务成本总分类账

表 D-42

总分类账

科目名称:主营业务成本

2016年 月	日	凭证 字	号	摘要	借方	贷方	借或贷	余额
12	31	记	25	结转普通车床销售成本	151404.10		借	151404.10
12	31	记	27	结转至本年利润		151404.10	平	0
12	31			本月合计	151404.10	151404.10	平	0

（23）其他业务成本总分类账

表 D-43

总分类账

科目名称：其他业务成本

2016年		凭证		摘要	借方										贷方										借或贷	余额									
月	日	字	号		千	百	十	万	千	百	十	元	角	分	千	百	十	万	千	百	十	元	角	分		千	百	十	万	千	百	十	元	角	分
12	26	记	18	结转生铁销售成本					4	7	0	0	0	0											借					4	7	0	0	0	0
12	31	记	27	结转至本年利润															4	7	0	0	0	0	平								0		
12	31			本月合计					4	7	0	0	0	0					4	7	0	0	0	0	平								0		

（24）销售费用总分类账

表 D-44

总分类账

科目名称：销售费用

2016年		凭证		摘要	借方										贷方										借或贷	余额									
月	日	字	号		千	百	十	万	千	百	十	元	角	分	千	百	十	万	千	百	十	元	角	分		千	百	十	万	千	百	十	元	角	分
12	23	记	15	支付广告费				1	0	0	0	0	0	0											借				1	0	0	0	0	0	0
12	30	记	20	计提本月工资费用					4	6	2	0	0	0																					
12	30	记	21	计提本月社保和公积金					1	7	5	5	6	0											借				1	6	3	7	5	6	0
12	31	记	27	结转至本年利润														1	6	3	7	5	6	0	平								0		
12	31			本月合计				1	6	3	7	5	6	0				1	6	3	7	5	6	0	平								0		

（25）管理费用总分类账

表 D-45

总分类账

科目名称：管理费用

2016年		凭证		摘要	借方										贷方										借或贷	余额									
月	日	字	号		千	百	十	万	千	百	十	元	角	分	千	百	十	万	千	百	十	元	角	分		千	百	十	万	千	百	十	元	角	分
12	2	记	3	报销差旅费					1	5	0	0	0	0											借					1	5	0	0	0	0
12	7	记	5	购买办公用品						3	0	0	0	0																					
12	30	记	19	计提折旧					1	3	0	0	0	0																					
12	30	记	20	计提本月工资费用				7	0	0	0	0	0	0																					
12	30	记	21	计提本月社保和公积金				2	6	6	0	0	0	0											借				9	9	7	0	0	0	0
12	31	记	27	结转至本年利润														9	9	7	0	0	0	0	平								0		
12	31			本月合计				9	9	7	0	0	0	0				9	9	7	0	0	0	0	平								0		

（26）财务费用总分类账

表 D-46 **总分类账**

科目名称：财务费用

2016年		凭证		摘要	借方										贷方										借或贷	余额									
月	日	字	号		千	百	十	万	千	百	十	元	角	分	千	百	十	万	千	百	十	元	角	分		千	百	十	万	千	百	十	元	角	分
12	13	记	7	支付托收手续费							1	5	0	0											借							1	5	0	0
12	14	记	8	支付汇款手续费								3	0	0											借							1	8	0	0
12	31	记	27	结转至本年利润																	1	8	0	0	平								0		
12	31			本月合计							1	8	0	0							1	8	0	0	平								0		

（27）制造费用总分类账

表 D-47 **总分类账**

科目名称：制造费用

2016年		凭证		摘要	借方										贷方										借或贷	余额									
月	日	字	号		千	百	十	万	千	百	十	元	角	分	千	百	十	万	千	百	十	元	角	分		千	百	十	万	千	百	十	元	角	分
12	30	记	19	计提折旧					2	4	1	6	0	0											借					2	4	1	6	0	0
12	30	记	20	计提本月工资费用				1	9	7	0	0	0	0																					
12	30	记	21	计提本月社保和公积金					7	4	8	6	0	0											借				2	9	6	0	2	0	0
12	31	记	23	分配结转至产品成本														2	9	6	0	2	0	0	平								0		
12	31			本月合计				2	9	6	0	2	0	0				2	9	6	0	2	0	0	平								0		

（28）投资收益总分类账

表 D-48 **总分类账**

科目名称：投资收益

2016年		凭证编号	摘要	借方										贷方										借或贷	余额									
月	日			千	百	十	万	千	百	十	元	角	分	千	百	十	万	千	百	十	元	角	分		千	百	十	万	千	百	十	元	角	分
12	6	3	购买股票						9	7	0	0	0											借						9	7	0	0	0
12	31	记	27																9	7	0	0	0	平								0		
12	31		本月合计						9	7	0	0	0						9	7	0	0	0	平								0		

（29）所得税费用总分类账

表 D-49 **总分类账**

科目名称：所得税费用

2016年		凭证		摘要	借方										贷方										借或贷	余额									
月	日	字	号		千	百	十	万	千	百	十	元	角	分	千	百	十	万	千	百	十	元	角	分		千	百	十	万	千	百	十	元	角	分
12	31	记	28	计提本月所得税费用				4	0	7	0	0	5	8											借				4	0	7	0	0	5	8
12	31	记	29	结转至本年利润														4	0	7	0	0	5	8	平								0		
12	31			本月合计				4	0	7	0	0	5	8				4	0	7	0	0	5	8	平								0		

（30）盈余公积总分类账

表 D-50 **总分类账**

科目名称：盈余公积

2016年		凭证		摘要	借方										贷方										借或贷	余额									
月	日	字	号		千	百	十	万	千	百	十	元	角	分	千	百	十	万	千	百	十	元	角	分		千	百	十	万	千	百	十	元	角	分
12	31	记	31	提取盈余公积													2	0	0	8	8	6	4	5	贷			2	0	0	8	8	6	4	5
12	31			本月合计													2	0	0	8	8	6	4	5	贷			2	0	0	8	8	6	4	5

◆ **知识链接**

错账更正的方法

会计人员应当严格按照有关规定和要求，填制会计凭证，登记账簿，尽可能避免错账的发生。如果发生账簿记录错误，应根据错账的原因和具体情况，采取相应的更正方法。更正的方法一般有划线更正法、红字冲销法和补充登记法。

1. 划线更正法

划线更正法是对错误的数字或文字划红线进行账簿更正的一种方法。更正的方法是：在错误的数字或文字上划一条红色横线（注意必须使原来字迹清楚可认以备查考），然后要其位置上方处用蓝字写出正确的数字或文字，并由记账人员在更正处盖章。需要强调的是，对于错误的文字可以只划去错误的部分，对于数字差错必须将整个数字全部划红线进行更正，不得只更正个别错误的数字。

2. 红字冲销法

红字冲销法又称红字更正法，也称红字调整法，即先用红字编制一套与错账完全相同的记账凭证，予以冲销，然后再用蓝字编制一套正确的会计分录。这种方法适用于会计科目用错或会计科目虽未用错，但实际记账金额大于应记金额的错误账款。

例：某商场销售商品一批，价款 46 800 元（含税），收到货款存入银行，该批商品成本

31 000 元，企业做如下账务处理。

借：银行存款 46 800

贷：库存商品 31 000

应收账款 15 800

该账务处理，把两个本来不存在对应关系的账户硬纠在一起，偷逃增值税，同时减少企业利润，偷逃企业所得税。应按照税收法规和财务制度将企业对外销售取得的收入按正常销售业务处理。用红字冲销法调账如下。

首先用红字冲销原账错误凭证。

借：银行存款 46 800(红字)

贷：库存商品 31 000(红字)

应收账款 15 800(红字)

然后再用蓝字编制一套正确的会计凭证。

借：银行存款 46 800

贷：主营业务收入 40 000

应交税费——应交增值税(销项税额) 6 800

同时：

借：主营业务成本 31 000

贷：库存商品 31 000

3. 补充登记法

会计核算中，补充登记法是指用补记金额以更正原错误账簿记录的一种方法。

这种方法适用于由于记账凭证所列金额小于应记金额(应借、应贷会计科目正确)而引起的账簿记录错误。在用补充登记法更正错账时，按少记的金额用蓝字填制一张应借、应贷会计科目与原错误记账凭证相同的会计凭证，在“摘要”栏中写明“补记少记金额”以及原错误记账凭证的号数和日期，并据以登记入账，以补充登记少记的金额。

例如，某工厂购入一批原材料，实际花费了 30 000 元。但登记时错写成了 3 000 元，就可用补充登记法进行改正。

错误的会计凭证如下。

借：原材料 3 000

贷：银行存款 3 000

此时应再填写一张凭证，将少记的金额补上。

借：原材料 27 000

贷：银行存款 27 000

2.3.3 汇总与编制会计报表

1. 期末对账与结账

在记录完当期发生的各项经济业务后，到会计期末(月末、季末、年末)，我们都要根据总账及相关会计资料编制会计报表。在编制会计报表之前，会计人员必须完成三项基本工作：一是账项调整；二是对账；三是结账。

1）账项调整

账项调整就是按照权责发生制记账基础，将应归属于本期的收支项目进行调整，使账簿记录能够合理地反映会计期间已实现的收入和应负担的费用，使各期收入和费用能在相关的基础上进行配比，从而较为准确地计算各期的盈亏，反映各期期末的财务状况。

2）对账

对账就是核对账簿与凭证、总账与明细账、账面数与实物数，以确定会计记录的正确性和完整性。

3）结账

结账就是结算有关收入和费用账户，结算有关资产、负债和所有者权益账户的余额。

2. 编制财务报表

财务报表是对企业财务状况、经营成果和现金流量的结构性表述。财务报表是传递企业会计信息的重要工具，是根据会计账簿记录和有关资料，按规定的报表格式，总括反映一定期间的经济活动和财务收支及其结果的文件。由财务报表和其他相关资料组成的财务报告是企业会计工作的最终成果，也是输出企业会计信息的主要形式，还是企业与外部联系的桥梁。

企业的交易和事项最终通过财务报表进行列示，通过附注进行披露。为了达到财务报表有关决策有用和评价企业管理层受托责任的目标，一套完整的财务报表至少应当包括“四表一注”，即资产负债表、利润表、现金流量表、所有者权益变动表以及附注。

1）编制资产负债表

（1）资产负债表概述

资产负债表是反映企业在某一特定日期财务状况的会计报表，根据资产、负债、所有者权益这三个要素之间的相互关系，按照一定的标准和顺序排列编制而成。

资产负债表主要提供有关企业财务状况方面的信息，即某一特定日期关于企业资产、负债、所有者权益及其相互关系。其作用主要包括：①可以提供某一日期资产的总额及其结构，表明企业拥有或控制的资源及其分布情况，使用者可以一目了然地从资产负债表上了解企业在某一特定日期所拥有的资产总量及其结构。②可以提供某一日期的负债总额及其结构，表明企业未来需要用多少资产或劳务清偿债务以及清偿时间。③可以反映所有者所拥有的权益，据以判断资本保值、增值的情况以及对负债的保障程度。

此外，资产负债表还可以提供进行财务分析的基本资料，如将流动资产与流动负债进行比较，计算出流动比率等指标，可以反映企业的变现能力、偿债能力和资金周转能力，从而有助于报表使用者做出经济决策。

（2）资产负债表编制的理论依据

资产负债表是根据会计等式“资产＝负债＋所有者权益”编制而成的。其中“资产”要素按照流动性的不同又划分为流动资产和非流动资产。负债根据偿还期限长短分为流动负债和非流动负债。

（3）资产负债表的内容和结构

① 内容。资产负债表的左边列报资产项目，由上往下资产的流动性依次递减；右边列

报负债和所有者权益项目,即权益项目。

资产类项目按照流动性(即变现的速度)不同来列报。流动性强的项目排列在前,流动性弱的项目排列在后。

负债项目按照偿还期限的长短不同来列报。由上往下偿还期限逐渐递增。

所有者权益项目按照资本永久性的高低进行列报,永久性高的项目排列在前,永久性低的项目排列在后。

② 结构。资产负债表的格式有报告式和账户式两种,我国资产负债表采用的是账户式结构。通常包括表头和正表两个部分。表头主要包括资产负债表的名称、编制单位、编制日期和金额单位;表身主要包括资产、负债和所有者权益各个项目的年初余额和期末余额,是资产负债表的主要构成部分;资产负债表的表身部分分为左右两边,左边列示资产,右边列示负债和所有者权益。每个项目又分为年初余额和期末余额两栏来分别填报。最终,资产负债表的左右项目合计相等,具体格式如表 2-19 所示。

表 2-19　　资产负债表

年　月　日　　会企 01 表

编制单位　　单位:元

项　目	期末余额	年初余额	项　目	期末余额	年初余额
流动资产:			流动负债:		
货币资金			短期借款		
以公允价值计量且其变动计入当期损益的金融资产			以公允价值计量且其变动计入当期损益的金融负债		
应收票据			应付票据		
应收账款			应付账款		
预付款项			预收账款		
应收利息			应付职工薪酬		
其他应收款			应交税费		
存货			应付利息		
划分为持有待售的资产			其他应付款		
一年内到期的非流动资产			划分为持有待售的负债		
其他流动资产			一年内到期的非流动负债		
流动资产合计			其他流动负债		
非流动资产:			流动负债合计		
可供出售金融资产			非流动负债:		
持有至到期投资			长期借款		
长期应收款			应付债券		
长期股权投资			长期应付款		
投资性房地产			专项应付款		
固定资产			预计负债		

续表

项　　目	期末余额	年初余额	项　　目	期末余额	年初余额
在建工程			递延收益		
工程物资			递延所得税负债		
固定资产清理			其他非流动负债		
生物性资产			非流动负债合计		
油气资产			负债合计		
无形资产			所有者权益(或股东权益)		
开发支出			实收资本(或股本)		
商誉			资本公积		
长期待摊费用			减:库存股		
递延所得税资产			其他综合收益		
其他非流动资产			盈余公积		
非流动资产合计			未分配利润		
			所有者权益(或股东权益)合计		
资产总计			负债和所有者权益(或股东权益)合计		

(4) 资产负债表的编制方法

资产负债表是反映企业某一特定日期财务状况的报表。资产、负债和所有者权益各项目列报的数据有两项:年初数和期末数。因此,在编制时应根据列报项目账户对应的年初余额和期末余额分别填列。其中,资产项目应根据资产类账户年初借方余额和期末借方余额填列,负债及所有者权益项目应根据负债及所有者权益类账户年初贷方余额和期末贷方余额填列。

①“年初余额”栏的填列。资产负债表“年初余额”栏内各项数字,应根据上年末资产负债表“期末余额”栏内所列数字填列。如果本年度资产负债表规定的各个项目的名称和内容与上年度不一致,应对上年年末资产负债表各项目的名称和内容按照本年度的规定进行调整,填入本年度资产负债表“年初余额”栏内。

②“期末余额”栏的填列。资产负债表各项目“期末余额”栏的填列主要有以下几种方法。

a. 根据总账科目余额填列。如“以公允价值计量且其变动计入当期损益的金融资产”“工程物资”“固定资产清理”“递延所得税资产”“短期借款”“以公允价值计量且其变动计入当期损益的金融负债”“应付票据”“应付职工薪酬”“应交税费”“应付利息”“应付股利”“其他应付款”“专项应付款”“预计负债”“递延所得税负债”“递延收益”“实收资本(或股本)”“资本公积”“库存股”“其他综合收益”“盈余公积”等项目,应根据有关总账科目的余额填列。

b. 根据几个总账科目的期末余额计算填列。在资产负债表中,某些项目涵盖范围广,则需根据几个总账科目的期末余额计算填列。如“货币资金”项目,应根据“库存现金”“银行存款”“其他货币资金”3 个总账科目的期末余额的合计数填列;“其他非流动资产”“其他流动负债”项目,应根据有关科目的期末余额分析填列。

c. 根据明细账科目余额计算填列。部分项目涉及不同总账科目的内容,要根据相应几个总账科目所属部分明细账科目余额计算填列。如“预收款项”项目,应根据“预收账款”和“应收账款”科目所属明细账的期末贷方余额合计填列;“应付账款”项目,应根据“应付账款”和“预付账款”科目所属明细账的期末贷方余额合计填列;“开发支出”项目,应根据“研发支出”科目中所属的“资本化支出”明细科目期末余额填列;“一年内到期的非流动资产”“一年内到期的非流动负债”项目,应根据有关非流动资产或负债项目的明细科目余额分析填列;“未分配利润”项目,应根据“利润分配”科目中所属明细的“未分配利润”明细科目的期末余额填列。

d. 根据总账科目余额和所属明细账科目余额分析计算填列。部分项目按性质只反映某总分类账户余额一部分,应该根据明细账余额做相应扣减后填列。如“长期借款”项目,需根据“长期借款”总分类账户余额扣除“长期借款”账户所属明细账户中将在资产负债表日起一年内到期且企业不能自主地将清偿义务展期的长期借款后的金额计算填列;“长期待摊费用”项目,应根据“长期待摊费用”科目的期末余额减去将于一年内(含一年)摊销的数额后的金额填列。

e. 根据有关科目余额减去其备抵科目余额后的净额填列,以反映其净值。“可供出售金融资产”“持有至到期投资”“长期股权投资”“在建工程”“商誉”项目,应根据相关科目的期末余额填列,已计提减值准备的,还应扣减相应的减值准备;“固定资产”“无形资产”“投资性房地产”“生产性生物资产”“油气资产”项目,应根据相关科目的期末余额扣减相关的累计折旧(累计摊销、折耗)填列,已计提减值准备的,还应扣减相应的减值准备,采用公允价值计量的上述资产,应根据相关科目的期末余额填列;“长期应收款”项目,应根据“长期应收款”科目的期末余额,减去相应的“未实现融资收益”科目和“坏账准备”科目所属相关明细科目期末余额后的金额填列;“长期应付款”项目,应根据“长期应付款”科目的期末余额,减去相应的“未确认融资费用”科目期末余额后的金额填列。

f. 综合运用上述填列方法分析填列。“应收票据”“其他应收款”项目,应根据相关科目的期末余额,减去“坏账准备”科目中有关坏账准备期末余额后的金额填列;“应收账款”项目,应根据“应收账款”和“预收账款”科目所属明细账的期末借方余额合计数,减去“坏账准备”科目中有关应收账款计提的坏账准备期末余额后的金额填列;“预付款项”项目,应根据“预付账款”和“应付账款”科目所属明细账的期末借方余额合计数,减去“坏账准备”科目中有关预付账款计提的坏账准备期末余额后的金额填列;“存货”项目,需根据“材料采购”(或“在途物资”)、“原材料”“库存商品”“委托加工物资”“周转材料”“发出商品”“受托代销商品”等科目的期末余额合计,减去“受托代销商品款”“存货跌价准备”科目期末余额后的金额填列。材料采用计划成本核算,以及库存商品采用计划成本核算或售价核算的企业,还应按加或减材料成本差异、商品进销差价后的金额填列。

(5) 资产负债表编制实例

根据前述提供的红光机械有限公司的相关资料,编制资产负债表如表 E-1 所示。

表 E-1 **资产负债表**

2016 年 12 月 31 日

编制单位：红光机械有限责任公司 单位：元

项　　目	期末数	期初数	项　　目	期末数	期初数
流动资产：			流动负债：		
货币资金	3 314 540	2 411 000	短期借款	750 000	800 000
以公允价值计量且其变动计入当期损益的金融资产			以公允价值计量且其变动计入当期损益的金融负债		
应收票据			应付票据		
应收账款	800 000	800 000	应付账款	1 155 050	973 700
预付款项			预收款项		
应收利息			应付职工薪酬	208 789.60	72 400
应收股利			应交税费	259 438.58	201 900
其他应收款	14 400	13 000	应付利息		
存货	4 278 819.90	3 793 974	应付股利		
一年内到期的非流动资产			其他应付款	113 690	72 000
其他流动资产			一年内到期的非流动负债		
其他流动资产			其他流动负债		
流动资产合计	8 407 759.90	7 017 974	流动负债合计	2 486 968.18	2 120 000
非流动资产：			非流动负债：		
可供出售金融资产			长期借款		
持有至到期投资			应付债券		
长期应收款			长期应付款		
长期股权投资			专项应付款		
投资性房地产			预计负债		
固定资产	9 016 284	8 917 000	递延所得税负债		
在建工程			递延收益		
工程物资			其他非流动负债		
固定资产清理			非流动负债合计		
生产性生物资产			负债合计		
油气资产			所有者权益(或股东权益)：		
无形资产			实收资本（或股本）	11 000 000	10 000 000
开发支出			资本公积		
商誉			减：库存股		
长期待摊费用			其他综合收益		
递延所得税资产			盈余公积	200 886.43	
其他非流动资产			未分配利润	3 736 189.27	3 814 974
非流动资产合计			所有者权益合计	14 937 075.72	13 814 974
资产合计	17 424 043.90	15 934 974	负债和所有者权益合计	17 424 043.90	15 934 974

法定代表人： 主管会计工作负责人： 会计机构负责人：李华

2）编制利润表

(1) 利润表概述

利润表是反映企业在一定期间经营成果的会计报表。通过将一定时期内的营业收入与同期相关的营业成本、各项费用进行配比列示，反映净利润额及其构成情况。

利润表的作用如下。

① 通过利润表，可以分析判断企业的经营成果和获利能力。

利润是评价企业经营成果和获利能力的主要指标。经营成果是指企业运用所控制的资源获取经营成果的能力，通过利润表及资产负债表相关指标即可计算出企业的获利能力和经营成果。如可通过资产负债率、净资产收益率、成本利润率、人均利润率等予以体现。通过比较和分析同一企业不同时期、不同企业同一时期的收益情况，可以判断企业经营成果的优劣和获利能力的高低。

② 预测企业的偿债能力。企业的偿债能力不仅取决于资产的流动性及权益结构，也取决于企业的获利能力的高低。如果企业获利能力不强，其资产的流动性和权益结构必然逐渐恶化，最终危及企业的偿债能力，陷入资不抵债困境。因此，通过对不同时期、不同企业之间利润表有关信息的比较、分析，可以间接地识别、预测企业的偿债能力，尤其是长期偿债能力，并揭示偿债能力的变化趋势，使报表信息使用者由此做出决策。

③ 分析预测企业未来的现金流动状况。利润表揭示了企业过去的利润来源及经营业绩的形成、获利水平，同时也充分反映了收入、成本、费用和利润、损失之间的关系。因此，通过分析利润表中产品收入、成本、费用变化对利润的影响，可判断净利润的质量及其风险，预测净利润的持续性，可靠地预测未来现金流量及其不确定性程度，正确地评估未来的投资价值。

反映企业在一定会计期间收入、费用、利润(或亏损)的数额、构成情况，帮助报表使用者全面了解企业的经营成果，分析企业的盈利能力，进行预测等。

④ 预测企业的发展趋势，为报表使用者的决策提供依据。通过比较分析利润表中各项数据，可以了解企业利润的构成状况，分析利润构成分布是否合理；同时，通过了解收入、费用和利润的升降趋势及其变化幅度，找出原因所在，发现经营管理中存在的问题。同时，如将赊销收入净额与应收账款平均余额进行比较，计算出应收账款周转率；将销货成本与存货平均余额进行比较，计算出存货周转率等，可以反映企业资金周转情况及企业的盈利能力和水平，便于报表使用者判断企业未来的发展趋势，做出经济决策。

(2) 利润表的结构

利润表通常有单步式和多步式两种结构。单步式利润表是将当期所有的收入列在一起，然后将所有的费用列在一起，两者相减得出当期净损益。多步式利润表是通过对当期的收入、费用、支出项目按性质加以归类，按利润形成的主要环节列示一些中间性利润指标，分步计算当期净损益。

财务报表列报准则规定，企业应当采用多步式列报利润表，将不同性质的收入和费用类别进行对比，通过这些中间性的利润数据有助于使用者正确理解企业经营成果的不同来源。企业可以按照下列四个步骤编制利润表。

第一步，以营业收入为基础，减去营业成本、税金及附加、销售费用、管理费用、财务费用、资产减值损失，加上公允价值变动收益(减去公允价值变动损失)和投资收益(减去投资损失)，计算出营业利润。

第二步，以营业利润为基础，加上营业外收入，减去营业外支出计算出利润总额。

第三步，以利润总额为基础，减去所得税费用，计算出净利润(或净亏损)。

第四步，以净利润为基础，加上其他综合收益扣除所得税影响后的净额，计算出综合收益总额。

普通股或潜在股已公开交易的企业，以及正处于公开发行普通股或潜在普通股过程中的企业，还应当在利润表中列示每股收益信息。

同时，根据财务报表列报准则的规定，企业需要提供比较利润表，以使报表使用者通过比较不同期间利润的实际情况，判断企业经营成果的未来发展趋势。所以，利润表还就各项目再分为"本期金额"和"上期金额"两栏分别填列。

利润表的格式如表 2-20 所示。

表 2-20　　利　润　表

年　　月　　会企 02 表

编制单位：　　单位：

项　　目	本期金额	上期金额
一、营业收入		
减：营业成本		
税金及附加		
销售费用		
管理费用		
财务费用		
资产减值损失		
加：公允价值变动收益(损失以"－"号填列)		
投资收益(损失以"－"号填列)		
其中：对联营企业和合营企业的投资收益		
二、营业利润(亏损以"－"号填列)		
加：营业外收入		
减：营业外支出		
其中：非流动资产处置损失		
三、利润总额(亏损总额以"－"号填列)		
减：所得税费用		
四、净利润(净亏损以"－"号填列)		
五、其他综合收益扣除所得税影响后的净额		
六、综合收益总额		
七、每股收益：		
(一)基本每股收益		
(二)稀释每股收益		

法定代表人：　　主管会计工作负责人：　　会计机构负责人：

(3) 利润表列报项目的数据来源

利润表各项目均需填列"本期金额"和"上期金额"两栏。其中"上期金额"栏内各项数字，应根据上年该期利润表的"本期金额"栏内所列数字填列。"本期金额"栏内各期数字，除

“基本每股收益”和“稀释每股收益”项目外,应当按照相关账户的发生额填列。其中,表中部分项目的填列方法如下。

① “营业收入”项目,反映企业经营主要业务和其他业务所确认的收入总额。本项目应根据“主营业务收入”和“其他业务收入”科目的发生额分析计算填列。

② “营业成本”项目,反映企业经营业务和其他业务所发生的成本总额。本项目应根据“主营业务成本”和“其他业务成本”科目的发生额分析计算填列。

③ “公允价值变动收益”项目,反映企业应当计入当期损益的资产或负债公允价值变动收益。本项目应根据“公允价值变动损益”科目的发生额分析填列,如为净损失,本项目以“—”号填列。

④ “投资收益”项目,反映企业以各种方式对外投资所取得的利益。本项目应根据“投资收益”科目的发生额分析填列。如为投资损失,本项目以“—”号填列。

⑤ “营业利润”项目,反映企业实现的营业利润。根据利润表确定的营业利润构成项目及钩稽关系依序计算求得。如为亏损,本项目以“—”号填列。

⑥ “利润总额”项目,反映企业实现的利润。根据利润表确定的利润总额构成项目及钩稽关系依序计算求得。如为亏损,本项目以“—”号填列。

⑦ “净利润”项目,反映企业实现的净利润。根据利润表确定的净利润构成项目及钩稽关系依序计算求得。如为亏损,本项目以“—”号填列。

⑧ “其他综合收益扣除所得税影响后的净额”项目,其他综合收益是指企业根据企业会计准则规定未在损益中确认的各项利得和损失扣除所得税影响后的净额。

⑨ “综合收益总额”项目,综合收益总额填列企业净利润与其他综合收益的合计金额。

(4) 利润表编制实例

根据前述提供的红光机械有限公司的相关资料,编制利润表如表 E-2 所示。

表 E-2 **利 润 表**

2016 年 12 月 会企 02 表

编制单位:红光机械有限公司 单位:元

项 目	本期金额	上期金额
一、营业收入	435 000.00	
减:营业成本	156 104.10	
税金及附加		
销售费用	16 375.60	
管理费用	99 700.00	
财务费用	18.00	
资产减值损失		
加:公允价值变动收益(损失以“—”号填列)		
投资收益(损失以“—”号填列)		
其中:对联营企业和合营企业的投资收益		

续表

项　　目	本期金额	上期金额
二、营业利润(亏损以"—"号填列)	162 802.30	
加:营业外收入		
减:营业外支出		
其中:非流动资产处置损失		
三、利润总额(亏损总额以"—"号填列)	162 802.30	
减:所得税费用	40 700.58	
四、净利润(净亏损以"—"号填列)	122 101.72	
五、其他综合收益扣除所得税影响后的净额		
六、综合收益总额	122 101.72	
七、每股收益:		
(一)基本每股收益		
(二)稀释每股收益		

法定代表人:　　　　主管会计工作负责人:　　　　会计机构负责人:李华

3)编制现金流量表

(1)现金流量表概述

现金流量表是反映企业一定会计期间现金和现金等价物流入流出的会计报表。通过现金流量表,报表使用者可以了解现金流量的影响因素,评价企业的支付能力、偿债能力和周转能力,预测企业未来现金流量,为其决策提供有力依据。

(2)现金流量表的内容

从编制原则上看,现金流量表按照收付实现制原则编制,将权责发生制下的盈利信息调整为收付实现制下的现金流量信息,便于信息使用者了解企业净利润的质量。从内容上看,现金流量表被划分为经营活动、投资活动和筹资活动三部分,每类活动又分为各具体项目,这些项目从不同角度反映企业业务活动的现金流入和流出,弥补了资产负债表和利润表提供信息的不足。

◆ **知识链接**

现金及现金等价物

1. 现金

现金是指企业库存现金以及可以随时用于支付的存款。不能随时用于支付的存款不属于现金。现金主要包括以下几种。

(1)库存现金。库存现金是指企业可以随时用于支付的现金,与"库存现金"科目的核算内容一致。

(2)银行存款。银行存款是指企业存入金融机构、可以随时用于支取的存款,与"银行存款"科目的核算内容基本一致,但不包括不能随时用于支付的存款。如不能随时支取的定期存款等不应作为现金;提前通知金融机构便可支取的定期存款则应包括在现金的范围之内。

(3)其他货币资金。其他货币资金是指存在金融机构的外埠存款、银行汇票存款、银行本票存款、信用卡存款、信用保证金存款和存出投资款等，与“其他货币资金”科目核算内容一致。

2. 现金等价物

现金等价物是指企业持有的期限短、流动性强、易于转换为已知现金、价值变动风险很小的投资。其中，“期限短”一般是指从购买日起3个月内到期。例如可在证券市场上流通的3个月内到期的短期债券投资。

现金等价物虽然不是现金，但其支付能力与现金的差别不大，可视为现金。例如，企业为保证支付能力，手持必要的现金，为了不使现金闲置，可以购买短期债券，在需要现金时，随时可以变现。

现金等价物的定义本身，包含了判断一项投资是否属于现金等价物的四个条件：①期限短；②流动性强；③易于转换为已知现金；④价值变动风险很小。其中，期限短、流动性强，强调了变现能力，而易于转换为已知现金、价值变动风险很小，则强调了支付能力的大小。现金等价物通常包括3个月内到期的短期债券投资。权益性投资变现的金额通常不确定，因而不属于现金等价物。

不同企业现金及现金等价物的范围可能不同。企业应当根据经营特点等具体情况，确定现金及现金等价物的范围。

---

(3) 现金流量表的结构

现金流量表采用报告式结构，通过主表和补充资料两部分进行完整详细地列报。

① 现金流量表主表。现金流量表的主表主要列报经营活动产生的现金流量、投资活动产生的现金流量、筹资活动产生的现金流量，最后汇总反映企业现金及现金等价物净增加额。在有外币现金流量及境外子公司的现金流量折算为人民币的企业，还应单设“汇率变动对现金及现金等价物的影响”项目。

② 现金流量表附注。现金流量表附注是对现金流量表主表的补充说明，主要披露企业的重大投资及筹资活动情况，并对主表中所披露的“经营活动产生的现金流量净额”的数额进行验证，同时使“现金及现金等价物净增加额情况”与“资产负债表”的“货币资金”的数额相核对。现金流量表补充资料主要包括三部分内容：一是将净利润调整为经营活动的现金流量；二是不涉及当期现金收支的重大投资、筹资活动；三是现金及现金等价物净变动情况等项目。

一般企业现金流量表结构如表2-21所示。

表2-21 **现金流量表**

年 月 会企03表

编制单位： 单位：元

项 目	本期金额	上期金额
一、经营活动产生的现金流量：		
销售商品、提供劳务收到的现金		
收到的税费返还		
收到的其他与经营活动有关的现金		
经营活动现金流入小计		

续表

项目	本期金额	上期金额
购买商品、接受劳务支付的现金		
支付给职工以及为职工支付的现金		
支付的各项税费		
支付的其他与经营活动有关的现金		
经营活动现金流出小计		
经营活动产生的现金流量净额		
二、投资活动产生的现金流量：		
收回投资所收到的现金		
取得投资收益所收到的现金		
处置固定资产、无形资产和其他长期资产而收到的现金净额		
处置子公司及其他营业单位收到的现金净额		
收到的其他与投资活动有关的现金		
投资活动现金流入小计		
购建固定资产、无形资产和其他长期资产所支付的现金		
投资所支付的现金		
取得子公司及其他营业单位支付的现金净额		
支付的其他与投资活动有关的现金		
投资活动现金流出小计		
投资活动产生的现金流量净额		
三、筹资活动产生的现金流量：		
吸收投资所收到的现金		
借款所收到的现金		
收到的其他与筹资活动有关的现金		
筹资活动现金流入小计		
偿还债务所支付的现金		
分配股利、利润或偿付利息所支付的现金		
支付的其他与筹资活动有关的现金		
筹资活动现金流出小计		
筹资活动产生的现金流量净额		
四、汇率变动对现金及现金等价物的影响		
五、现金及现金等价物净增加额		
加：期初现金及现金等价物余额		
六、期末现金及现金等价物余额		

补充资料	上期金额	本期金额
1. 将净利润调节为经营活动现金流量：		
净利润		
加：资产减值准备		
固定资产折旧、油气资产折耗、生产性生物资产折旧		
无形资产摊销		
长期待摊费用摊销		

续表

补充资料	上期金额	本期金额
处置固定资产、无形资产和其他长期资产的损失(收益以"－"号填列)		
固定资产报废损失(收益以"－"号填列)		
公允价值变动损失(收益以"－"号填列)		
财务费用(收益以"－"号填列)		
投资损失(收益以"－"号填列)		
递延所得税资产的减少(增加以"－"号填列)		
递延所得税负债的增加(减少以"－"号填列)		
存货的减少(增加以"－"号填列)		
经营性应收项目的减少(增加以"－"号填列)		
经营性应付项目的增加(减少以"－"号填列)		
其他		
经营活动产生的现金流量净额		
2. 不涉及现金收支的重大投资和筹资活动:		
债务转资本		
一年内到期的可转换公司债券		
融资租入固定资产		
3. 现金及现金等价物净变动情况:		
现金的期末余额		
减:现金的期初余额		
加:现金等价物的期末余额		
减:现金等价物的期初余额		
现金及现金等价物净增加额		

(4) 现金流量表列报项目的数据来源

根据企业业务活动的性质和现金流量的来源,现金流量表在结构上将企业一定期间产生的现金流量分为三类:经营活动现金流量、投资活动现金流量和筹资现金流量。各种活动产生的现金流量应当分别按照现金流入和现金流出总额列报,从而全面揭示企业现金流量的方向、规模和结构。但是有些项目可以按照净额列报:如旅游公司代游客支付的房费、餐费、交通费、文娱费、行李托运费、门票费、票务费、签证费等费用。这些项目由于周转快,在企业停留的时间短,企业加以利用的余地比较小,净额更能说明其对企业支付能力、偿债能力的影响;反之,如果以总额反映,反而会对评价企业的支付能力和偿债能力、分析企业的未来现金流量产生误导。

① 经营活动产生的现金流量。经营活动是指企业投资活动以外的所有交易和事项。各类企业由于行业特点不同,对经营活动的认定存在一定差异。对于工商企业而言,经营活动主要包括销售商品、提供劳务、购买商品、接受劳务、支付税费等。

a. 销售商品、提供劳务收到的现金。本项目所反映企业销售商品、提供劳务实际收到的现金,包括销售收入和应向购买者收取的增值税销项税额,具体包括:本期销售商品、提供劳务收到的现金,以及前期销售商品、提供劳务收到的现金的本期预收的存款,减去本期销售本期退回的商品和前期销售本期退回的商品支付的现金。企业销售材料和代购代销业务收到的现金,也在本项目反映。本项目可以根据“库存现金”“银行存款”“应收票据”“应收账款”“预收账款”“主营业务收入”“其他业务收入”科目的记录分析填列。

b. 收到的税费返还。本项目反映企业收到返还的各种税费,如收到的增值税、所得税、消费税、关税和教育费附加返还款等。本项目可以根据“库存现金”“银行存款”“税金及附加”“营业外收入”等科目的记录分析填列。

c. 收到的其他与经营活动有关的现金。本项目反映企业除上述各项目外,收到的其他与经营活动有关的现金,如罚款收入、经营租赁固定资产收到的现金、流动资产损失中由个人赔偿的现金收入、除税费返还外的其他政府补助收入等。其他与经营活动有关的现金,如果价值较大的,应单列项目反映。本项目可以根据“库存现金”“银行存款”“管理费用”“销售费用”等科目的记录分析填列。

d. 购买商品、接受劳务支付的现金。本项目反映企业购买材料、商品、接受劳务实际支付的现金,包括支付的贷款以及与货款一起支付的增值税进项税额,具体包括:本期购买商品、接受劳务支付的现金,以及本期支付前期购买商品、接受劳务的未付款项和本期预付款项,减去本期发生的购货退回收到的现金。为购置存货而导致的借款利息资本化部分,应在“分配股利、利润或偿付利息支付的现金”项目中反映。本项目可以根据“库存现金”“银行存款”“应付票据”“应付账款”“预付账款”“主营业务成本”“其他业务成本”等科目的记录分析填列。

e. 支付给职工以及为职工支付的现金。本项目反映企业实际支付的给职工的现金以及职工支付的现金,包括企业为获得职工提供的服务,本期实际给予各种形式的报酬以及其他相关支出如支付给职工的工资、奖金、各种津贴和补贴等以及为职工支付的其他费用,不包括支付给在建工程人员的工资,支付的在建工程人员的工资,在“购建固定资产、无形资产和其他长期资产所支付的现金”项目中反映。

企业为职工支付的医疗、养老、失业、工伤、生育等社会保险基金、补充养老保险、住房公积金。企业为职工缴纳的商业保险金,因解除与职工劳动关系给予的补偿,现金结算股份支付,以及支付给职工或为职工支付的其他福利费用等,应根据职工的工作性质和服务对象,分别在“购建固定资产、无形资产和其他长期资产所支付的现金”和“支付给职工以及为职工支付的现金”项目中反映。

本项目可以根据“库存现金”“银行存款”“应付职工薪酬”等科目的记录分析填列。

f. 支付的各项税费。本项目反映企业按规定支付的各项税费,包括本期发生并支付的税费,以及本期支付以前各期发生的税费和预交的税金,如支付的教育费附加、印花税、房产税、土地增值税、车船使用税、增值税、所得税等。不包括本期退回的增值税、所得税。本期退回的增值税、所得税等,在“收到的税费返还”项目中反映。本项目可以根据“应交税费”“库存现金”“银行存款”等科目的记录分析填列。

g. 支付的与其他活动有关的现金。本项目反映企业除上述各项目外,支付的其他与经营活动有关的现金,如罚款支出、支付的差旅费、业务招待费、保险费、经营租赁支付的现金等。其他与经营活动有关的现金,如果金额较大的,应单列项目反映。本项目可以根据有关科目的记录分析填列。

② 投资活动产生的现金流量。投资活动是指企业长期资产的构建和不包括现金等价物在内的投资及其处置活动。长期资产是指固定资产、无形资产、在建工程、其他资产等持

有期限在一年或一个营业周期以上的资产。这里所讲的投资活动,既包括实物资产投资,也包括金融资产投资。这里之所以将"包括在现金等价物在内的投资"排除在外,是因为已经将包括在现金等价物范围内的投资视同现金。不同企业由于行业特点不同,对投资活动的认定也存在差异。例如,交易性金融资产所产生的现金流量,对于工商业企业而言,属于投资活动现金流量,而对于证券公司而言,属于经营活动现金流量。

a. 收回投资收到的现金。本项目反映企业出售、转让或到期收回除现金等价物以外的交易性金融资产、持有至到期投资、可供出售金融资产、长期股权投资、投资性房地产而收到的现金。不包括债券性投资收回的利息、收回的非现金资产,以及处置子公司及其他营业单位收到的现金净额。债券性投资收回的本金,在本项目反映,债券性投资收回的利息,不在本项目中反映,而在"取得投资收益所收到的现金"项目中反映。处置子公司及其他营业单位收到的现金净额单设项目反映。本项目可以根据"交易性金融资产""投资性房地产""库存现金""银行存款"等科目的记录分析填列。

b. 取得投资收益收到的现金。本项目反映企业因股权性投资而分得的现金股利,从子公司、联营企业或合营企业分回利润而收到的现金因债券性投资而取得的现金利息收入。股票股利不在本项目中反映;包括在现金等价物范围内的债券性投资,其利息收入在本项目中反映。本项目可以根据"应收股利""应收利息""投资收益""库存现金""银行存款"等科目的记录分析填列。

c. 处置固定资产、无形资产和其他长期资产收回的现金净额。本项目反映企业出售固定资产、无形资产和其他长期资产所取得的现金,减去为处置这些资产而支付的有关费用后的净额。处置固定资产、无形资产和其他长期资产所收到的现金,与处置活动支付的现金,两者在时间上比较接近,以净额反映更能准确反映处置活动对现金流量的影响。由于自然灾害等原因所造成的固定资产等长期资产报废、毁损而收到的保险赔偿收入,也在本项目中反映。如处置固定资产、无形资产和其他长期资产所收回的现金净额为负数,则应作为投资活动产生的现金流量,在"支付的其他与投资活动有关的现金"项目中反映。本项目可以根据"固定资产清理""库存现金""银行存款"等科目的记录分析填列。

d. 处置子公司及其他营业单位收到的现金净额。本项目反映企业处置子公司及其他营业单位所取得的现金减去子公司或其他营业单位持有的现金和现金等价物以及相关处置费用后的净额。本项目可以根据有关科目的记录分析填列。

处置子公司及其他营业单位收到的现金净额如为负数,则将该金额填列至"支付其他与投资活动有关的现金"项目中。

e. 收到的其他与投资活动有关的现金。本项目反映企业除上述各项目外,收到的其他与投资活动有关的现金。其他与投资活动有关的现金,如果价值较大的,应单列项目反映。本项目可以根据有关科目的记录分析填列。

f. 购建固定资产、无形资产和其他长期资产支付的现金。本项目反映企业购买、建造固定资产,取得无形资产和其他长期资产支付的现金,包括购买机器设备所支付的现金及增值税款、建造工程支付的现金、支付在建工程人员的工资等现金支出,不包括为购建固定资产、无形资产和其他长期资产而发生的借款利息资本化部分,以及融资租入固定资产所支付的租赁费。为购建固定资产、无形资产和其他长期资产而发生的借款利息资本化部分,在"分配股利、利润或偿付利息支付的现金"项目中反映;融资租入固定资产所支付的租赁费,在“支付的其他与筹资活动有关的现金”项目中反映,不在本项目中反映。本项目可以根据“固定资产”“在建工程”“工程物资”“无形资产”“库存现金”“银行存款”等科目的记录分析填列。

g. 投资支付的现金。本项目反映企业进行权益性投资和债权性投资所支付的现金,包括企业取得的除现金等价物以外的交易性金融资产、持有至到期投资、可供出售金融资产而支付的现金,以及支付的佣金、手续费等交易费用。企业在购买债券的价款中含有债券利息的,以及溢价或折价购入的,均按实际支付的现金反映。

企业在购买股票和债券时,实际支付的价款中包含已宣告但尚未领取的现金股利或已到付息期但尚未领取的债券利息,应在“支付的其他与投资活动有关的现金”项目中反映;收回购买股票和债券时支付的已宣告但尚未领取的现金股利或已到付息期但尚未领取的债券利息,应在“收到的其他与投资活动有关的现金”项目中反映。

本项目可以根据“交易性金融资产”“持有至到期投资”“可供出售金融资产”“投资性房地产”“长期股权投资”“库存现金”“银行存款”等科目的记录分析填列。

h. 取得子公司及其他营业单位支付的现金净额。本项目反映企业取得子公司及其他营业单位购买出价中以现金支付的部分,减去子公司或其他营业单位持有的现金和现金等价物后的净额。本项目可以根据有关科目的记录分析填列。

取得子公司及其他营业单位支付的现金净额如为负数,应在“收到的其他与投资活动有关的现金”项目中反映。

i. 支付的其他与投资活动有关的现金。本项目中反映企业除上述各项目外,支付的其他与投资活动有关的现金。其他与投资活动有关的现金,如果价值较大的,应单列项目反映。本项目可以根据有关科目的记录分析填列。

③ 筹资活动产生的现金流量。筹资活动是指导致企业资本及债务规模和构成发生变化的活动。这里所说的资本,既包括实物资本(股本),也包括资本溢价(股本溢价);这里所说的债务,指对外举债,包括向银行借款、发行债券以及偿还债务等。通常情况下,应付账款、应付票据等属于经营活动,不属于筹资活动。

a. 吸收投资收到的现金。本项目反映企业以发行股票、债券等方式筹集资金实际收到的款项净额(发行收入减去支付的佣金等发行费用后的净额)。以发行股票等方式筹集资金而由企业直接支付的审计、咨询等费用,不在本项目中反映,而在“支付的其他与筹资活动有关的现金”项目中反映。本项目可以根据“实收资本(或股本)”“资本公积”“库存现金”“银行存款”等科目的记录分析填列。

b. 借款收到的现金。本项目反映企业举借各种短期、长期借款而收到的现金。本项目可以根据“短期借款”“长期借款”“交易性金融负债”“应付债券”“库存现金”“银行存款”等科目的记录分析填列。

c. 收到的其他与筹资活动有关的现金。本项目反映企业除上述各项目外,收到的其他与筹资活动有关的现金。如果价值较大的,应单列项目反映。本项目可以根据有关科目的记录分析填列。

d. 偿还债务所支付的现金。本项目反映企业以现金偿还债务的本金,包括:归还金融企业的借款本金、偿付企业到期的债券本金等。企业偿还的借款利息、债券利息,在“分配股利、利润或偿付利息所支付的现金”项目中反映。本项目可以根据“短期借款”“长期借款”

“交易性金融负债”“应付债券”“库存现金”“银行存款”等科目的记录分析填列。

e. 分配股利、利润或偿付利息所支付的现金。本项目反映企业实际支付的现金股利、支付给其他投资单位的利润或用现金支付的借款利息、债券利息。不同用途的借款,其利息的开支渠道不一样,如在建工程、财务费用等,均在本项目中反映。本项目可以根据“应付股利”“应付利息”“利润分配”“财务费用”“制造费用”“在建工程”“研发支出”“库存现金”“银行存款”等科目的记录分析填列。

f. 支付的其他与筹资活动有关的现金。本项目反映企业除上述各项目外,支付的其他与筹资活动有关的现金,如以发行股票债券等方式筹集资金而由企业直接支付的审计、咨询等费用,融资租赁所支付的现金、以分期付款方式购建固定资产以后各期支付的现金等。其他与筹资活动有关的现金,如果价值较大的,应单列项目反映。本项目可以根据有关科目的记录分析填列。

对于企业日常活动之外特殊的、不经常发生的特殊项目,如自然灾害损、保险赔款、捐赠等,应当归并到相关类别中,并单独反映。比如,对于自然灾害损失和保险赔款,如果能够确指,属于流动资产损失,应当列入经营活动产生的现金流量;收益固定资产损失,应该列入投资活动产生的现金流量。如果不能确指,则可以列入经营活动产生的现金流量。捐赠收入和支出,可以列入经营活动。如果特殊项目的现金流量金额不大,则可以列入现金流量类别下的“其他”项目。

④ 汇率变动对现金的影响。编制现金流量表时,应当将企业外币现金流量以及境外子公司的现金流量折算成记账本位币。按准则规定,应当采用现金流量发生日的即期汇率或按照系统合理的方法确定的、与现金流量发生日即期汇率近似的汇率折算。汇率变动对现金的影响额应当作为调节项目,在现金流量表中单独列报。

项目小结

本项目主要介绍企业的日常账务处理的基本原理、方法和具体应用,是本书的重点章节。在进行具体的账务处理之前,必须先理解和掌握会计的基本理论和核算方法,即对会计的对象、会计要素、会计等式、会计科目、账户、复式记账方法等基本理论和方法进行深入地学习。同时还应明确会计进行确认、计量、报告的前提是要满足四大前提条件:即会计主体、持续经营、会计分期和货币计量,明确会计确认、计量和报告的基础是权责发生制和收付实现制,不同性质的单位采用的是不同核算基础,企业一般采用权责发生制。为了系统、完整核算单位的经济活动,根据交易或事项的特征,我们将核算对象资金运动分为六大要素:资产、负债、所有者权益、收入、费用和利润。这六大要素又形成了两个会计等式:静态的会计等式是资产=负债+所有者权益;动态会计等式是收入-费用=利润。但会计要素还是比较抽象,为了提供更加详尽、具体的资料,对会计要素的具体内容又进行分类,形成会计科目,共包括六类科目:资产类科目、负债类科目、所有者权益类科目、共同类科目、成本类科目和损益类科目。账户是根据会计科目设置的,在此基础上,采用复式记账法进行记账。我国采用的是借贷记账法。借贷记账法是建立在资产=负债+所有者权益会计等式的基础上,借和贷只是符号,都可以表示增加和减少,其中对于资产、成本、费用类账户是“借”增“贷”减,而负债、所有者权益、收入类的账户是“借”减“贷”增。

企业生产经营资金的运动程序可以分为资金的投入、资金的循环与周转和资金的退出三个基本环节。资金投入环节即筹集资金环节，来源渠道有所有者投入的资金和债权人投入的资金，前者形成所有者权益，后者形成负债。资金的循环和周转过程则分为供应过程、生产过程和销售过程。供应过程主要包括购买固定资产、原材料等；在生产过程中，企业通过消耗原材料发生费用，固定资产折旧等制造出产品。在销售过程中，企业将产品卖出形成经济利益的流入。扣除发生的成本费用后，形成企业的利润。企业寿命终止时，需要进入清算程序，按照规定的程序最终注销企业资质。

本项目在介绍基本理论和方法之后，运用借贷记账法对企业在不同阶段发生的经济业务或事项进行了具体的财务处理应用。并在此基础上，进一步通过实例介绍了会计实务所涉及的三大核算方法：填制与审核会计凭证、设置与登记账簿和编制报表的应用。

课后练习

一、单项选择题

1. 在复式记账法下，对发生的经济业务都要以相等的金额在相互联系的(　　)账户中登记。

A. 一个　　B. 两个

C. 两个或两个以上　　D. 以上都可以

2. 下列单据中，可以作为记账依据的是(　　)。

A. 请购单　　B. 购销合同　　C. 提货单　　D. 发票

3. 企业购进一批材料，当即以银行存款支付一部分货款，余款暂欠，这笔业务发生后应填制的记账凭证是(　　)。

A. 付款凭证一张　　B. 付款凭证两张

C. 付款凭证和转账凭证各一张　　D. 转账凭证两张

4. 下列经济业务的发生不会使会计等式两边总额发生变化的是(　　)。

A. 收到应收账款存入银行　　B. 从银行取得借款存入银行

C. 收到投资者以固定资产所进行的投资　　D. 以银行存款偿还应付账款

5. 将现金 1 500 元交存银行，会使企业的资产总额(　　)。

A. 增加 1 500 元　　B. 减少 1 500 元

C. 不变　　D. 减少 750 元

6. 期末余额是指(　　)。

A. 本期增加发生额减本期减少发生额

B. 本期期初余额减本期减少发生额

C. 本期期初余额加本期增加发生额

D. 本期期初余额加本期增加发生额减本期减少发生额

7. 损益类账户在期末结转后一般是(　　)。

A. 借方余额　　B. 贷方余额

C. 没有余额　　D. 余额在增加一方

8. 下列项目中，(　　)账户与负债类账户结构相同。

A. 所有者权益　B. 费用　C. 资产　D. 成本

9. 下列项目中,属于资产项目的是(　　)。

A. 短期投资　B. 预收账款　C. 资本公积　D. 应交税费

10. 年末结转后,“利润分配”账户的贷方余额表示(　　)。

A. 利润分配总额　B. 未弥补亏损

C. 未分配利润　D. 实现的利润总额

11. 下列各项中,(　　)不属于企业资金循环和周转环节。

A. 供应过程　B. 生产过程

C. 销售过程　D. 分配过程

12. 某项经济业务的发生引起资产的减少,则可能引起(　　)。

A. 负债增加　B. 所有者权益增加

C. 收入增加　D. 费用增加

13. (　　)是复式记账的理论基础,也是编制资产负债表的理论依据。

A. 会计科目　B. 账户

C. 资产＝负债＋所有者权益　D. 收入－费用＝利润

14. 资产、负债、所有者权益三要素是企业资金运动的(　　)。

A. 静态表现　B. 动态表现

C. 综合表现　D. A、B、C 均正确

15. (　　)具有一定的格式和结构,用于分类反映会计要素增减变动情况及其结果的载体。

A. 账户　B. 会计科目　C. 账簿　D. 财务报表

16. 下列各项中,(　　)属于反映费用的科目。

A. 制造费用　B. 长期待摊费用　C. 销售费用　D. 应交税费

17. 会计科目按其所提供信息的详细程度及其统驭关系,分为(　　)。

A. 一级科目和三级科目　B. 二级科目和明细科目

C. 总账科目和明细科目　D. 二级科目和三级科目

18. “其他业务成本”科目按其反映的经济内容不同,属于(　　)类科目。

A. 成本　B. 资产　C. 损益　D. 所有者权益

19. 下列会计科目中,如月末有余额,一般在贷方的是(　　)。

A. 银行存款　B. 长期借款　C. 材料采购　D. 应收利息

20. 按照《公司法》的有关规定,公司应当按照当年净利润(抵减年初累计亏损后)的(　　)提取法定盈余公积。

A. 10%　B. 15%　C. 5%　D. 7%

二、多项选择题

1. 我国《企业会计准则》将企业会计要素划分为(　　)。

A. 资产　B. 负债　C. 所有者权益　D. 收入

E. 费用　F. 利润

2. 下列各项目中,属于自制原始凭证的有(　　)。

A. 领料单　B. 工资结算单　C. 购料发票　D. 银行对账单

3. 所有者权益包括的内容有（　　）。

A. 投入资本　B. 资本公积　C. 盈余公积　D. 未分配利润

4. 会计等式是（　）。

A. 设置账户的理论依据　B. 成本计算的理论依据

C. 编制会计报表的理论依据　D. 复式记账的理论依据

5. 下列会计要素中，反映企业一定时点财务状况的静态会计要素的是（　）。

A. 资产　B. 负债　C. 所有者权益　D. 收入

E. 费用　F. 利润

6. 账户的基本结构一般应包括（　　）。

A. 账户名称　B. 日期与摘要

C. 凭证种类和号数　D. 增加、减少的金额和余额

7. 借贷记账法下的“贷”字表示（　　）。

A. 负债的增加　B. 费用的增加

C. 收入的增加　D. 权益的增加

8. 会计分录的要素包括（　　）。

A. 记账方法　B. 记账方向　C. 账户名称　D. 记账金额

9. “本年利润”账户结构所反映的内容是（　　）。

A. 借方为转入的各项费用额　B. 贷方为转入的各项收入

C. 贷方余额为实现的利润总额　D. 借方余额表示亏损总额

10. 利润总额的构成因素为（　　）。

A. 营业利润　B. 营业外收入　C. 营业外支出　D. 所得税

11. 下列关于会计要素变动的表述中，正确的有（　　）。

A. 资产增加，费用增加　B. 费用增加，负债减少

C. 费用增加，负债增加　D. 费用增加，资产减少

12. 下列项目中，属于费用要素特点的有（　　）。

A. 向所有者分配利润无关

B. 企业在日常活动中发生的经济利益的总流入

C. 经济利益的流出能够可靠计量

D. 会导致所有者权益减少

13. 账户通常包括的内容有（　　）。

A. 账户名称　B. 日期　C. 凭证字号　D. 金额

14. 根据核算的经济内容，账户分为（　　）。

A. 资产类账户　B. 负债类账户　C. 共同类账户　D. 成本类账户

15. 通过平行登记，总分类账户与明细分类账户之间在登记金额上就形成了（　　）。

A. 总分类账户期初余额＝所属各明细分类账户期初余额之和

B. 总分类账户借方发生额＝所属各明细分类账户借方发生额之和

C. 总分类账户贷方发生额＝所属各明细分类账户贷方发生额之和

D. 总分类账户期末余额＝所属各明细分类账户期末余额之和

16. 期末损益类账户结转时，下列选项中“本年利润”贷方的对应科目有（　　）。

A. 主营业务成本　B. 营业外支出　C. 其他业务收入　D. 主营业务收入

17. 职工薪酬中的“职工”是指与企业订立劳动合同的所有人员，包含(　　)。

A. 董事会成员　B. 兼职　C. 临时职工　D. 劳务用工合同人员

18. 下列固定资产折旧方法中，期初不需要考虑固定资产净残值的方法是(　　)。

A. 工作量法　B. 年限平均法

C. 双倍余额递减法　D. 年数总和法

19. 某公司收到投资者投入货币资金10万元，下列说法可能正确的有(　　)。

A. 借记“银行存款”　B. 贷记“实收资本”

C. 借记“本年利润”　D. 贷记“固定资产”

20. 企业从银行借入的期限为1个月的借款到期，偿还该借款本息时所编制会计分录可能涉及的账户有(　　)。

A. 管理费用　B. 财务费用　C. 短期借款　D. 银行存款

三、判断题

1. 在审核原始凭证时，发现有伪造、涂改或不合法的原始凭证，应退还经办人更改后再受理。(　　)

2. 企业应按照国家的统一规定使用会计科目，不得自行增设、减少或合并会计科目。(　　)

3. 企业接受某单位投入物质一批，计价10万元，该项经济业务会引起收入增加，权益增加。(　　)

4. 借贷记账法中的“借”“贷”分别表示增加和减少。(　　)

5. 资产类账户的余额，一般在借方；权益类账户的余额，一般在贷方。(　　)

6. 在借贷记账法下，账户的借方登记增加数，贷方登记减少数。(　　)

7. “期末余额＝期初余额＋本期增加发生额－本期减少发生额”这一公式适用于任何性质的结账计算。(　　)

8. 会计凭证是单位的重要经济档案和历史资料，在传递过程中，凡使用会计凭证的会计人员都有责任保管好。会计凭证存档后由专人管理。(　　)

9. 所得税也是企业的一项费用。(　　)

10. “累计折旧”账户的贷方登记折旧额的增加，借方登记折旧的减少，因此，属于负债账户。(　　)

11. 会计要素是对财务会计对象的基本分类，是根据交易或者事项的经济特征所确定的。(　　)

12. 总分类科目对明细分类科目起着补充说明和统驭控制的作用。(　　)

13. 借贷记账法中的记账规则，概括地说就是：“有借必有贷，借贷必相等”。(　　)

14. 对于直接用于某种产品生产的材料费用，要先通过“制造费用”科目进行归集，期末再同其他间接费用一起按照一定的标准分配计入有关产品成本。(　　)

15. 企业根据有关规定应付给职工的各种薪酬，包括职工工资、奖金、津贴和补贴、职工福利费等均应通过“应付职工薪酬”科目进行核算。(　　)

16. 按照我国企业会计准则的规定，我国企业的利润表采用单步式。(　　)

17. 在编制资产负债表时，“实收资本”项目和“盈余公积”项目都是根据其明细账户余额计算填列。(　　)

18.“应收账款”科目所属明细科目期末有贷方余额,应在资产负债表“预付款项”项目内填列。 ( )

19. 资产负债表中,“固定资产”项目应根据“固定资产”账户余额直接填列。 ( )

20. 资产负债表反映企业一定期间的财务状况。 ( )

四、简答题

1. 何谓会计要素?我国《企业会计准则》将会计对象划分为哪几个会计要素?

2. 引起资产和权益变动的经济业务有哪几种?对会计等式有何影响?

3. 什么是借贷记账法?借贷记账法的基本内容有哪些?

4. 什么是会计分录?编制会计分录的步骤是什么?

5. 记账凭证应包括哪些基本内容?

五、实训题

1. 目的:练习会计要素和会计等式的应用。

资料:王梅 2017 年 3 月 1 日开了一家文印部。下面是该文印部的业务描述。

(1) 开办初期,印刷部的财产包括:计算机两台、打印机两台、多功能复印扫描机 1 台,共计 50 000 元;必需的耗材如纸张等,计 8 000 元;周转用现金 2 000 元。上述财产全部系王梅一人的资金投入。

(2) 在经营了一个星期以后,王梅发现要完成客户提出的高难度的制图要求,现有设备无法完成,因此她需添置一台配置要求高的电脑,并安装正版的制图软件。而该套设备硬软件的市场价格约为 15 000 元。而手中现金不足,因此,她向设备供应商赊购该设备。

(3) 到 3 月底,王梅惊喜地发现文印部经营的第一个月,营业收入为 10 000 元,费用共计 6 000 元。

要求:

(1) 计算该文印部 3 月 1 日的资产数额、权益数额,并列出相应会计等式。

(2) 计算该文印部 3 月份的利润数额,并列出会计等式。

(3) 计算该文印部 3 月 31 日的资产、负债及所有者权益数额,并列出相应会计等式。

(4) 结合该文印部的经营活动,如何理解“资产=负债+所有者权益”这一会计等式随企业经济业务的变化而保持不变的这一规律?

2. 目的:练习会计要素项目的区分。

资料:某企业会计要素项目如表 2-22 所示。

表 2-22 某企业会计要素项目

资　料	资产项目	权益项目
向银行借入 3 个月的借款		
国家给企业的投资		
企业出纳保管的现金		
建造的厂房		
购置的机器设备		
研发的专利技术		
企业存入银行的资金		
企业应向职工发放的薪酬		
运输货物用的车辆		

续表

资　料	资产项目	权益项目
预付给厂商的购货定金		
存放在仓库以备生产用的材料		
完工入库以备出售的产品		
赊销尚未收回的货款		
赊购尚未支付的货款		

要求：在表 2-22 中区分资产项目和权益项目并标出。

3. 目的：练习账户结构的运用。

资料：华泰公司 2016 年 6 月 30 日有关账户的期初余额和本期发生额情况如表 2-23 所示。

表 2-23　　华泰公司 6 月 30 日部分账户期初余额和本期发生额简表

单位：元

账户名称	期初余额		本期借方发生额	本期贷方发生额	期末余额	
	借方	贷方			借方	贷方
银行存款	300 000		500 000	600 000		
应收账款	300 000			400 000	200 000	
原材料	500 000		200 000	300 000		
短期借款		200 000		100 000		300 000
应付账款			100 000	180 000		350 000
主营业务收入			200 000	200 000		
管理费用			10 000	10 000		
实收资本		900 000		100 000		1 000 000
本年利润		50 000	500 000		20 000	

要求：根据表 2-23 资料，计算各账户的余额或发生额，并填入相应空格内。

4. 目的：练习借贷记账法的实际应用。

资料：新鸿公司某年 8 月发生下列经济业务。

(1) 8 月 1 日，收到甲企业投入资本金 50 000 元，存入银行。

(2) 8 月 2 日，收到乙企业投入的机器设备一台，作价 30 000 元。

(3) 8 月 3 日，生产产品领用 A 材料 1 000 千克，单价 3 元；B 材料 3 000 千克，单价 2 元。

(4) 8 月 5 日，以银行存款归还前欠光明工厂材料款 5 000 元。

(5) 8 月 10 日，从银行取得 3 年期借款 100 000 元，存入银行。

(6) 8 月 15 日，采购员张良出差预借差旅费 2 000 元，以现金支付。

(7) 8 月 20 日，销售产品一批，计 6 000 元，增值税 1 020 元，价税款存入银行。

(8) 8 月 23 日，以现金支付办公用品 800 元。

(9) 8 月 26 日，将多余现金 1 500 元送存银行。

(10) 8 月 28 日，以银行存款支付广告费 20 000 元。

要求：根据以上资料，编制会计分录。

5. 目的：通过编制会计分录、登记“T”形账及编制试算平衡表进一步掌握借贷复式记账法。

资料：

(1) 假定恒安公司 2017 年 2 月有关账户的期初余额如表 2-24 所示。

表 2-24　　恒安公司 2017 年 2 月 1 日账户期初余额表

单位：元

资　产		负债及所有者权益	
账户名称	借方余额	账户名称	贷方余额
库存现金	900	短期借款	100 000
银行存款	268 700	应付账款	105 300
应收账款		应付职工薪酬	19 700
原材料	95 200	应交税费	8 800
生产成本		长期借款	500 000
固定资产	67 000	实收资本	800 000
	172 000		
	930 000		
合计	1 533 800		1 533 800

(2) 恒安公司 2017 年 2 月发生下列经济业务。

① 购进材料一批，计价 40 000 元，增值税 6 800 元，材料已验收入库，价税款以银行存款支付。

② 以银行存款支付应交税费 8 800 元。

③ 从银行提取现金 30 000 元。

④ 收到 A 公司投入新机器设备一台，价值 160 000 元。

⑤ 以现金支付生产工人工资 30 000 元。

⑥ 生产车间从仓库领用材料 56 000 元，进行产品生产。

⑦ 向银行借入短期借款直接归还应付供应商货款 80 000 元。

⑧ 收到客户前欠销货款 27 900 元，存入银行。

⑨ 三年期借款 100 000 元已到期，以银行存款偿还。

⑩ 将支付给生产工人的 30 000 元工资计入产品生产成本。

⑪ 取得一年年期借款 150 000 元存入银行。

⑫ 购入生产用机器设备 200 000 元，增值税 34 000 元，其中 100 000 元用银行存款支付，剩余部分暂欠。

(3) 要求：

① 根据资料(2)的经济业务，编制会计分录，并填制凭证。

② 开设“T”形账户登记期初余额、本期发生额、结出期末余额。

③ 编制总分类账户本期发生额及期末余额试算平衡表。

6. 目的：熟练掌握借贷记账法的运用。

资料：某企业 2016 年 10 月发生以下经济业务。

(1) 国家投入资金100 000元,存入银行。

(2) 购入甲材料2 500千克,购买价50 000元,增值税进项税额8 500元。款项通过银行付讫,材料已验收入库(材料采购成本采取逐笔结转)。

(3) 购入不需安装的设备一台,买价100 000元,增值税税额17 000元,发生包装费400元,运杂费60元,全部款项以银行存款支付。

(4) 仓库发出材料,其中生产甲产品耗料30 000元,车间一般耗料6 000元,厂部行政管理部门耗料4 000元。

(5) 厂办周丰预借差旅费1 000元,以现金付讫。

(6) 销售A产品200件,售价计300 000元,增值税销项税额51 000元,款项收到并存入银行,同时结转其成本120 000元。

(7) 以银行存款支付本月水电费6 000元,其中车间水电费4 000元,厂部行政管理部门水电费2 000元。

(8) 周丰出差归来报销差旅费800元,退回余款。

(9) 以银行存款支付产品展位展销费10 000元。

(10) 收到购货单位交来的包装物押金1 000元,存入银行。

(11) 企业取得罚款收入20 000元,存入银行;同时以现金1 000元,支付延期提货的罚款。

(12) 销售乙材料100千克,单价20元,计2 000元,增值税340元,款项已存入银行。其采购成本为1 600元。

(13) 计提本月应承担的短期借款利息600元。

(14) 月末,结算本月应付的职工工资30 000元,其中生产工人工资20 000元,车间一般人员工资2 000元,厂部行政管理人员工资8 000元。

(15) 月末,计提本月固定资产折旧,其中生产车间计提折旧5 200元,厂部行政管理部门计提折旧3 800元。

(16) 计算本月应交的城市维护建设税1 200元,教育费附加600元。

(17) 月末,将损益类账户中的收益账户结转到“本年利润”账户。

(18) 月末,将损益类账户中的费用账户结转到“本年利润”账户。

(19) 计算并结转本月应交所得税,税率为25%;并同时结转本月实现净利润到“利润分配”账户。

(20) 按净利润的10%提取法定盈余公积金。

(21) 结转利润分配额。

要求:根据上述经济业务进行相关计算并编制会计分录(计算结果并保留两位小数)。

7. 目的:掌握存货发出的计价方法。

资料:某企业采用先进先出法计算发出原材料的成本。2016年9月1日,甲材料结存200千克,每千克实际成本为300元;9月7日购入甲材料350千克,每千克实际成本为310元;9月21日购入甲材料400千克,每千克实际成本为290元;9月28日发出甲材料500千克。

要求：采用先进先出法和全月一次加权平均法计算9月发出和结存原料的成本。

8. 目的：掌握利润形成及利润分配的账务处理。

资料：某企业本期营业收入1 000万元，营业成本800万元，管理费用20万元，销售费用35万元，资产减值损失40万元，投资收益为45万元，营业外收入15万元，营业外支出10万元，所得税税率为25%（不考虑其他），按照净利润的10%计提法定盈余公积，分配现金股利50万元。

要求：

(1) 计算该企业的营业利润、利润总额和净利润。

(2) 编制结转利润和分配利润的会计分录。

项目3 企业财务报表解读与分析

【项目导读】

通过前面的系统学习，使我们明确一切复杂的经济活动均可转换为以货币来计量的会计数字，这些会计数字(即"商业语言")最后被压缩成几张薄薄的特定财务报表，通过我们的解读与分析，来了解企业的基本经营信息。也就是说，财务报表信息是企业经营活动的晴雨表，在财务报表编制出来后，接下来，企业的经营管理者、所有者、债权人等相关利益主体则以企业会计部门提供的财务报表为主要依据，结合一定的评价标准，采用科学系统的分析方法，遵循规范的分析程序，通过对企业过去和现在的财务状况、经营成果和现金流量等重要指标的全面分析，来为各自的决策提供定量和定性的数据支持。

本项目主要针对企业资产负债表、利润表、现金流量表等几张基本财务报表列报的主要项目及项目之间、报表之间的相互联系，先来直观解读报表中蕴含的企业经营活动信息，再通过报表数据计算出反映企业财务状况、盈利能力、营运能力、发展能力等财务比率指标来深层次揭示企业的经营活动效率、规模、质量，从而提高经济决策的科学性。

【职业能力目标】

1. 熟悉资产负债表、利润表等基本财务报表的特点和作用。
2. 能正确解读资产负债表、利润表等基本财务报表所蕴含的财务信息。
3. 掌握反映企业财务状况和经营成果等信息的主要财务指标的计算方法。
4. 能正确计算反映企业偿债能力、盈利能力、营运能力和发展能力的主要财务指标。
5. 会利用各种财务指标进行简单的财务分析。

【任务导入】

王玥系某财经职业学院会计系大三学生，已进入毕业实习阶段。经过努力，她联系到红光机械有限责任公司财务部去实习。2017年1月3日，王玥一到公司，财务部总账会计张姐就让其将本公司2016年12月的财务报表呈报给公司赵总经理阅览。王玥小心翼翼地交给赵总后，正准备离开，赵总却叫住了她，让她解释一下这几张报表所反映的基本财务信息。王玥被难住了，通过解读资产负债表、利润表、现金流量表等基本财务报表，针对每张报表所列报的不同内容，她应分别侧重陈述哪些财务信息呢？

任务 3.1 资产负债表解读与分析

3.1.1 资产负债表的解读

资产负债表是反映企业在某一特定日期(月末、季末、半年末、年末)财务状况的报表。它是根据“资产＝负债＋所有者权益”这一会计等式,依据一定的分类标准和顺序,把企业在一定日期的资产、负债、所有者权益项目予以适当排列,并对日常工作中发生的交易和事项产生的数据整理后编制而成的。

1. 资产负债表解读的内容与目的

资产负债表主要提供有关企业财务状况方面的信息,即某一特定日期关于企业资产、负债、所有者权益及其相互关系。需要解读的信息包括以下内容。

(1) 通过阅读企业的资产、负债和所有者权益(或净资产)各列报项目的具体数据,盘点企业的“家底”,从而了解企业基本的财务状况。

(2) 通过阅读企业拥有或控制的资源及其分布情况,判读经济资源的结构是否合理,并预测未来这些经济资源会给企业带来多少经济利益的流入。

(3) 通过阅读企业负担的债务总额及其结构(即企业未来需要用多少资产或劳务来清偿债务,何时清偿,其中流动负债有多少、长期负债有多少;长期负债中有多少需要用当期的流动资金进行偿还,如一年后到期的非流动负债等),并评估不同类别资产的变现能力,预测未来现金流入的金额、时间及其不确定性,从而评估不同类别债务的偿还先后,预测未来现金流出的金额、时间,从而根据有关资产和负债项目的对比来评价企业的偿债能力。

(4) 通过阅读企业所有者所拥有的权益,据以判断资本保值、增值的情况以及对负债的保障程度。

(5) 通过阅读企业的资产结构和资本结构,从而评价企业的财务弹性。

财务弹性又称财务适应性,是指企业采取有效措施来改变现金流动的金额和时间分布,以应对突发事件和抓住获利机会的能力,它是由企业的资产结构和资本结构来决定的。

资产结构是指企业全部资产在流动资产、长期资产等不同类别资产上的分布。通常,流动资产比例高,企业的变现能力就强,应对突发事件的能力也强;长期资产比重大,长期经营能力强,但变现能力则相对较差,财务弹性就弱。

资本结构是指企业所有资本中债务资本与权益资本的比例。债务资本比例高,则企业的财务弹性相对较差。

(6) 通过将资产负债表和利润表结合起来阅读,可以评价企业的经营业绩。

企业的经营业绩主要表现在获利能力上。而企业获利能力的评价主要通过资产利润率、净资产收益率、成本利润率等一些相对指标来衡量。

根据利润表所提供的当期利润情况,结合资产负债表所提供的资产总额、所有者权益总额等信息,就可以分析、评价和预测企业的经营业绩。

2. 资产类项目的解读

在资产负债表中,资产类项目按照流动性由强到弱的顺序进行依次排列,我们按此顺序逐一解读资产类项目。

1）流动资产类项目的解读

(1) 货币资金项目的解读

资产负债表中列报的“货币资金”项目是企业库存现金、银行存款、其他货币资金三个账户的期末余额之和，让我们总览了企业的货币资金总量。但要知悉每一个货币资金项目，必须通过解读报表附注，才可知晓这三者各自具体的数额，明确这三者在货币资金总量中所占的比重，进一步确定企业短期支付能力的大小。其次，我们还可对比货币资金项目期末与期初数的增减变动情况，考察货币资金对债权收回的保障程度或是否存在资金闲置浪费的情况。

(2) 以公允价值计量且其变动计入当期损益的金融资产项目的解读

“以公允价值计量且其变动计入当期损益的金融资产”项目以公允价值计量，而且其价值变动产生的损益亦应记入该项目，它反映的是企业持有的准备随时变现的有价证券的投资情况，通过解读该项目可以知晓报告企业的流动资金的投向，能够部分反映该企业的短期变现能力，进而可以分析企业短期偿债能力。当然，我们也要通过对比年初与年末的数据变动，进而做出准确的分析和判断。

(3) 应收票据项目的解读

“应收票据”项目是根据“应收票据”账户和“坏账准备”账户合并填制的，它反映的是报告企业持有的应收商业汇票的账面价值，而非面值。该项目的增加意味着企业短期的债权增加，其原因可能是赊销产生的应收债权，它表明企业已经确认了收入，但却未真正增加收益。它的增加，会降低资金周转速度。它的减少，可能基于三种原因：一是应收资金可能收回；二是到期转账可能增加了应收账款；三是可能办理了票据贴现业务。若是第一、第三种原因，则可能表明企业资金已经回笼，但第三种可能还要结合报表附注进一步分析，看票据贴现是否附追索权，如果不附追索权，票据贴现转移了所有权，则表明企业的资金收回；若是附追索权，说明企业仍具有连带还款责任，该笔票据资金仍悬而未决；若是第二种原因意味着资金仍未收回。此项目增加或减少是利好消息还是不利消息，还需通过进一步的报表分析来实现。

(4) 应收账款项目的解读

“应收账款”项目也是企业的一项债权，该项目也是源于企业采取赊销而形成的。它的增加意味着销售收入的增加，但货币资金并未增加，而且大量的应收债权很可能成为企业资金流转的障碍；它的减少通常是债权的收回，货币资金实现回笼，但也可能是发生坏账或抵偿其他债务。总之，该项目金额不宜过大。

(5) 预付款项的解读

“预付款项”是企业的债权，它主要产生于企业先付款后购货的采购业务，反映的内容可能是所需货物属稀缺或紧俏商品等，这个项目的增减变动通常不会很大，对于整个企业的总资产而言，影响较小。

(6) 应收利息项目的解读

“应收利息”项目反映的是企业对外投资购买债券等业务中应收而未收的利息，此项目数额不宜过多，过多就意味着企业虚增利息收入，一般而言少比多好。

（7）其他应收款项目的解读

“其他应收款”项目为企业的短期债权，反映的是企业应收或暂付的除应收账款、应收票据、预付款项之外的应收款项，一般金额不大，变化亦不会很大。

（8）存货项目的解读

“存货”项目为企业的流动资产，属于实物资产，不宜过多，过多即意味着企业的存货可能滞销或者积压，资金不能迅速回笼，影响企业正常经营，长期维持此种情况，企业经营会出现问题，必须考虑转产或停产，因此存货增加一般来说不是好消息，但小幅变动影响不大。出现波动也属正常。

（9）一年内到期的非流动资产项目的解读

此项目一般为企业的对外长期债权投资（即持有至到期投资、可供出售金融资产等）将于一年内到期收回。此项目的解读一般应结合非流动资产中的金融资产之持有至到期投资或可供出售金融资产共同解读，可以分析企业的投资资金的投向及回笼情况。

（10）流动资产合计项目的解读

这一项目是前面各项的合计数，它的增减变动反映的是各流动资产项目综合变动的结果。通过解读此项目可以总体了解流动资产的规模及其在总资产中的比率，总览流动资产在企业中的地位。

2）非流动资产项目的解读

（1）可供出售金融资产项目的解读

“可供出售金融资产”项目反映的是企业对外金融资产投资中划分为可供出售金融资产的部分，它是介于持有至到期投资和交易性金融资产之间的债券投资或是不准备长期持有但又准备近期出售的股票或基金等有公允报价的有价证券投资而未划分为交易性金融资产的那一部分，它是企业的对外长期性投资资金，能够提高企业长期偿债能力。

（2）长期应收款项目的解读

“长期应收款”项目反映企业的长期应收款项，包括融资租赁产生的应收款项、采用分期收款具有融资性质的销售商品和提供劳务等业务中产生的应收款项。长期应收款是企业的一项长期债权，在资产负债表中列示的是其账面价值，即扣除了坏账准备后的净额。这个项目数额不宜过多，过多则影响企业的资金流转。

（3）长期股权投资项目的解读

“长期股权投资”项目反映企业对外进行长期股权投资的账面价值，即对外的长期股权投资资金的变现能力。本项目反映企业对外进行长期投资的资金实力，对外投资多，说明企业资金充足；但若企业对外投资过多，可能意味着自身发展潜力的缺乏，这种情况不能一概而论。

（4）投资性房地产项目的解读

“投资性房地产”项目核算的是企业持有的以投资为目的房地产的账面价值，反映的是企业经营房地产业务的投资资金的流向，非主营房地产业务的企业如果将过多的资金投向房地产业务，在房地产行业景气的经营形势下可以获得超额回报，但若遇房地产业务经营不景气的情形，会使投资资金长期套牢，进而会导致企业资金周转困难，甚至可能陷入困境而不能脱身。因此，此项投资需谨慎。

(5) 固定资产项目的解读

"固定资产"项目核算的是企业拥有的厂房、机器、设备等可供企业长期使用的实物资产,资产负债表中列示的此项目反映的是固定资产的账面价值,即固定资产的账面余额与累计折旧、固定资产减值准备的差,反映企业固定资产的现实价值(即现值)。固定资产项目的增加或减少的变动是否合理,需根据企业的实际情况,结合未来的发展趋势做出合理的分析与判断。增加可能是企业欲扩大经营规模,减少可能是企业欲减小规模、缩减经营、可能转产或是其他情况。小幅变动亦属正常情况,切忌妄加评论。

(6) 在建工程项目的解读

"在建工程"项目核算的是企业基建、更新改造等在建工程发生的支出,在资产负债表中列示的是它的账面价值,即在建工程扣除在建工程减值准备后的净额。该项目反映的是企业各项基础设施建设的资金的现实价值。此项目变动大小不能以金额来衡量,因为每一项基础设施的建设涉及的资金都不是小数目。只要合理规划,变动大小或多少不是关键。

(7) 工程物资项目的解读

"工程物资"项目核算的是企业为在建工程准备的各种物资的成本,应结合在建工程项目解读和分析。

(8) 固定资产清理项目的解读

"固定资产清理"项目核算的是企业因出售、报废、毁损、对外投资、非货币性资产交换、债务重组等原因转出的固定资产价值以及在清理过程中发生的清理费用等,应结合企业固定资产的使用情况及清理需要进行解读,本项目可能是借方余额,也可能是贷方余额,具体情况需结合企业的实际情况和发展需要进一步分析和判断。

(9) 生产性生物资产项目的解读

"生产性生物资产"项目核算的是企业尤其是农业企业持有的生产性生物资产的价值,在资产负债表中列示的是其账面价值,即账面余额与减值准备或累计折旧的差。其主要为农业企业或经营农业业务的企业核算使用。"生产性生物资产"项目中属于固定资产还是存货资产,应根据具体实际情况而定。

(10) 油气资产项目的解读

"油气资产"项目核算企业主要是石油天然气开采企业持有的矿区权益和油气井及相关设施的价值,在资产负债表中,本项目列示的是其账面价值,即油气资产与累计折耗、减值准备的差。它是油气开发企业特有的资产项目。

(11) 无形资产项目的解读

"无形资产"项目核算的是企业持有的专利权、非专利技术、商标权、著作权、土地所有权等无形资产的成本。在资产负债表中以其账面价值列示,即无形资产的账面余额扣除累计摊销和无形资产减值准备账户的账面余额的差额,对于高新技术企业而言,此项目一般金额较大。对于非高新技术企业而言,本项目不宜过多。对此,公司法也有明确规定。解读时,应区分报告企业具体问题具体分析和解读。若是土地使用权这类无形资产的投资,则不在国家法律的限制之列。

(12) 开发支出项目的解读

"开发支出"项目核算的是自行开发的无形资产能够予以资本化的部分,但尚未达到预定可使用或可销售状态的支出。这一项目是企业自主研发实力的证明,也是企业进行自主创新的写照。

(13) 商誉项目的解读

“商誉”项目反映企业合并中形成的商誉的价值。在资产负债表中以其账面价值列示，即商誉账面余额与商誉减值准备之差。本项目只有发生过合并业务的企业才会列报，解读时需结合合并业务的补充说明才能获得较为准确的信息。

(14) 长期待摊费用项目的解读

“长期待摊费用”项目核算的是企业已经发生但应由本期或以后各期负担的分摊期限在一年以上的各项费用，如以经营租赁方式租入的固定资产的改良支出等。本项目应注意结合相关业务(比如经营租入固定资产的改良业务等)解读会更明了。

(15) 递延所得税资产项目的解读

“递延所得税资产”项目核算的是企业确认的可抵扣暂时性差异产生的递延所得税资产。企业确认递延所得税资产应当以未来期间很可能取得用以抵扣可抵扣暂时性差异的应纳税所得额为限。企业在确定未来期间很可能取得的应纳税所得额时，应当包括未来期间正常经营活动实现的应纳税所得额，以及在可抵扣暂时性差异转回期间因应纳税暂时性差异的转回而增加的应纳税所得额，并应提供相关证据。解读这一项目时应在领会新所得税准则的基础上结合报告企业具体情况做出判断。

(16) 其他非流动资产项目的解读

“其他非流动资产”项目核算的是企业持有的经国家批准的特准储备物资或涉及诉讼的财产、银行冻结的财产物资等资产。企业一般情况下无此项目。解读时应具体问题具体分析。

(17) 非流动资产合计项目的解读

“非流动资产”项目反映的是企业所有非流动资产的总和，它的增减变动反映的是各项非流动资产项目综合变动的结果。通过解读此项目可以总体了解非流动资产的规模及在总资产中的比率，以及非流动资产在企业中的地位。

◆ **知识链接**

资产负债表解读的重点资产项目

在解读资产负债表资产类项目时，需重点关注的资产项目有以下内容。

1. 已费用化的资产项目

在实际工作中，一些预先一次性支付但属于跨期负担的费用，依据权责发生制会计处理基础的要求，是需分次计入成本的，在没有计入成本之前，都要作为资产项目挂在账上，这些资产项目实质上属于“已费用化的资产项目”，其资产特征不明显，因为它已失去资产交换的功能，已经处于费用形态，如长期待摊费用项目，它列报的是企业在生产经营期间发生的摊销期限在1年以上的各项费用；又如递延所得税资产项目，它属于已经缴纳的税款，只不过要等待以后期间予以转回。这些所谓的“资产”项目，其实都是已经支出的费用，不是真正的资产，体现不了企业的实力，在阅读时应予注意。

2. 可操纵的资产项目

对一些资产项目进行操纵，无非是为了掩饰真相，所以阅读资产负债表时，要特别关注这些项目。如应收账款、其他应收款、在建工程、无形资产等项目都易成为可操纵的资产项目。

例如应收账款项目,其是企业因赊销产品或劳务而形成的应收款项,是企业流动资产的重要组成部分。随着市场经济的发展、商业信用的推行,企业应收账款数额明显增多,应收账款的管理已经成为企业经营活动中日益重要的问题。为了实现虚假盈利,企业则需进行虚假销售,而虚假销售多利用应收账款这个账户,即通过“打欠条”方式虚增利润,少则几百万,多则上千万,从而以应收款的名目做成盈利入账,把亏损变为盈利。利用应收账款粉饰利润易于操纵,且具隐蔽性,因此,应收账款已成为上市公司对利润进行操纵的主要手段之一。

3. 有异常数的资产项目

在解读企业财务报表时,首先需要看看是否存在异常账户或有异常金额的账户,或者从表中不同账户金额的分布来看是否异常。通常报表项目数额异常表现为三种形式:特大数、负数和不合理数。

例如特大数,一个企业的资产总额是300亿元,但在流动资产存货项目中,就列示了145亿元,说明这个企业在存货方面有问题。

---

3. 负债类项目的解读

1) 流动负债项目的解读

(1) 短期借款项目的解读

“短期借款”项目核算的是企业向银行或其他金融机构等借入的期限在一年以下(含一年)的各种借款。资产负债表中此项目反映的是企业需要近期偿还的金融机构的负债,也是需要付出利息代价的负债。解读这一项目可以知晓报告企业的金融负债,为金融企业发放贷款提供了必要的信息。

(2) 以公允价值计量且其变动计入当期损益的金融负债项目的解读

“以公允价值计量且其变动计入当期损益的金融负债”项目核算企业承担的交易性金融负债的公允价值,企业持有的直接指定为以公允价值计量且其变动计入当期损益的金融负债也在此项目核算。如企业发行的准备近期收回或回购的短期债券等,它也是企业的一种金融负债,一般需要支付利息,但与短期借款的区别是,其采用公允价值计量,短期借款是按面值计量。解读时注意即可。

(3) 应付票据项目的解读

“应付票据”项目反映的是企业购买材料、商品和接受劳务供应等开出、承兑的商业汇票,包括商业承兑汇票和银行承兑汇票。一般不带息,此项目反映的是商业汇票的面值,若为带息票据,利息通过应付利息项目反映。因为商业汇票最长期限为六个月,一旦超过六个月未支付,则应转入应付账款项目,所以这一项目在解读时,应同时关注应付账款项目的变化,其中就可能有因应付票据结转而增加的。

(4) 应付账款项目的解读

“应付账款”项目核算企业因购买材料、商品和接受劳务供应等经营活动应支付的价、税等款项。属于企业的不带息流动负债,也是一种信用负债,其数额过多则可能导致短期偿债风险或可能影响企业的信誉,解读时应关注其变动不宜过大,多少应依企业的采购规模等具体情况决定。该项目金额是否合理还有待进一步分析。

(5) 预收款项项目的解读

"预收款项"这一项目核算的是企业按照合同预收的购货等款项，一般是在销售过程中因企业经营的商品或物资短缺、畅销等预先收取购货款、后发货的销售行为。因此，其偿还需通过提供商品、货物或劳务来实现，此项目数额不宜过多，过多可能是企业商品供应不到位，长期发展，可能会影响企业的信誉。但仍需具体问题具体分析，解读时应比较多期数据和相关资料。运用财务分析方法进行科学而合理的分析判断。

(6) 应付职工薪酬项目的解读

"应付职工薪酬"项目核算的是企业根据有关规定应付给职工的各种薪酬，包括工资、职工福利、社会保险费、住房公积金、工会经费、职工教育经费、非货币性福利、辞退福利、股份支付等内容。应付职工薪酬属于企业的经营活动中的日常负债，一般各月变动不大。解读时年末与年初比较，若发生较大变动，应注意企业是否有拖欠工资之嫌。

(7) 应交税费项目的解读

"应交税费"项目核算企业按照税法等规定计算应缴纳的各种税费，包括增值税、消费税、企业所得税、资源税、土地增值税、城市维护建设税、房产税、土地使用税、车船使用税、教育费附加等税费。企业代扣的个人所得税也在此列报。这项负债也是企业正常经营产生的负债，增减变动属正常现象，增加可能是销售收入的增加所致，减少也与销售的减少等有关，具体还需结合利润表及相关附表进一步分析才能知晓。

(8) 应付利息项目的解读

"应付利息"项目核算企业按照合同规定应支付的利息，包括吸收存款、分期付息到期还本的长期借款、企业债券等应支付的利息。作为一般企业而言，主要是长期借款和应付债券两项负债的需要分期支付的利息，是企业借债的代价(即筹资费用)，一般变动不大。

(9) 其他应付款项目的解读

"其他应付款"项目核算的是企业除应付票据、应付账款、预收账款、应付职工薪酬、应交税费、应付利息、长期应付款等以外的其他各项暂收或应付的款项。典型的比如收取押金这种情况，就属于其他应付款项目核算内容。本项目解读时主要关注是否有异常变动，如变化不大，是正常现象。

(10) 一年内到期的非流动负债项目的解读

"一年内到期的非流动负债"项目反映的是企业的非流动负债距到期日还有不到一年(含一年)，如长期借款还有不到一年到期等，这一项目提醒报表使用者注意近期需要偿还这些债务。

(11) 其他流动负债项目的解读

"其他流动负债"项目反映的是企业除上述流动负债之外的流动负债，一般企业无此项目。

(12) 流动负债合计项目的解读

"流动负债合计"项目反映的是企业流动负债的整体水平，通过解读这一项目，可以总体把握企业的短期负债水平，对经营者而言，应及时调配资金，以及时还债；对债权人而言，可以衡量债务企业的短期还款能力，进而确定放债的规模；对股东而言，可以进一步了解企业的现金流量，进而做出投资决策。

2）非流动负债项目的解读

（1）长期借款项目的解读

“长期借款”项目核算企业向银行或其他金融机构借入的期限在一年以上（不含一年）的各项借款，本项目只反映截至报告期末偿还期限超过一年的金融机构借款，至报告期末止偿还期限在一年以下（含一年）的借款已在流动负债中列示了，即本项目仅仅反映的是实质上的长期借款。解读时必须注意这一点。这个项目可能因企业长期资产的增减而增减变动，但不一定同比例变动，这要依据企业自有资金的情况来决定，具体的增减变动是否合理，还需要借助进一步的分析才能得出结论。

（2）应付债券项目的解读

“应付债券”项目核算的是企业为筹集（长期）资金而发行的债券本金和到期一次还本付息的债券利息。发行债券必须符合公司法的严格规定，且企业有确实的资金需求，同时企业有一定的还款能力。本项目如果金额较大，那么企业的财务风险将提高，企业的长期债务偿还压力同时增大。因此，应付债券业务在企业不是经常发生。本项目一般一经发生，年度内不会发生多大变化，一般变化体现为一次还本付息债券的利息计提而增加的金额。还有到期偿还本金会有较大变动，因发行债券筹集资金的金额较大，解读时注意这些即可。

（3）长期应付款项目的解读

“长期应付款”项目核算的是企业除长期借款、应付债券以外的其他各种长期应付款项，包括应付融资租入固定资产的租赁费、以分期付款方式购入固定资产等发生的长期应付款项。这一项目一经发生，一般金额较大，所以不是日常业务，年度内一般不会发生变化，不同年度因分期偿还而有可能减少，除非发生新的长期应付款业务，一般只会减少，不会增加。

（4）专项应付款项目的解读

“专项应付款”项目核算企业取得政府作为企业所有者投入的具有专项或特定用途的款项，如政府拨专款扶持企业搞大型的基础设施建设等，这类资金一般专款专用，国家还会有后续的配套检查，防止企业滥用资金，造成资金的损失和浪费。本项目一经发生，金额较大，年度内变化不大，一般在过程或项目结束时，该项目减少，除非再次拨款，否则一般不会增加。而且一般企业不会发生，只有国家重点扶持和发展的企业才可能发生。

（5）预计负债项目的解读

“预计负债”项目核算的是企业确认的对外提供担保、未决诉讼、产品质量保证、重组义务、亏损性合同等原因产生的预计负债，一般企业不会经常发生，如对外提供担保、未决诉讼、亏损性合同、重组义务等而确认的预计负债很少发生。对于产品质量保证而产生的预计负债，若企业产品质量过硬，一般也不会发生。所以，本项目属非常规报表项目，解读时应结合相关资料进行分析和判断。

（6）递延所得税负债项目的解读

“递延所得税负债”项目核算企业确认的应纳税暂时性差异产生的所得税负债。解读时应结合资产、负债项目的计价等资料认真分析和领会。

（7）其他非流动负债项目的解读

“其他非流动负债”项目反映的是企业除上述非流动负债之外的非流动负债项目，一般企业无此项目。若有，应结合相关资料认真分析和研读。

（8）非流动负债合计项目的解读

“非流动负债合计”项目是综合项目，总括反映企业非流动负债的金额，让相关报表信息使用者综合掌握报告企业的长期债务，进而做出相关决策。

（9）负债合计项目的解读

“负债合计”项目是流动负债与非流动负债两项的合计，总体反映企业负债的规模与水平，也能反映出经营者的经营理念，同时相关信息使用者也可借此项目初步做出相关判断，最终决策必须通过进一步的多方分析和研究才能做出。

◆ **知识链接**

资产负债表解读的重点负债项目

在解读资产负债表负债类项目时，需重点关注的负债项目有以下内容。

1. 硬性的负债项目

硬性的负债项目主要是指银行贷款，企业的银行贷款从时间上区分为短期贷款和长期贷款，会计分别在“短期借款”和“长期借款”这两个账户中反映企业的贷款情况。如果企业的贷款比较多，说明企业在靠银行过日子。如果企业的短期借款多，说明企业的“短平快”项目多；如果企业的长期借款多，表示企业的工程项目多。而在一个资产负债表上，如果看不到贷款，可以判定为两种情况：企业经营好，不需要银行贷款；企业经营差，银行不给贷款。当然，还要结合其他报表或其他项目来判定。

除了银行贷款外，企业还有一个硬性的负债项目，即应付债券。企业发行债券募集资金，到期是必须连本带息一起偿还的，所以，应付债券属于硬性负债项目。

2. 软性的负债项目

软性的负债项目主要是指应付账款，即企业交易行为产生的负债。从中可以看到企业的收现能力，甚至是企业所采购物资在市场上的竞争力，进而看到企业采购物资的质量。

对软性的负债项目，要注意两点：一要注意企业的关联交易产生的挂账，即关联方采取相互赊欠挂往来账方式的业务交易来虚增销售收入和利润；二要注意企业对外负债的不当计算，一些企业采取对外欠款在当期漏计、少计或不计利息费用，少估应付费用等手法，来隐瞒真实财务状况。

3. 其他负债项目

其他负债项目主要关注的是预收款项等项目。在会计实务中，预收账款是企业隐匿收入的“隐蔽所”。一些企业为了逃避税收，或达到其他目的，往往就把销售收入作为预收账款处理，挂在这个账上。如一家企业资产负债表上显示，负债总额3亿元，流动负债2.2亿元，而预收款项高达1亿元，应付账款1元，显然，隐匿收入的动机非常突出。

4. 所有者权益类项目的解读

1）实收资本（或股本）项目的解读

“实收资本（或股本）”项目核算的是企业接受投资者投入的实收资本以及股份有限责任公司发行的股票的面值总额。本项目数额一般不会减少，增加的情况也为数不多，一般在年度内变化不大。如有变化，应结合相关资料认真解读和分析。

2）资本公积项目的解读

“资本公积”项目核算的是企业收到投资者出资额超出其注册资本或股本中所占份额的部分。解读这一项目时，应结合企业具体说明认真分析和研读，不能只关注资产负债表，还应关注报表附注，结合财务分析方法，进行细致的分析与判断。

3）其他综合收益项目的解读

“其他综合收益”项目反映企业根据企业会计准规定未在损益中确认的各项利得和损失扣除所得税影响后的净额。属于其他综合收益的情况主要包括可供出售金融资产公允价值的变动，将持有至到期投资重分类为可供出售金融资产时公允价值与账面价值的差额等。解读这一项目，不能只关注资产负债表，还应同时结合利润表同步填报的此项目，据此了解其他综合收益总额在企业收益总额中所占的比重，以及这部分计入所有者权益中的利得和损失与计入当期损益中去的利得和损失各自的比重。

4）盈余公积项目的解读

“盈余公积”项目反映的是企业从净利润中提取的盈余公积，包括法定盈余公积和任意盈余公积两部分，根据法律规定法定盈余公积达注册资本50%时可不再提取，任意盈余公积是由企业股东大会或类似权力机构审议通过提取的盈余公积，不受法律法规的限制，因此对于一个经营平稳的企业而言，这一项目数额各年之间会平稳增加；盈余公积主要用于弥补亏损和转增资本，经股东会议等机构批准，也可用于发放现金股利。解读时，应注意结合利润分配表和相关资料来领会本项目提供的信息。

5）未分配利润项目的解读

“未分配利润”项目反映的是企业由净利润分配后历年滚存而形成的累计未分配利润(或待弥补的亏损)，这一项目数额的平稳增加，既表明企业经营情况平稳上升，又表明企业经营稳健；这一项目数额的减少则意味着，企业可能经营发生亏损，也可能是企业多分配了以往留存的未分配利润。具体仍需通过解读利润分配表及相关资料得出结论。

6）外币报表折算差额项目的解读

“外币报表折算差额”项目反映的是有外币业务的企业因外币项目采用的折算汇率不同等因素产生的折算差异，非外币业务经营企业无此项目。解读时需关注其他项目的综合折算情况而定。

7）归属于母公司所有者权益合计项目的解读

本项目为母子公司制企业专用的项目，一般企业无此项目。若有，应结合相关合并报表资料进行分析解读。

8）少数股东权益项目的解读

“少数股东权益”项目为需编制合并报表的母公司企业编制资产负债表时使用的项目。

9）所有者权益合计项目的解读

“所有者权益合计”项目反映的是企业各项所有者权益的综合，本项目总括反映企业权益中归属于投资者所有的部分，投资者据以了解自身投资应享有的权益。通过比较年初、年末此项目数额的增加与减少的变动，来了解企业的经营情况。

10）负债和所有者权益合计项目的解读

“负债和所有者权益合计”项目与资产总计相应，通过解读资产负债表比较其增减变动是我们信息使用者关注的信息。本项目数额增加，则说明企业运行平稳，经营形势不错；本项目数额减少，说明企业经营出现困境，需要注意谨慎决策。

◆ **知识链接**

资产负债表解读的重点——所有者权益项目

在解读资产负债表所有者权益类项目时，需重点关注的所有者权益项目有以下内容。

1. 实收资本项目

实收资本是企业投资人投入企业的资本，需要关注它的构成。投入的资产应该是既有现金等货币资产形式，也应该有设备等实物资产形式，还应该有技术等无形资产形式。投入的资产不同，对企业的影响也不同。最优良的当然是货币资产，但全部是货币资产也不行，这样会增加实物资产的采购成本。所以对企业的投入一般是多种资产组合，对投入企业的实物资产和无形资产，应关注它们的价格。一些企业往往在这方面做手脚，如高报资产价格等。

此外，还需关注企业有无借款注册、虚拟资本等现象。在创办企业时，一些企业的做法是向有关企业借钱注册，或是由主管部门垫款注册，待注册登记后，将资金抽走。如果在一家企业的报表上看到注册资金 1 000 万元，但银行存款没有钱，肯定是“借款注册”。

2. 资本公积项目

企业的资本公积的增加途径主要是资本（或股本）溢价。这些来源形成的资本公积，并不需要原投资者投入，也不一定需要谋求投资回报，所以容易被企业利用造假。

3. 盈余公积项目

盈余公积项目是企业盈利的标志。企业取得利润后，都要按照规定比例提取盈余公积，所以从这个项目中可以看到企业的盈利能力和盈利状况。如果结合上期报表来看，还可以看到企业的盈利数量和速度；如果结合“未分配利润”这个项目来看，还可以看到企业对利润的分配态度。

4. 未分配利润项目

在实际工作中，可以发现，我国的一些企业报表上“未分配利润”这个项目数额较大，表明企业挂着较多利润未向投资者分配；如果是一家个人独资企业的话，“未分配利润”项目挂着的利润多，则可以判定它有偷逃个人所得税的嫌疑，因为不给个人股东分配利润，个人就不用缴纳个人所得税。

◆ **知识链接**

编制财务报表的作用

按照会计核算流程，通过一系列会计核算方法的运用，期末编制完成的财务报表是会计工作的最终成果，它可以为不同报表使用者提供必要的经济信息，具体表现在以下几方面。

1. 对企业投资者的作用

在市场经济条件下，企业的资金来源于借入资金和自有资金。其中，借入资金是债权人提供的，自有资金是企业的投资者投入的。投资能够给投资者带来一定的经济收益，但同时也会给投资者带来一定的风险。如果决策失误，投资不当，不仅不能取得预期的收益，反而会带来投资损失，以至于血本无归。为保证投资决策的科学性、合理性，投资后必须掌握被投资方各方面的信息，如企业盈利能力、偿债能力、资本结构等信息，而通过财务报表及财务报表分析获得上述信息的基础上，还可进一步分析评价企业预期收益的实现程度、经营业绩、理财环境、财务风险等，为投资决策、业绩考核等提供依据。

2. 对企业债权人的作用

债权人向企业借出资金的基本目的是在债务人能如期归还借款的前期下取得一定的利息收入，如果债务人到期不能还本付息，则债权人的利益就会受到损害。债权人最关心的是企业的偿债能力。而通过财务报表的解读与分析即可获得此方面的信息。

3. 对企业经营管理者的作用

对于企业的经营管理者等内部使用者而言，财务报表解读与分析所涉及的内容最广泛，不仅涵盖投资者和债权人分析的所有目的，而且还要考核、评价企业生产经营计划和财务预算的完成情况，并对企业的可持续发展做出决策和规划。企业经营管理者通过财务报表的解读与分析，发现企业在经营管理活动中存在的问题，找出问题产生的原因，寻求解决问题的途径和方法，确保企业财务目标的顺利实现。

4. 对政府监管部门的作用

除了投资者、债权人和企业经营者以外，还有政府监管部门和其他一些单位、个人同样关心企业的经营成果和财务状况，需要通过财务报表分析来获取所需的信息和资料，为决策提供依据。作为政府监管部门的财政部门、税务部门、国有资产管理部门等，由于它们和企业的关系不同，因而进行财务报表分析的目的和内容也有所不同。

作为财政部门，主要关心企业执行有关财政、财务方面的政策、法规和制度的情况；而国有资产管理部门作为企业国有资产的法定代表人，其关心的就是国有资产的保值增值和国有资产收益，因而其最关注的是企业的资产状况和盈利能力；税务部门是国家征收、管理各种税收的专业职能部门。照章纳税是每个企业向国家、社会应尽的义务，也是企业的责任。企业向税务部门报送财务报表是纳税申报制度的重要内容之一。税务部门通过财务报表分析企业纳税情况，对企业的纳税情况进行检查和监督；审计部门是专门进行审计监督的经济部门，它通过对财务报表的检查分析依法对国有企业以及国有资产占控股地位的企业的财务收支的真实性、合法性和效益型进行审计监督。国家经济管理部门可以了解不同行业的经营状况和发展趋势，适时制定有关的经济政策，对国民经济进行宏观调控。

此外，供应商通过财务报表分析，决定能否与企业长期合作，了解企业的销售信用水平，以便决定是否对企业延长付款期；竞争对手需要通过对财务报表的分析，了解企业的盈利水平、其产品的市场占有份额等信息，从而有利于在制定产品价格、调整产品品种结构等方面做出合理的决策；注册会计师通过财务报表分析可以确定审计的重点。

3.1.2 资产负债表分析

1. 资产负债表分析的目的和内容

1）资产负债表分析的目的

资产负债表是反映企业"家底"的一张报表，它将一定时点的企业财务状况汇集起来，并予以披露，静态地反映了企业一定阶段的经营管理活动成果。无论是从投资的角度，还是从经营管理的角度，对资产负债表进行分析，都希望达到以下目的。

（1）了解企业资产、负债和所有者权益的构成及其动态变化，盘点"家底"，以期做出下一阶段的决策。

（2）揭示企业财务状况的变动情况及其变动原因，分析比较，以便修正下一阶段的经营行为。

（3）评价企业的经营状况及其运营能力，提示风险并提出防范措施，以期提高企业经营管理的总体水平和经济效益。

2）资产负债表分析的内容

依据资产负债表分析的目的，资产负债表分析的内容如下。

（1）资产的结构、趋势和水平分析

资产的结构、趋势和水平分析具体包括以下几方面。

① 流动资产与非流动资产的结构、变动趋势及其在同行业的水平。

② 经营资产与非经营资产的结构、变动趋势及其在同行业的水平。

③ 流动资产的结构、变动趋势及其在同行业的水平。

④ 非流动资产的结构、变动趋势及其在同行业的水平。

⑤ 从企业的财务计划或预算指标以及同行业平均税，对企业资产的变化进行评价。

（2）负债的结构、趋势和水平分析

负债的结构、趋势和水平分析具体包括以下几方面。

① 流动负债与非流动负债的结构、变动趋势、负债成本及其在同行业的水平。

② 硬性负债与软性负债的结构、变动趋势、负债成本及其在同行业的水平。

③ 流动负债的结构、变动趋势、负债成本及其在同行业的水平。

④ 非流动负债的结构、变动趋势、负债成本及其在同行业的水平。

⑤ 从企业的财务计划或预算指标以及同行业平均税，对企业负债的变化进行评价。

（3）所有者权益的结构、趋势和水平分析

所有者权益的结构、趋势和水平分析具体包括以下几方面。

① 所有者权益的结构与变动趋势。

② 权益资本与留存收益的比例关系、变动趋势及其在同行业的水平。

③ 股东权益结构与企业利润分配政策。

④ 股东权益结构与企业控制权。

⑤ 从企业的财务计划或预算指标以及同行业平均税，对企业所有者权益的变化进行评价。

2. 资产负债表的水平分析

资产负债表的水平分析是指将前后各期（或基期与计划期）的资产负债表项目进行比

较，计算各项目增减变动金额及比例，考察企业计划执行或完成情况，预测并有效控制企业财务状况变动趋势的一种分析活动。

【**做中学 3-1**】新月公司 2015 年与 2016 年比较资产负债表见表 3-1。

表 3-1　新月公司比较资产负债表

项目	2015 年	2016 年	2016 年比 2015 年增长	
	金额/元	金额/元	金额/元	百分比/%
货币资金	211 000	220 000	+9 000	+4.27
应收票据	92 000	110 000	+18 000	+19.57
应收账款	164 770	338 500	+173 730	+105.44
预付款项	92 000	110 000	+18 000	+19.57
存货	260 000	160 000	−100 000	−38.46
流动资产合计	819 770	938 500	118 730	+14.48
长期股权投资	192 000	192 000	—	—
固定资产原值	500 000	700 000	+200 000	+40
减：累计折旧	(160 000)	(180 000)	(+20 000)	
固定资产净值	340 000	520 000	+180 000	+52.94
在建工程	320 000	120 000	−200 000	−62.5
固定资产合计	660 000	640 000	−20 000	−3.03
无形资产	600 000	600 000	—	—
非流动资产合计	1 452 000	1 432 000	−20 000	−1.38
资产合计	2 271 770	2 370 500	+98 730	4.35
短期借款	200 000	100 000	−100 000	−50
应付票据	100 000	160 000	+60 000	+60
应付账款	200 000	160 000	−40 000	−20
其他流动负债	71 770	150 500	+78 730	+109.7
流动负债合计	571 770	570 500	−1270	−0.22
长期借款	140 000	140 000	—	—
应付债券	200 000	200 000	—	—
其他长期应付款	160 000	160 000	—	—
非流动负债合计	500 000	500 000	—	—
负债合计	1 071 770	1 070 500	−1 270	−0.22
实收资本(股本)	1 000 000	1 000 000	—	—
资本公积	100 000	140 000	40 000	+40
盈余公积	100 000	150 000	+50 000	+50
未分配利润		10 000	+10 000	—
所有者权益合计	1 200 000	1 300 000	+100 000	+8.33
负债及所有者权益总计	2 271 770	2 370 500	+98 730	+4.35

通过表 3-1 可以看到，新月公司 2015 年、2016 年两年的财务状况变化比较大，总的来说 2016 年要好于 2015 年，比较分析的结论如下。

1) 资产质量进一步提高

(1) 流动资产的流动性增加明显：流动性较强的货币资金、应收票据、应收账款等均较上年明显增加，其中应收票据增加幅度较大；流动性较差的存货下降幅度达到 38.46%，明显减少了库存。

(2) 在建工程的减少和固定资产原值的增加,说明大部分在建工程已完工交付使用,扩大了经营规模。

2) 短期债务的清偿能力增强

通过比较报表可以看到,该公司2016年流动资产增加了14.48%,并且流动负债略有下降。

3) 企业长期偿债能力有所提高

资产总额增加明显,负债总额略有下降,公司资产增长主要来自于留存收益的积累,偿债基础更加雄厚。

4) 应重点加强对应收账款的分析和控制

应收账款增幅达到105.44%,虽然能够说明存货销售规模的扩大,但同时也增加了债券风险,所以应当专题分析信用政策的适用性。

◆ **知识链接**

比较分析法

1. 含义

比较分析法是将分析对象数值与具有可比性的判断标准数值相比较,通过两者之间的差异,找出存在的问题的一种分析方法。比较分析法是财务报表分析中最常用的一种方法,也是财务分析过程的起点。

2. 比较分析法的基本步骤

(1) 计算差异额

$$差异额(增减额)=分析对象数值-判断标准数值$$

(2) 计算差异率

$$差异率(增减率)=\frac{差异额}{判断标准数值}\times 100\%$$

差异额、差异率相互推算:

$$已知差异率,则差异额=差异率\times 标准数$$

$$已知差异额,则差异率=\frac{差异额}{标准数}\times 100\%$$

3. 比较分析法的种类和内容

(1) 比较分析法的种类

① 趋势分析法。趋势分析法是以本企业历史数据为判断标准,与分析对象相比较,观察其增减变动情况及变动幅度,用于考察发展趋势,预测发展前景。其又可分为定基比较和环比比较两种。

定基比较是以某一历史数据作为固定的判断标准,将作为分析对象的各期数值分别与之相比较,计算出一系列反映增减变动的比率,据此观察发展动态,预测未来的发展趋势。

$$定基发展速度=\frac{报告期数值}{基期指标值}\times 100\%$$

$$定基增长速度=\frac{报告期数值-基期指标值}{基期指标值}\times 100\%$$

环比比较是以上一期的历史数据作为判断标准,将作为分析对象的后一期数值与之相比较,计算出反映增减变动的比率,经过如此一系列的比较,据此观察发展动态,预测未来的发展趋势。

$$环比发展速度=\frac{报告期数值}{上期指标值}\times 100\%$$

$$环比增长速度=\frac{报告期数值-上期指标值}{上期指标值}\times 100\%$$

② 横向比较法。横向比较法是以国内外行业平均水平或先进水平作为判断标准,与本企业实际数据相比较,据以观察企业的相对规模和竞争地位。

③ 目标完成分析法。目标完成分析法是以企业目标数值为判断标准,与企业实际完成数值相比较,分析目标任务的完成情况。

(2) 比较分析法的内容

① 绝对额比较。如财务报表中各项目的金额,包括总资产、流动资产、固定资产、流动负债、长期负债、负债总额、所有者权益(即净资产)、利润总额、净利润等。

② 结构(比重)比较。如对于资产负债表,可以用资产各项目除以资产总额,计算出各项资产占总资产的比重;用负债和所有者权益各项目金额除以负债和所有者权益合计数,计算出各项资金来源占全部资金来源的比重;再比如,利润表,可以用所有项目的金额分别除以主营业务收入的金额,计算出各项目占主营业务收入的比重。通过结构比较,常常能够发现有显著问题的异常数,为进一步分析指明方向,这是一种很有效的重要方法。

③ 比率比较。比率是两个有内在联系的数据相除的结果。财务分析涉及的比率叫作财务比率,是两个有内在联系的财务数据或会计数据相除的结果。因为财务比率是相对数,排除了规模的影响,使规模不同的企业之间具有了可比性,所以比率分析是财务分析中最重要的分析方法之一。

【做中学 3-2】星光公司 2013—2016 年简明资产负债表如表 3-2 所示。

表 3-2　　星光公司资产负债简表

单位:元

项目	2013 年	2014 年	2015 年	2016 年
流动资产				
速动资产	300 000	400 000	360 000	300 000
存货	300 000	350 000	400 000	450 000
固定资产净值	800 000	1 090 000	1 813 000	1 912 000
资产总计	1 400 000	1 840 000	2 573 000	2 662 000
负债				
流动负债	150 000	151 000	465 000	176 000
非流动负债	119 000	160 000	182 000	245 000
所有者权益				
实收资本	500 000	500 000	500 000	500 000
盈余公积	74 000	154 000	231 000	296 000
未分配利润	557 000	875 000	1 195 000	1 445 000
负债及所有者权益总计	1 400 000	1 840 000	2 573 000	2 662 000

提示:速动资产是指可以迅速转换成为现金或已属于现金形式的资产,通常情况下,是

流动资产减去变现能力较差的且稳定的存货、预付账款、待摊费用和待处理流动资产损失等之后的余额。

速动资产＝货币资金＋以公允价值计量且其变动计入当期损益的金融资产
＋应收账款＋应收票据＋其他应收款

根据表3-2所示的资料，以2013年为基数(即以2013年为100％)计算资产负债表主要项目的定基发展速度，见表3-3。

表3-3　　主要项目定基发展速度

单位：％

项目	2013年(基年)	2014年	2015年	2016年
流动资产				
速动资产	100	133.33	120	100
存货	100	116.67	133.33	150
固定资产净值	100	136.25	226.63	239
资产总计	100	131.43	183.78	190.14
负债				
流动负债	100	100.67	310	117.33
非流动负债	100	134.45	152.94	205.88
所有者权益				
实收资本	100	100	100	100
盈余公积	100	208.11	312.16	400
未分配利润	100	157.09	214.54	259.43
负债及所有者权益总计	100	131.43	183.78	190.14

分析表3-3各主要项目发展速度可以发现如下内容。

① 该公司总资产逐年增长，增长速度快，说明该公司规模不断扩大，正处于成长期。

② 该公司留存收益(公积金、未分配利润)逐年增长速度均超过总资产的增长速度和负债的增长速度，成为公司资本的主要来源渠道。

③ 该公司负债增长速度弱于留存收益增长速度，与资产增长速度相适应。

上述结论表明，该公司财务状况良好，对收益采用低分配高积累政策，经营规模不断扩大，公司正处于成长发展期，发展趋势良好。

3. 资产负债表结构分析

资产负债表结构分析，又称为资产负债表垂直分析，是指分别将资产总额、负债及所有者权益总额两个总体项目作为100％，考察资产、负债、所有者权益的构成项目比重是否适当，资产的流动性和资本来源方式是否相对应等内容。

【做中学3-3】 下面以新兴公司2015年和2016年的资产负债表进行结构分析。

由表3-4的计算结果表明，2016年与2015年相比，新兴公司的流动资产比重下降了4.1％，长期资产的比重相应增加，说明公司的流动性有所下降；而公司的长期资产在增加4.1％的同时，公司资产对应的长期资本(长期负债、所有者权益)却下降了5.2％(－5.9％、＋0.7％)，流动负债比重相应下降，说明公司在2016年部分长期资产是以流动负债方式取得的，这将直接给公司的资金运作造成困难。总体而言，该公司的资产、资本质量有所下降，财务的安全性有所降低。

表 3-4　　新兴公司资产负债表结构分析表(简表)

单位:%

项目	2015 年	2016 年	差异
流动资产	56.6	52.5	−4.1
非流动资产	43.4	47.5	+4.1
资产总额	100	100	—
流动负债	29	34.2	+5.2
非流动负债	27.2	21.3	−5.9
所有者权益	43.8	44.5	+0.7
负债与所有者权益总额	100	100	—

任务 3.2　利润表解读与分析

3.2.1　利润表解读

1. 利润表解读的内容和目的

利润表是反映企业在一定期间经营成果的财务报表。利润表列报的利润数额,是企业投资者、债权人以及其他经济利益关联方重点关注的内容,也关系到企业的生存和发展。通过解读企业利润表,从而帮助报表使用者获得以下信息,满足其相关活动的需要。

(1) 通过解读利润表经营成果和获利能力的基本信息,可以预测企业未来盈利状况和现金流动状况,有助于企业管理当局进行经营决策,并为利润分配提供依据。

在利润表中,通过阅读各项收入、费用的发生状况以及营业利润、利润总额、净利润等各项要素的数据,从而获得企业一定期间经营成果的基本信息,判断企业财富的增长规模,在此基础上,结合资产负债表等报表项目及其附注解读出企业获利能力的信息,从而可有助于预测企业未来盈利的规模和趋势和未来现金流量的不确定程度,并通过分析收入、费用与利润之间的消长关系,发现企业在生产经营活动的各个环节中存在的问题,并进一步分析产生问题的原因,找到改善措施,以做出合理的经营决策。

◆ 知识链接

经营成果和获利能力

经营成果是指企业在一定期间收支相抵后的差额,通常体现为一定期间的利润总额,它是一个绝对值,反映了企业财富的增长规模。获利能力是指企业运用一定的经济资源获取经营成果的能力,它通常是以资产利润率、成本利润率、净资产利润率等一系列相对指标来衡量。

同时,利润表直接反映了企业经营成果的形成及经营成果各组成部分的具体数额,在一定的经济政策、法律法规和企业分配制度下,利润额的多少决定了各相关利益集团的分享额,如国家的税收收入、股东的股利、经营者、员工和管理人员的薪酬等,为企业进行利润分配提供了重要依据。

(2) 通过解读利润表获利能力信息,可以间接地评价和预测企业的偿债能力。

企业的偿债能力不仅取决于企业资产的变现能力和资本结构,也取决于企业的获利能力。倘若企业获利能力逐渐降低,甚至亏损,势必会造成资产的流动性和资本结构逐步恶化,进而影响企业的偿债能力,最终陷入资不抵债、濒临破产的境地。因此,较强的获利能力能促进企业资产变现能力和资本结构处于良好的状态,为债权人提供更大的安全保障。企业的获利能力主要集中体现在利润表中,因此,通过解读企业的利润表,可以间接地评价和预测企业的偿债能力。

(3) 通过解读利润表管理绩效信息,据以评价和考核企业的经营业绩。

在所有权与经营权分离的现代企业制度下,如何对企业管理当局受托责任履行情况进行评价和考核,是一个十分重要的问题。而利润表提供的利润指标是一个综合性指标,是企业在生产经营、投资理财等各项活动中形成的工作绩效的集中体现,它所提供的信息是了解企业经营管理有效性程度的重要依据。

通过对本期利润表和前后期利润表的比较,可以较为恰当地评价企业管理当局、各职能部门、各市场经营单位的绩效,评判各级管理人员的功过得失。

2. 利润表项目的解读

1) 营业收入项目的解读

"营业收入"项目反映的是企业的主营业务收入和其他业务收入的总和,解读时应结合利润表附表进行,从而了解营业收入中主营业务收入和其他业务收入各自的金额,帮助读者分析企业主营业务发展趋势,进而做出合理的决策。通过对比不同期间本项目数额的变化,可以掌握企业经营前景和未来发展态势。若与基期比较该项目数额增加,说明企业经营状况良好,经营前景乐观,投资者可以考虑投资计划。但具体决策还需通过进一步分析做出。

2) 营业成本项目的解读

"营业成本"项目与营业收入相对应,反映的是企业的主营业务成本和其他业务成本的总和。解读时应结合利润表附表进行,以了解营业成本中注意业务成本和其他业务成本各自的数额,看是否与营业收入相互配比。同时,还应比较报告期与基期的成本变化,分析成本变化的趋势则需通过进一步借助财务分析方法才能进行。

3) 税金及附加项目的解读

"税金及附加"项目反映的是企业主营业务和其他业务应交的消费税、资源税、城市维护建设税、教育费附加、土地使用税、房产税、车船税、印花税等税费,一般与营业收入成比例。通过解读此项目数额的增加或减少即可知晓营业收入的增加或减少。

4) 销售费用项目的解读

"销售费用"项目反映的是企业销售商品和材料、提供劳务的过程中发生的各种费用,包括包装费、保险费、展览费、广告费、商品维修费、预计产品质量保证损失、运输费、装卸费等以及为销售本企业商品而专设的销售机构的职工薪酬、业务费、折旧费等经营费用,此外企业发生的与专设销售机构相关的固定资产修理等后续支出也在此项列示。解读时应关注其变化情况,是否与营业收入成比例变动,至于导致变化的因素,还需结合利润表附表进行收入的研读。

5) 管理费用项目的解读

"管理费用"项目反映的是企业为组织和管理企业生产经营发生的管理费用,包括企业在筹建期间内发生的开办费、董事会和行政管理部门在企业的经营管理中发生的或者应由企业统一负担的公司经费、工会经费、董事会费、诉讼费、业务招待费、技术转让费、研究费用、排污费等支出。解读时一般通过比较掌握其变动情况,分析其变化是否合理,有无可降低的空间。

6) 财务费用项目的解读

"财务费用"项目反映的是企业为筹集生产经营所需资金而发生的筹资费用,包括利息支出、汇兑损益以及相关的手续费、企业发生的现金折扣或收到的现金折扣等。为构建或生产资本化条件的资产而发生的借款费用中不能资本化的部分也应在此列示。解读时主要关注其变化情况,进而分析节约开支的可能性。

7) 资产减值损失项目的解读

"资产减值损失"项目反映的是企业计提各项资产减值准备所形成的损失。企业应提供减值损失的相关证明材料。对于其变化,必须结合相关证明材料进行相应的分析,才能解读其变化的具体原因,从而采取相应的对策。

8) 公允价值变动损益项目的解读

"公允价值变动损益"反映的是企业交易性金融资产、交易性金融负债,以及采用公允价值模式计量的投资性房地产、衍生工具、套期保值业务等公允价值变动形成的应计入当期损益的利得或损失。该项目解读时应结合利润表附表相关具体项目的明细资料具体分析,帮助企业作出合理的投资决策。

9) 投资收益项目的解读

"投资收益"项目反映的是企业进行对外投资发生的投资损失或投资收益。本项目应结合企业的具体投资项目进行解读和分析,以便企业作出合理的投资决策。

10) 营业利润项目的解读

"营业利润"项目等于营业收入减去各项营业成本和营业支出加投资收益等综合计算的结果。解读时应通过对比不同期间的变化,找出节约增效的途径和措施。

11) 营业外收入项目的解读

"营业外收入"项目反映的是企业发生的营业外的收入,主要包括非流动资产处置利得、非货币性资产交换利得、债务重组利得、政府补助、盘盈利得、捐赠利得等。

12) 营业外支出项目的解读

"营业外支出"项目的反映的是企业发生的各项营业外支出,包括非流动资产处置损失、非货币性资产交易损失、债务重组损失、公益性捐赠支出、非常损失、盘亏损失等。

13) 利润总额项目的解读

"利润总额"项目反映的是企业的营业利润与营业外收支净额的和,通过解读此项目总括的了解企业利润的总量,并通过对比分析,找出进一步提高利润的途径和方法。

14) 所得税费用项目的解读

"所得税费用"是企业应纳税所得额与所得税税率的乘积,反映企业确认的应从当期利润总额中扣除的所得税费用。本项目实质上是应纳税所得额的反映。解读时应结合相关资料综合评价。

15) 净利润项目的解读

净利润是利润总额与所得税费用的差,不需特别注意。但通过解读该项目可以了解企业净利润的总体水平。

16）其他综合收益的税后净额项目的解读

“其他综合收益的税后净额”项目反映企业根据企业会计准则规定未在损益中确认的各项利得和损失扣除所得税影响后的净额。企业在计算利润表中的其他综合收益时，应当扣除所得税影响，并在报表中列报其他综合收益各项目及其所得税影响。解读此项目，应同时结合资产负债表列报的“其他综合收益”项目进行分析。此项目的列报是基于企业在经营业绩评价以及对未来现金流量的预测等方面的需求，要求财务报表反映的信息不仅要强调日常交易或事项的经济利益流入，还要反映非日常活动引起的所有者权益变动，也就是所谓的综合收益观。实现了由本期收益观向综合收益观的转变。

17）综合收益总额项目的解读

“综合收益总额”项目反映企业净利润与其他综合收益的合计金额。

18）每股收益项目的解读

“每股收益”项目反映的是企业归属于普通股股东的净利润除以发行在外普通股股票的加权平均数。作为投资者来说，他们比较关注的首先应是这一项目，通过该项目股东可以计算自身在报告企业净利润中拥有的份额。

◆ 知识链接

利润表解读时需注意的问题

1. 收入项目

收入项目主要是关注“营业收入”项目。对于这个项目，主要关注两点：一是收入的真实性；二是收入的确认期。一些企业通过混淆会计期间，把下期销售收入提前计入当期或者错误运用会计原则，虚增销售业务的方法来虚增本期利润，以达到利润操纵的目的。对此，可关注应收账款与营业收入的比例关系，过高或过低都是不正常的，从而据此进行判断。

2. 成本项目

成本项目主要关注成本的比重和构成，最好能参照行业标准。企业往往在成本的核算上进行造假。一些企业为了虚增利润，在成本核算上，该摊的费用不摊或少摊，该提的费用不提或少提，将一些已支付应计入当期损益的费用挂在“应收账款”或“其他应收款”账上，或者将已竣工的基建项目发生的长期借款利息挤入工程成本等，均属于造假行为。

3. 费用项目

费用项目主要关注是否存在费用任意递延的现象。如一些企业把当期的财务费用和管理费用列为长期待摊费用，从而达到减少当期费用虚增利润的目的；或者一些企业把应计入当期损益的费用虚列为资产，虚增利润，进行造假等。

4. 税收项目

税收项目主要关注企业所得税与利润之间的比重。企业所得税税率一般为25%，所得税的税基是应纳税所得额，与利润总额并不一致，是从利润总额调整而来的，但总体来讲相差不大。

如果支付的所得税与利润总额的比例，与企业所得税税率相比小很多，则说明企业的利润总额水分较大。

3.2.2 利润表分析

1. 利润表分析的目的和内容

1) 利润表分析的目的

利润表是反映企业"盈亏"的报表,它将企业一个阶段的收入、成本费用等经营指标汇集起来,并予以披露,直观地反映了企业一定阶段的经营成果。不论从投资的角度,还是从经营管理的需求,对利润表进行分析,都希望达到以下目的。

(1) 了解企业收入、成本和费用的构成及其动态变化,弄清楚"赚钱"或"亏损"的因素,以便扬长避短,做好下一阶段的经营决策。

(2) 揭示企业损益的变动状况、趋势及变动原因,并与同行业分析比较,以便完善下一个阶段的经营行为。

(3) 评价企业的盈利能力及其持续盈利能力,提示风险并制定防范措施,以便提高企业总体的经济效益。

2) 利润表分析的内容

根据利润表分析的目的,利润表分析的内容如下。

(1) 收入的结构、趋势和水平分析 包括主营业务收入、其他业务收入、营业外收入、投资收益等项目的结构、趋势及其在同行业的水平,以及根据企业的财务计划或预算指标、同行业平均水平,对企业收入的变化进行评价。

(2) 成本的结构、趋势和水平分析 包括主营业务成本、其他业务成本的结构、变动趋势及其在同行业的水平,以及根据企业的财务计划或预算指标、同行业平均水平,对企业成本的变化进行评价。

(3) 费用的结构、趋势和水平分析 包括销售费用、管理费用、财务费用、所得税费用的结构、变动趋势及其在同行业的水平,以及根据企业的财务计划或预算指标、同行业平均水平,对企业费用的变化进行评价。

(4) 收益项目的占比分析 即对成本、费用、利润在收入总额中所占的比例进行结构、趋势分析,并与同行业水平进行比较,找差距、寻方法,从而提升企业的获利能力。

2. 利润表的水平分析

【做中学 3-4】大兴公司 2016 年与 2015 年比较利润表见表 3-5。

表 3-5 大兴公司比较利润表(简表)

项目	2015 年金额/元	2016 年金额/元	2016 年比 2015 年增减	
			金额/元	百分比/%
营业收入	3 320 000	3 380 000	+60 000	+1.81
减:营业成本	1 690 000	1 970 000	+280 000	+16.37
期间费用	600 000	520 000	−80 000	−13.33
营业利润	1 030 000	890 000	−140 000	−13.59
加:营业外收支净额	110 000	67 000	−43 000	−39.09
利润总额	1 140 000	957 000	−183 000	−16.05
减:所得税费用	375 000	315 000	−60 000	−16
净利润	765 000	642 000	−123 000	−16.08

通过表 3-5 可以看出大兴公司盈利能力的变化以及发生变化的主要原因。

(1) 净利润较上年下降了16.08%,盈利能力明显下降。

(2) 盈利能力下降的主要原因是营业成本大幅度上升。

① 营业外收支净额虽然下降达到39.09%,但其绝对额太小,对盈利能力的影响较小。

② 期间费用较上年有所下降,不会降低盈利能力。

③ 营业收入仅增长1.81%,但营业成本却增加了16.57%,远远超过收入增长幅度,因而导致盈利水平急剧下降。

(3) 因营业成本大幅度增加,所以应进一步查找原因进行有效控制。

3. 利润表的趋势分析

利润表的趋势分析,即通过对比多期利润表中的相关数据,找出形成利润的各个项目的变动趋势,进而探讨节约开支、增加收入以提高投入产出率、销售利润率和不断增加利润的分析活动。

利润表的趋势分析,应综合运用因素分析法、水平分析法、垂直分析法等多种方法实现。

【做中学3-5】星光公司2013—2016年利润表主要项目见表3-6。

表3-6 **星光公司利润表简表**

单位:元

项目	2013年	2014年	2015年	2016年
营业收入	10 608 000	10 236 000	12 296 000	15 978 000
净利润	3 150 000	3 000 000	3 700 000	3 940 000

根据表3-6的资料,各期均以上一年数值为基数计算利润表主要项目环比发展速度,见表3-7。

表3-7 **主要项目环比发展速度**

单位:%

项目	2013年	2014年	2015年	2016年
营业收入	100	96.49	120.13	129.94
净利润	100	95.24	123.33	106.49

根据表3-7数据可以发现,除2014年以外,该公司营业收入和净利润均较上一年有所增长,并且营业收入逐年增长速度还在稳步提高,说明公司营业状况稳步发展趋势良好。但是也应该注意到,净利润的发展趋势并不稳定,2016年的增长速度比同年营业收入增长速度明显降低,应该重点分析原因。

4. 利润表结构分析

利润表的结构分析是指将营业收入作为100%,通过营业成本、期间费用、利润的比重差异,分析利润水平低或高的原因所在。

【做中学3-6】下面将新兴公司2016年利润表结构分析表与同行业最高水平对比进行结构分析,见表3-8。

表3-8 **新兴公司利润表结构分析表(简表)**

单位:%

项目	新兴公司	同行业最高水平	差异
营业收入	100	100	—
营业成本	62.05	62.1	−0.05

续表

项目	新兴公司	同行业最高水平	差异
管理费用	4.3	2.8	+1.5
财务费用	16.4	17.5	−1.1
销售费用	4.75	3.2	+1.55
利润总额	12.5	14.4	−1.9
所得税费用	5.4	6.4	−1
净利润	7.11	8.1	−0.99

由表3-8的分析结果可以看到新兴公司营业收入的构成状况,虽然该公司的营业成本、财务费用,以及所得税费用均比同行业最高水平稍低,但是销售费用和管理费用的比重却分别高出了1.55%和1.5%,使得公司净收益水平比同行业最高水平低0.99%,所以该公司下一步应重点控制综合费用。

任务3.3 其他财务报表解读与分析

3.3.1 现金流量表解读与分析

1. 现金流量表解读与分析的目的和内容

现金流量表是反映企业一定期间现金和现金等价物流入流出的财务报表。编制现金流量表的主要目的,是为财务报表使用者提供企业一定会计期间内现金和现金等价物流入和流出的信息,以便于财务报表使用者了解和评价企业获取现金和现金等价物的能力,并据以预测企业未来现金流量。现金流量表的作用主要体现在以下几个方面:①有助于评价企业支付能力、偿债能力和周转能力;②有助于预测企业未来现金流量;③有助于分析企业收益质量及影响现金净流量的因素,掌握企业经营活动、投资活动和筹资活动的现金流量,可以从现金流量的角度了解净利润的质量,为分析和判断企业的财务前景提供信息。

2. 现金流量表水平分析

【做中学3-7】星光公司2015年与2016年比较现金流量表见表3-9。

表3-9　星光公司比较现金流量表(简表)

项目	2015年金额/元	2016年金额/元	2016年比2015年增减	
			金额/元	百分比/%
现金流入	3 537 224	3 837 422	+300 198	+8.49
经营活动现金流入	3 089 737	3 397 186	+307 449	+9.95
投资活动现金流入	72 900	90 150	+17 250	+23.66
筹资活动现金流入	374 587	350 086	−24 501	−6.54
现金流出	3 389 785	3 689 702	+299 917	+8.85
经营活动现金流出	3 085 745	3 337 860	+252 115	+8.17
投资活动现金流出	82 486	107 373	+24 887	+30.2
筹资活动现金流出	221 554	244 469	+22 915	+10.34

通过表3-9可以看到如下情况。

(1) 经营活动现金流入的增长幅度高于总的现金流入，经营活动的现金流出增长低于总的现金流出。

(2) 投资活动现金流入、流出的增长均大幅度高于总的现金流入、流出。

(3) 筹资活动的现金流入明显下降，筹资活动现金流出的增长接近总的现金流出增长。

上述增减变化情况表明：星光公司的现金流量对筹资的依赖性已经降低，经营活动净现金流稳中有升，投资活动的流入正处于活跃期，所以该公司现金的流入、流出总体是良性的。

3. 现金流量表结构分析

现金流量表结构分析是分别将现金流入总额、现金流出总额和现金余额分别作为100%，计算三种流量的构成比重，反映各类流入和流出的合理性。

【做中学3-8】下面将星光公司2016年现金流量表(简表)与同行业平均水平对比进行分析，如表3-10所示。

表3-10　　星光公司现金流量表结构分析表(简表)

单位：%

项目	星光公司	同行业平均水平	差异
现金流入量	100	100	—
经营活动流入	88.53	91.67	−3.14
投资活动流入	2.35	1.47	+0.88
筹资活动流入	9.12	6.86	+2.26
现金流出量	100	100	—
经营活动流出	90.46	90.32	+0.14
投资活动流出	2.91	2.14	+0.77
筹资活动流出	6.63	8.81	−2.18

由表3-10的分析可以看到，星光公司的现金流量状况和同行业平均水平相比，经营活动现金流入比重明显低于同行业平均水平，经营活动现金流出比重与同行业平均水平基本持平；投资活动流入、流出比重均略高于同行业平均水平；筹资活动流入比重明显高于同行业平均水平，筹资活动流出比重明显低于同行业平均水平。这个结果反映出该公司正处于相对成熟期，投资规模趋于平衡，同时公司的现金流量对筹资活动有一定的依赖性，经营活动的现金流入还不能保持正常运转。

3.3.2 所有者权益变动表解读与分析

所有者权益变动表是反映构成所有者权益的各组成部分当期的增减的变动情况的报表，即是反映企业“权益变化”的报表。通过对所有者权益变动表各项目进行解读与分析，主要达到三个目的：一是了解企业权益的构成及其动态变化，从而有助于下一阶段的决策；二是揭示企业权益变动情况及其变动原因，分析比较，从而有助于修正下一阶段的经营行为；三是评价企业的权益状况，提示风险并提出防范措施，提高企业的运营水平。所有者权益变动表解读与分析主要是通过对比一些项目，来确认企业对股东权益的保值、增值的保障情况，同时了解企业的盈利水平。分析指标主要有资本保值增值率、所有者财富增长率、股利分配率以及留存收益比率等。

3.3.3 财务报表附注解读与分析

财务报表附注是对资产负债表、利润表、现金流量表和所有者权益变动表等报表中列示项目的文字描述或明细资料，以及对未能在这些报表中列示项目的说明等。

财务报表中的数字是经过分类与汇总后的结果，是对企业发生的经济业务的高度简化和浓缩的数字，如有没有形成这些数字所使用的会计政策、理解这些数字所必需的披露，财务报表就不可能充分发挥效用。因此，报表附注与资产负债表、利润表、现金流量表和所有者权益变动表等报表具有同等的重要性，是财务报表的重要组成部分，也是对财务报表的补充说明，它对财务报表不能包括的内容，或者披露不详尽的内容，作进一步的解释和说明。因此，报表使用者要准确了解企业的财务状况、经营成果和现金流量，则应当全面解读报表附注。

任务 3.4 企业财务指标分析

财务报表各方除直观获取经济信息外，还可以运用一定的方法，计算一些特定的经济指标获取企业综合的经济信息，反映企业经营更为深层的状况，从而提高经济决策的科学性。

财务信息分析处理中最常用的是比率分析法。财务报表中呈现出大量的数据，我们可以将这些数据根据其关联性进行组合，从而计算出多种有意义的比率，再对这些比率进行分析，以揭示财务报表所蕴含的信息。利用财务比率可以进行偿债能力、营运能力、盈利能力和发展能力分析。

3.4.1 企业偿债能力分析

偿债能力是指企业偿还各种到期债务的能力。对于企业而言，偿债能力是极其重要的，它关系企业的生存和发展。如果企业不能及时偿还到期债务，则会损害企业形象，并导致企业后续的筹资能力减弱，最终会使企业陷入破产偿债的境地。因此，进行财务分析，首先应考察企业的偿债能力，了解企业的财务风险。对企业偿债能力分析的资料来源主要是资产负债表和利润表。偿债能力分析除了通过报表进行直接分析以外，还可设计并计算一系列反映企业偿债能力的财务比率指标进行分析。

按照债务到期时间的长短不同可将企业偿债能力分析分为短期偿债能力分析和长期偿债能力分析。

1. 短期偿债能力分析

短期偿债能力是指企业偿还流动负债的能力。它是衡量企业财务状况好坏以及评价企业经营风险程度的重要内容。

企业短期偿债能力分析的主要指标有流动比率、速动比率和现金比率。

1）流动比率的概念

流动比率是流动资产除以流动负债的比值。其公式为

$$流动比率=\frac{流动资产}{流动负债}$$

【做中学 3-9】 某公司 2016 年年末的流动资产为 235 963 802.65 元，流动负债为

123 007 000.67元，则：

$$流动比率=235\ 963\ 802.65\div 123\ 007\ 000.67=1.92$$

流动比率是衡量企业短期偿债能力的一个重要财务指标，一般认为，这个比率越高，说明企业偿还流动负债的能力越强，流动负债得到保障的程度越高。但过高的流动比率也不一定好，因为过高的流动比率，可能说明企业滞留在流动资产上的资金多，会削弱企业的盈利能力。一般认为，生产企业合理的最低流动比率是2∶1。这是因为处在流动资产中变现能力最差的存货金额，约占流动资产总额的一半，剩下的流动性较大的流动资产至少要等于流动负债，企业的短期偿还能力才会有保证。但人们长期以来的这种认识，还不能成为一个统一标准。

某公司计算出来的流动比率，只有和同行业平均流动比率、本企业历史的流动比率进行比较，才能知道这个比率是高还是低。要找出过高或过低的原因，还必须分析流动资产和流动负债所包括的内容以及经营上的因素。一般情况下，营业周期、流动资产中的应收账款数额和存货的周转速度是影响流动比率的主要因素。

2）速动比率

流动比率虽然可以用来评价流动资产总体的偿还能力，但由于不同的流动资产偿债能力各不相同，有的很容易变现，有的在短期内难以变现，有的甚至不能变现，因此，流动比率所反映的短期偿债能力有可能被夸大。为了尽可能正确反映企业的短期偿债能力，应将流动资产中短期内难以变现甚至不能变现的流动资产剔除掉，计算出来的指标才能比较客观地反映企业的短期偿债能力。这个指标被称为速动比率，也被称为酸性测试比率。

速动比率是从流动资产中扣除变现能力较差的那部分流动资产（主要是存货部分），再除以流动负债的比值。速动比率的计算公式为

$$速动比率=\frac{流动资产-存货}{流动负债}$$

【做中学3-10】某公司2016年年末的流动资产为235 963 802.65元，存货为9 923 755.00元，流动负债为123 007 000.67元，则：

$$速动比率=(235\ 963\ 802.65-9\ 923\ 755.00)\div 123\ 007\ 000.67=1.84$$

速动比率反映企业在某一特定时点所拥有的速动资产可用于偿还流动负债的保障程度。一般而言，速动比率越高，短期偿债能力越强；反之，则越弱。通常认为正常的速动比率为1∶1，低于1倍的速动比率被认为是短期偿债能力偏低。但我们也应看到，行业不同，速动比率会有很大差别。例如，采用大量现金销售的商店，几乎没有应收账款，大大低于1倍的速动比率则是正确的。相反，一些应收账款较多的企业，速动比率可能要大于1倍。

3）现金比率

通过分析速动资产的各个组成部分，我们就会发现，其中应收及预付款项与现金等货币资产不同，预付款项减少后，通常形成企业的存货资产，应收款项也会因为各种原因不能全额及时收回，这部分资产的变现能力也可能不强。因此，速动比率所反映的短期偿债能力仍然可能被夸大。为了尽可能正确反映企业的短期偿债能力，应从速动资产中剔除应收及预付款项，剩余的资产主要是现金及现金等价物，用现金及现金等价物与流动负债相比，计算出来的财务指标叫作现金比率。其计算公式为

$$现金比率=\frac{现金及现金等价物}{流动负债}$$

【做中学 3-11】 某公司 2016 年年末的现金及现金等价物为 1 600 万元，流动负债为 1 000万元，则：

$$现金比率=1\ 600\div1\ 000=1.6$$

现金比率可以反映企业的直接支付能力。一般而言，现金比率越高，短期偿债能力越强；反之，越弱。但该指标也不是越高越好，较高的现金比率虽然表明企业对短期债务的保障程度较高，但又会使货币资金大量闲置，从而影响企业的盈利能力。

4）影响短期偿债能力的其他因素

上述短期偿债能力指标，都是从财务报表资料中取得的，还有一些财务报表中没有反映出来的因素，如可动用的银行贷款指标、准备很快变现的长期资产、企业偿债能力的声誉等也会影响企业的短期偿债能力，甚至影响相当大。企业管理者应多了解这方面的情况，有助于做出正确的判断。

2. 长期偿债能力的分析

长期偿债能力是指企业偿还到期的长期债务的能力。企业对一笔债务总是负两种责任：①偿还债务本金的责任；②支付债务利息的责任。分析一个企业的长期偿债能力，主要是为了确定该企业偿还债务本金与支付利息的能力。具体的分析方法是：通过财务报表中有关数据来分析权益与资产之间的关系，计算出一系列的比率，可以看出企业资本结构是否健全合理，评价企业的长期偿债能力。

1）资产负债率

资产负债率是指负债总额与资产总额之间的比例关系。其计算公式为

$$资产负债率=\frac{负债总额}{资产总额}\times100\%$$

【做中学 3-12】 某公司 2016 年负债总额为 123 007 000.67 元（即流动负债＋长期负债），资产总额为 633 110 860.39 元。则：

$$资产负债率=123\ 007\ 000.67\div633\ 110\ 680.39\times100\%=19.435\%$$

资产负债率反映了总资产中有多大比例是通过借款来筹集的，也可以衡量企业在清算时保护债权人利益的程度。一般而言，该比率越小，说明企业长期偿债能力越强。但也并非越小越好。从债权人角度看，该比率越小越好，因为说明企业有较强的偿债保证。而对企业所有者而言，该比率越大，说明利用较少的自有资本投资形成了较多的生产经营用资产，不仅扩大了生产经营规模，而且在经营状况良好的情况下，还可以利用财务杠杆原理，得到较多的投资利润；该比率过小，则表明企业对财务杠杆利用不够。但该比率过大，则表明企业的债务负担重，企业资金实力较弱，不仅对债权人不利，而且经营不善企业有濒临倒闭的危险。此外，企业的长期偿债能力与盈利能力密切相关，因此企业的经营决策者应当将偿债能力指标与盈利能力指标结合起来进行综合平衡分析，保持一个适度的资产负债率。

2）产权比率

产权比率是负债总额与股东权益总额的比率，也叫作债务股权比率。其计算公式为

$$产权比率=\frac{负债总额}{股东权益（或所有者权益）}\times100\%$$

【做中学 3-13】 某公司 2016 年期末所有者权益合计为 510 103 859.72 元，负债总额为 122 986 040.58 元，则：

产权比率＝122 986 040.58÷510 103 859.72×100%＝24.11%

产权比率反映债权人提供的资本与股东提供的资本的相对关系，是企业财务结构稳健与否的重要标志，说明债权人投入资本受到股东权益保障的程度。该比率越低，表明企业的长期偿债能力越强，债权人得到的保障越高，债权人越有安全感；反之，表明企业的长期偿债能力越弱，债权人得到的保障越低，债权人的安全感越小。一般情况下，该比率应小于 1，但也不能一概而论。从股东来看，在通货膨胀加剧时期，企业多借债可以把损失和风险转嫁给债权人；在经济繁荣的时期，少借债可以减少利息负担和财务风险。产权比率低，是低风险、低报酬的财务结构。从上例中的计算结果看，该企业债权人提供的资本是股东提供资本的 24.11%，表明该企业举债经营的程度比较低，财务结构比较稳定。但在经济繁荣时期，无法分享多借债可以获得的额外利润。

3）已获利息倍数

从债权人的立场出发，他们向企业投资的风险，除了计算上述资产负债率和产权比率以外，还要计算营业利润占利息费用的倍数。利用这一比率，可以测试债权人投入资本的风险。

已获利息倍数指标是指企业息税前利润与利息费用的比值，反映企业偿还借款利息的能力。其计算公式为

$$\text{已获利息倍数}=\frac{\text{息税前利润}}{\text{利息费用}}=\frac{\text{利润总额}+\text{利息费用}}{\text{利息费用}}$$

计算公式中“利润总额”，包括税后利润和所得税；“利息费用”是支付给债权人的全部利息，包括财务费用中的利息，也包括计入固定资产的资本化利息。

已获利息倍数指标的数值反映了企业息税前利润相当于本期所要支付的债务利息的倍数。只要企业已获利息倍数足够大，企业就具有足够的能力偿还利息，否则相反。国际上通用的评价标准认为该指标为 3 较为适当。从长期来看，若要维持正常的偿债能力，已获利息倍数至少应大于 1。另外，这一指标的评价还要参考行业水平或企业历史水平。

【做中学 3-14】 某公司 2016 年税前利润为 10 万元，利息为 2.5 万元，则：

已获利息倍数＝(10＋2.5)÷2.5＝5(倍)

计算结果表明，该企业的已获利息倍数较高，有较强的偿债能力。

3.4.2 企业营运能力分析

企业营运能力是指企业充分利用现有资源创造社会财富的能力。企业营运能力的高低关系到企业财务状况的稳定和盈利能力的强弱，通过对企业营运能力进行分析，有助于管理当局改善经营管理，充分挖掘资产的利用水平，加速资金的周转速度，提高企业的偿债能力和盈利能力。

企业营运能力的比率分析主要侧重于对资产管理效果的分析评价，主要计算存货周转率、应收账款周转率、应收账款周转天数、营业周期、流动资产周转率和总资产周转率等财务指标。

1. 存货周转率

存货周转率也称存货利用率，是指企业一定时期产品或商品销货成本与存货平均余额的比率，即企业的存货在一定时期内(通常是一年)周转的次数。计算公式为

$$存货周转率=\frac{产品或商品销货成本}{存货平均余额}$$

其中：

$$存货平均余额=\frac{年初存货余额+年末存货余额}{2}$$

【做中学 3-15】某公司 2016 年年末商品销售成本为 82 416 371.72 元，年初、年末存货余额为 99 223 755.00 元、2 070 756.12 元，则：

存货周转(次数)=82 416 371.72÷[(9 923 755.00+2 070 756.12)÷2]=13.74(次)

存货周转率也可以用存货周转天数表示。存货平均周转天数也即存货平均销售期，以反映企业平均销售所需天数。其计算公式为

$$存货周转天数=\frac{360}{存货周转率}$$

沿上例，该公司 2016 年的存货平均周转天数为

$$360\div 13.74=26.40(天)$$

存货周转率是评价企业购入存货、投入生产、销售收回等环节的管理状况和运营效率的综合性指标。一般说来，存货周转率越高，库存的占用水平越低，说明企业存货转化为现金或应收账款的速度快，企业的经营管理效率高，资产的流动性强，销售能力较强，进而企业的利润率较高，短期偿债能力也较强，反之则相反。但是过快的不正常的存货周转率也可能从另一个侧面反映出企业存货不足或无货供应的局面。

2. 应收账款周转率

应收账款和存货一样，在流动资产中有着举足轻重的地位。及时收回账款，不仅增强了企业的短期偿还能力，也反映出企业管理应收账款方面的效率。

应收账款周转率是指企业商品或产品赊销净额与应收账款平均余额的比率，即年度内应收账款转为现金的平均次数，它说明应收账款流动的速度。用时间表示的周转速度是应收账款周转天数，也叫平均应收账款回收期或平均收现期，它表示企业从取得应收账款的权利到收回款项转换为现金所需要的时间。其计算公式为

$$应收账款周转率=\frac{赊销收入净额}{平均应收账款余额}$$

其中：

$$赊销收入净额=销售收入-销售折扣与折让-销售退回$$

$$平均应收账款余额=\frac{年初应收账款余额+年末应收账款余额}{2}$$

$$应收账款周转天数=\frac{360}{应收账款周转率}=\frac{平均应收账款余额\times 360}{赊销收入净额}$$

【做中学 3-16】某公司 2016 年度赊销收入净额为 183 524 579.69 元，年初应收账款余额为 27 053 207.81 元，年末应收账款为 42 872 747.71 元，则：

应收账款周转率＝183 542 579.69÷[(27 053 207.81＋42 872 747.71)÷2]＝5.25(次)

应收账款周转天数＝360÷5.25＝68.57(天)

应收账款周转率是反映企业应收账款变现速度和管理效率的指标。一般来说，应收账款周转率越高，平均收账期越短，说明应收账款的收回越快。否则，企业的营运资金会过多地呆滞在应收账款上，影响正常的资金周转。

3. 流动资产周转率

流动资产周转率是销售收入与全部流动资产平均余额的比值。其计算公式为

$$流动资产周转率=\frac{销售收入}{平均流动资产}$$

【做中学 3-17】某公司 2016 年年初流动资产为 397 793 765.69 元，年末流动资产为 235 963 802.65元，销售收入为 183 542 579.69 元，则：

流动资产周转率＝183 542 579.69÷[(397 793 765.69＋235 963 802.65)÷2]＝0.58(次)

流动资产周转率反映流动资产的周转速度。流动资产周转期率越快，说明周转速度越快，会相对节约流动资产，等于相对扩大资产投入，增强企业盈利能力；反之，流动资产周转速度慢，则需补充流动资产参加周转，形成资金浪费，降低盈利能力。

4. 总资产周转率

总资产周转率是销售收入与平均资产总额的比值。其计算公式为

$$总资产周转率=\frac{销售收入}{平均资产总额}$$

其中：

$$平均资产总额=\frac{年初资产总额+年末资产总额}{2}$$

【做中学 3-18】某公司 2016 年年末流动资产总额为 540 250 527.15 元，固定资产总额为 633 110 860.39 元，销售收入为 183 542 597.69 元，则：

总资产周转率＝183 542 597.69÷[(540 250 527.15＋633 110 860.39)÷2]＝0.31(次)

该项指标反映资产总额的周转速度，周转越快，反映销售能力越强。企业可以通过薄利多销的办法，加速资产周转，使利润绝对额增加。

3.4.3 企业盈利能力分析

盈利能力是指企业获取利润、资金不断增值的能力，反映企业的财务状况和经营绩效，是企业偿债能力和营运能力的综合体现。其分析指标如下。

1. 销售净利率

销售净利率是指净利与销售收入的百分比。其计算公式为

$$销售净利率=\frac{净利润}{销售收入}\times 100\%$$

【做中学 3-19】某公司 2016 年的净利润为 106 904 644.72 元，销售收入为 183 542 579.69 元，则：

销售净利率＝106 904 644.72÷183 542 579.69×100%＝58.25%

销售净利率反映每一元销售收入带来的净利润是多少，表示销售收入的收益水平。从销售净利率的指标关系来看，净利润与销售净利率成正比关系，而销售收入额与销售净利率成反比关系。企业在增加销售收入额的同时，必须相应的获得更多的净利润，才能使销售利率保持不变或有所提高。通过分析销售净利率的升降变动，可以促进企业在扩大销售的同时，注意改进经营管理，提高盈利水平。根据企业利润和收入的构成，在实务中还可计算主营业务利润率、销售毛利率和营业利润率等指标来分析企业主营业务的获利水平。具体公式为

$$主营业务利润率=\frac{主营业务利润}{主营业务收入净额}\times 100\%$$

$$销售毛利率=\frac{销售毛利或(销售收入-销售成本)}{销售收入}\times 100\%$$

$$营业利润率=\frac{营业利润}{主营业务收入净额}\times 100\%$$

2. 成本费用利润率

成本费用利润率反映了企业成本费用与利润的关系，用以衡量每元成本费用上取得的利润。计算公式为

$$成本费用利润率=\frac{净利润总额}{成本费用总额}\times 100\%$$

成本费用总额包括营业成本、管理成本、财务成本、销售费用、税金及附加这五个项目之和。

【做中学 3-20】某公司 2016 年度净利润总额为 106 904 644.72 元，成本费用总额为 87 819 006.23元，则：

$$成本费用利润率=106\ 904\ 644.72\div 87\ 819\ 006.23\times 100\%=121.73\%$$

该指标反映每元成本费用所取得的利润水平。指标值越高，说明耗费带来的收益越高；否则相反。

3. 总资产报酬率

总资产报酬率是指企业净利润与平均资产总额的百分比。

$$平均资产总额=\frac{期初资产总额+期末资产总额}{2}$$

$$总资产报酬率=\frac{净利润}{平均资产总额}\times 100\%$$

【做中学 3-21】某公司 2016 年期初资产为 540 250 527.15 元，期末资产为633 110 860.39 元，净利润为 106 904 644.72 元，则：

$$\begin{aligned}总资产报酬率=&106\ 904\ 644.72\div[(540\ 250\ 527.15+633\ 110\ 860.39)]\\&\times 2\times 100\%=18.22\%\end{aligned}$$

把企业一定时期取得的净利润与企业的资产相比较，表明企业资产利用的综合效果。指标越高，表明资产的利用效率越高，说明企业在增收节支和节约资金使用等方面取得了良好的效果；否则相反。

4. 净资产收益率

净资产收益率是净利润与平均股东权益(所有者权益)的百分比,也叫股东权益报酬率或净值报酬率。其计算公式为

$$净资产收益率=\frac{净利润}{平均股东权益}\times 100\%$$

$$股东权益=总资产-负债=净资产$$

$$净资产收益率=\frac{净利润}{平均净资产}\times 100\%$$

公式中的平均股东权益指年初股东权益与年末股东权益的平均数。

【做中学3-22】根据某公司2016年度有关报表资料,当年实现的净利润为106 904 644.72元,年初股东权益总额为400 260 840.26元,年末股东权益总额为510 103 859.72元,则:

$$净资产收益率=106\ 904\ 644.72\div[(400\ 260\ 840.26+510\ 103\ 859.72)\div 2]\times 100\%=23.49\%$$

该指标反映股东权益的收益水平。指标值越高,说明股东投资带来的收益越高。

◆ **知识链接**

股份有限公司盈利能力的主要指标

1. 每股收益

每股收益是净利润与流通股数的比值。其计算公式为

$$每股收益=\frac{净利润}{流通股数}$$

公式中流通股数是企业发行在外的普通股股份的平均数,也就是目前由普通股股东持有的股份数。如果企业同时有优先股发行在外时,则必须将利润净额减去优先股股利之后的余额作为分子。

每股收益是衡量股份有限公司盈利能力的指标之一。该指标反映每一股份的获利水平。指标值越高,每一股份可得利润越多,股东的收益越好;反之则差。

2. 市盈率

市盈率是指每股市价与每股收益的比率。其计算公式为

$$市盈率=\frac{每股市价}{每股收益}$$

公式中的估价是指普通股每股在证券市场的买卖价格。

例如:市盈率=15÷0.53=28.30(倍)

该指标是衡量股份有限公司盈利能力的重要指标。用每股收益与现行股价相比,反映投资者对每元利润所愿支付的价格。这一比率越高,意味着公司未来成长的潜力越大。一般说来,市盈率越高,说明公众对该股票的评价越高。

3. 每股股利

每股股利是指股利总额与流通股数的比值。其计算公式为

$$每股股利=\frac{股利总额}{流通股数}$$

公式中的股利总额是指用于分配普通股现金的股利总数。

每股股利也用于衡量股份有限公司的盈利能力。该指标反映的是每一普通股获取股利的大小,该指标值越大,股本获利能力越强。影响每股股利多少的因素,除了获利大小外,还取决于企业的股利发放政策。如果企业为了扩大再生产而多留盈余公积金,那么每股股利必然会减少;反之则会增加。

4. 每股净资产

每股净资产,也称每股账面价值,反映了流通在外的每股普通股所代表的股东权益的金额。其计算公式为

$$每股净资产=\frac{股东权益总额-优先股权益}{流通在外的普通股股数}$$

每股净资产并没有一个确定的最佳标准。在投资分析中,只能有限度地使用每股净资产指标。因为,股东权益的账面价值是根据历史成本数据计算的,它往往低于实际的市场价值。

3.4.4 企业发展能力分析

企业发展能力,也称企业的成长性,它是企业通过自身的生产经营活动,不断扩大积累而形成的发展潜能。企业能够健康发展取决于多种因素,包括外部经营环境、企业内在素质及资源条件等。企业发展能力分析指标主要有销售增长率、资产增长率、收益增长率等。

1. 销售增长率分析

1)销售增长率的含义与计算

销售增长率是指企业本年销售增长额与上年销售额之间的比率,反映销售的增减变动情况,是评价企业成长状况和发展能力的重要指标。其计算公式为

$$销售增长率=\frac{本年销售增长额}{上年销售额}$$

$$=\frac{本年销售额-上年销售额}{上年销售额}$$

2)销售增长率指标分析

销售增长率是衡量企业经营状况和市场占有能力、预测企业经营业务拓展趋势的重要指标,也是企业扩张增量资本和存量资本的重要前提。该指标越大,表明其增长速度越快,企业市场前景越好。销售增长率的分析又分为销售增长率的趋势分析和同业分析,其中趋势分析一般选取三年或以上的数据进行分析。

2. 资产增长率分析

1)资产增长率的含义与计算

在企业销售增长的前提下,一般会导致企业资产的增长,而企业资产的增长体现为企业的投资规模的增长。对于一个健康成长的企业来说,其投资规模应该是呈不断增加的趋势。如企业处在成长期,通常存在许多良好的投资机会,此时企业会加大投资规模;如企业 处在成熟期或衰退期,通常缺乏投资机会,此时企业一般不会考虑增加投资规模。

资产增长率是企业本年资产增加额与上年资产总额之间的比率,其计算公式为

$$资产增长率=\frac{本年资产增加额}{上年资产总额}\times 100\%$$

资产增长率是用来考核企业资产规模增长幅度的财务指标，资产增长率为正数，说明企业本年资产规模增加；资产增长率为负数，说明企业本年资产规模减少；资产增长率为零，说明企业资产规模没有发生变化。

2）资产增长率指标分析

常用的分析方法有两种。

① 分别计算负债的增加和所有者权益的增加占资产增加额的比重，并进行比较。如果所有者权益增加额所占比重大，就说明企业资产的增加主要来源于所有者权益的增加，说明企业资产的增长状况良好。反之，负债增加额所占比重大，说明企业资产增加主要来源于负债的增加，反映企业资产的增长状况不好。

② 采用所有者权益增长率(即资本积累率)来分析。资本积累率是用于衡量企业所有者权益增长幅度的指标，其计算公式为

$$资本积累率=\frac{本年所有者权益增加额}{年初所有者权益}\times 100\%$$

资本积累率越高，表明企业本年度所有者权益增加得越多，反映企业资产增长状况良好；资本积累率越低，表明企业本年度所有者权益增加得越少，反映资产增长状况不是很理想。

为全面认识企业资产规模的增长趋势和增长水平，应将企业不同时期的资产增长率加以比较，即进行增长率的趋势分析。因为一个健康成长的企业，其资产规模应是不断增长的，若时增时减，则说明企业经营不稳定，也说明企业并不存在良好的发展能力。

3. 收益增长率分析

一个企业的价值主要取决于企业的盈利及其增长能力，企业的盈利也即收益的增长是反映企业增长能力的重要方面。而企业的收益通常表现为营业利润、利润总额、净利润等指标，据此，收益增长率也有不同的表现形式。在实践中，一般选择营业利润增长率和净利润增长率两个指标。

1）营业利润增长率

一般来说，企业的创立或发展总是从单一产品开始，而处于成长期的企业多数都是主营业务突出、经营比较单一的企业。当企业进入成熟期时，其经营格局就会逐步由单一经营向多元化经营发展。因此，利用企业的主营业务利润增长率和营业利润增长率可以反映企业不同时期的成长性。在成长初期，采用主营业务利润率较为恰当；而在成长即将进入成熟期或已进入成熟期时采用营业利润率来考察企业的成长性则较为合适。

$$主营业务利润增长率=\frac{本年主营业务利润增长额}{上年主营业务利润}\times 100\%$$

$$营业利润增长率=\frac{本年营业利润增长额}{上年营业利润}\times 100\%$$

主营业务利润增长率或营业利润增长率越高，表明企业主营业务利润或营业利润增长越快，企业的主营业务突出或企业的日常经营稳定增长，企业的成长顺利。主营业务利润或营业利润增长率越低，表明企业主营业务发展停滞或日常经营不稳定，企业的业务扩展能力弱，成长不顺利。

要分析主营业务利润增长率或营业利润增长率的优劣，应结合企业的主营业务收入与主营业务成本、主营业务税金及附加或营业收入与营业成本、税金及附加、销售费用、管理费

用、财务费用等期间费用进行具体分析。对于主营业务利润增长率而言,若通过分析发现主营业务利润增长率低于主营业务收入增长率,则表明企业的主营业务成本、主营业务税金及附加等超过了主营业务收入的增长率,说明企业的主营业务能力不强,企业发展潜力值得怀疑。对于营业利润而言,若通过计算分析发现企业的营业利润增长率低于营业收入增长率,表明企业的营业成本、税金及附加、期间费用等增长超过了营业收入的增长,企业的发展能力令人质疑,应进一步分析,找出制约企业发展能力的因素,以提高企业的自身发展能力,增强竞争实力。

2) 净利润增长率

由于净利润是企业经营业绩的成果,因此净利润的增长是企业成长性的基本表现。净利润增长率的计算公式为

$$净利润增长率=\frac{本年净利润增长额}{上年净利润}\times 100\%$$

净利润增长率越高,表明企业的收益增长得越多,说明企业的业绩突出,市场竞争能力越强;相反,净利润增长率越低,企业收益增长得越少,说明企业的经营业绩不佳,市场竞争能力越弱。

欲全面衡量一个企业的净利润增长率的优劣,全面分析其净利润的增长趋势和增长水平,仅仅计算和分析企业一个时期的净利润增长率是不够的,因为企业某个时期的净利润可能会受一些偶然因素或非正常因素的影响,从而无法反映出企业净利润的总体增长趋势。正确分析企业净利润的增长趋势应该选取企业多年净利润的资料,进行净利润增长率指标的分析,才能发现其变化的趋势,从而得出企业是否具有良好的净利润发展趋势或是企业净利润发展不稳定。若通过多年资料的分析发现净利润增长率一直平稳上升,则说明企业具有良好的净利润发展趋势,企业具有良好的自我发展趋势。若其中或增或减或不增长等情况出现,则表明企业净利润增长不稳定,说明企业的盈利能力不稳定,不具备良好的增长趋势。

项目小结

本项目的主要内容分为四个部分:资产负债表的解读与分析、利润表的解读与分析、现金流量表以及其他财务报表资料的解读与分析和企业财务指标分析,其中重点是资产负债表、利润表的解读与分析以及企业财务指标分析。在本项目中,分别对资产负债表、利润表、现金流量表等主要财务报表的列报项目逐一进行解读,指出各项目蕴含的主要信息和解读的重点,在此基础上,对资产负债表、利润表、现金流量表等进行分析,指出分析的目的和主要内容,并通过实际案例,采取科学的财务报表分析方法进行了结构、趋势变动、财务指标等计算、分析与应用,并作出相应的分析结论,从而有助于学生理解和掌握财务报表分析的基本方法和内容,满足相应的工作岗位和业务需要。

课后练习

一、单项选择题

1. 下列各项中,不会引起利润总额增减变化的是(　　)。

A. 销售费用　　B. 管理费用　　C. 所得税费用　　D. 营业外支出

2. 利润表中的“本期金额”栏内各项数字一般应根据损益类科目的(　　)填列。

A. 本期发生额　　B. 累计发生额　　C. 期初余额　　D. 期末余额

3. 下列各项中,(　　)反映企业在一定会计期间的经营成果。

A. 资产负债表　　B. 利润表

C. 现金流量表　　D. 所有者权益变动表

4.“预付账款”科目所属明细科目如有贷方余额,应在资产负债表(　　)项目中反映。

A. 预付款项　　B. 预收账款　　C. 应收账款　　D. 应付账款

5. 下列资产项目中,属于非流动资产项目的是(　　)。

A. 应收票据　　B. 交易性金融资产　　C. 长期待摊费用　　D. 存货

6. 互惠公司2016年的主营业务收入为60 111万元,其年初资产总额为6 810万元,年末资产总额为8 600万元,该公司总资产周转率及周转天数分别为(　　)。

A. 8.83次,40.77天　　B. 6.99次,51.5天

C. 8.83次,51.5天　　D. 7.8次,46.15天

7. 某公司2016年年末的流动资产为360 000元,非流动资产为4 800 000元,流动负债为205 000元,非流动负债为780 000元,则2016年年末的资产负债率为(　　)。

A. 19.09%　　B. 16.25%　　C. 15.12%　　D. 20.52%

8. 衡量企业偿还到期债务能力的直接标志是(　　)。

A. 有足够的资产　　B. 有足够的流动资产

C. 有足够的存货　　D. 有足够的现金

9. 在下列项目中,企业短期债权人主要关心企业(　　)。

A. 资产的流动性　　B. 收益的稳定性

C. 负债与权益的比例　　D. 长期负债与短期负债的比例

10. 以下(　　)指标是评价上市公司获利能力的基本核心指标。

A. 每股收益　　B. 每股市价　　C. 净资产收益率　　D. 每股净资产

11. 企业商品经营盈利状况最终取决于(　　)。

A. 主营业务利润　　B. 营业利润　　C. 利润总额　　D. 投资收益

12. 如果企业本年销售收入快于销售成本的增长,那么企业本年营业利润(　　)。

A. 一定大于零　　B. 一定大于上年营业利润

C. 一定大于上年利润　　D. 不一定大于上年营业利润

13. 在企业处于高速成长阶段,投资活动现金流量往往是(　　)。

A. 流入量大于流出量　　B. 流出量大于流入量

C. 流入量等于流出量　　D. 不一定

14. 总资产周转率高,表明企业全部资产的使用效率较高;如果总资产周转率低,表明企业全部资产的使用效率越差,最终会影响企业的(　　)。

A. 盈利能力　　B. 发展能力　　C. 偿债能力　　D. 营运能力

15. 净利润增长率是从企业盈利能力方面来衡量企业的发展能力,净利润增长率越高,表明企业发展潜力(　　)。

A. 越大　　B. 越小　　C. 不变　　D. 越弱

16. 留存收益与利润分配水平之间的关系是(　　)。

A. 此高彼低

B. 留存收益率与利润分配水平正相关

C. 没有直接联系

D. 有关系,但不一定是正相关,也不一定是负相关

17. 能够反映企业发展能力的指标是(　　)。

A. 总资产周转率　　B. 销售增长率

C. 已获利息倍数　　D. 净资产收益率

18. 某企业 2016 年流动资产平均余额为 1 000 万元,流动资产周转次数 7 次。若企业 2016 年销售利润为 210 万元,则 2016 年销售利润率为(　　)。

A. 30%　　B. 50%　　C. 40%　　D. 15%

19. 营业利润与营业利润率的关系是(　　)。

A. 正比例关系　　B. 反比例关系　　C. 相等关系　　D. 没有关系

20. 以下(　　)项目属于投资活动产生的现金收入。

A. 销售商品、提供劳务收到的现金

B. 收到的包装物租金

C. 处置无形资产收到的现金

D. 借款收到的现金

二、多项选择题

1. 通过对资产负债表的解读与分析可以了解(　　)。

A. 企业拥有的资产总额　　B. 企业的资产结构

C. 企业的资金来源　　D. 企业的资本保全状况

2. 企业对外报送和公布的主要财务报表包括(　　)。

A. 成本报表　　B. 资产负债表　　C. 利润表　　D. 现金流量表

3. 反映企业盈利能力的指标有(　　)。

A. 销售利润率　　B. 净资产收益率　　C. 利息保障倍数　　D. 成本利润率

4. 下列项目中,不属于企业资产规模增加的原因的是(　　)。

A. 企业对外举债　　B. 企业发放股利

C. 企业发行股票　　D. 企业实现盈利

5. 分析企业营运能力的指标有(　　)。

A. 存货周转率　　B. 速动比率

C. 流动资产周转率　　D. 应收账款周转率

6. 应收账款的周转率越高,则(　　)。

A. 资金回笼速度越慢　　B. 应收账款周转天数越短

C. 资产流动性越强　　D. 短期偿债能力越强

7. 现金流量中现金所包括的具体内容是(　　)。

A. 库存现金　　B. 银行存款　　C. 短期证券

D. 发行债券　　E. 发行股票

8. 衡量企业营运能力的财务指标主要包括(　　)。

A. 应收账款周转率　　B. 存货周转率
C. 流动资产周转率　　D. 固定资产周转率

9. 企业综合财务评价主要从(　　)等方面进行。
A. 盈利能力　B. 发展能力　C. 偿债能力　D. 营运能力

10. 以下(　　)项目属于经营活动产生的现金流出。
A. 支付的各项税费　　B. 采购商品、接受劳务支付的现金
C. 偿还债务支付的现金　　D. 支付的经营管理人员职工薪酬

11. 下列各项中,影响营业利润的项目有(　　)。
A. 主营业务收入　B. 其他业务成本　C. 营业外支出　D. 税金及附加

12. 下列各项中,属于非流动负债的是(　　)。
A. 长期借款　B. 应付职工薪酬　C. 应付债券　D. 其他应付款

13. 以下项目中,应列示在资产负债表流动资产的项目包括(　　)。
A. 应收账款　B. 预收账款　C. 长期应收款　D. 预付账款

14. 下列账户中,可能影响资产负债表中“预付款项”项目金额的有(　　)。
A. 预收账款　B. 应收账款　C. 应付账款　D. 预付账款

15. 下列关于资产负债表的说法,正确的有(　　)。
A. 提供某一日期资产的总额及其结构,表明企业拥有或控制的资源及其分布情况
B. 提供某一期间的负债总额及其结构,表明企业未来需要用多少资产或劳务清偿债务以及清偿时间
C. 反映所有者所拥有的权益,据以判断资本保值、增值的情况以及对负债的保障程度
D. 提供某一日期的负债总额及其结构,表明企业未来需要用多少资产或劳务清偿债务以及清偿时间

16. 下列说法正确的是(　　)。
A. 决定企业利润分配水平的是净收益
B. 决定企业利润分配水平的是现金
C. 利润分配水平越高,表明企业的实力越强
D. 利润分配水平与企业的经营状况、财务状况和未来发展有关

17. 下面能引起所有者权益变动的事项有(　　)。
A. 调整以前年度损益　　B. 进行利润分配
C. 用资本公积转增资本　　D. 用盈余公积转增资本

18. 反映商品经营盈利能力的指标有(　　)。
A. 总资产报酬率　　B. 销售利润率
C. 净资产收益率　　D. 销售成本利润率

19. 提高企业销售净利率最直接的途径有(　　)。
A. 增强偿债能力　　B. 扩大销售收入
C. 提高发展能力　　D. 降低成本费用

20. 反映企业短期偿债能力的指标有(　　)。
A. 流动比率　　B. 速动比率
C. 资产负债率　　D. 应收账款周转率

三、判断题

1. 资产负债表是反映企业一定时期财务状况的报表。 ( )
2. 企业拥有的各种资产都可以作为偿还债务的保证。 ( )
3. 尽管流动比率可以反映企业短期偿债能力,但却会出现有的企业流动比率较高,却没有能力支付到期的应付账款的现象。 ( )
4. 税率的变动对产品销售利润没有影响。 ( )
5. 按我国现行会计制度规定,企业当期实现的净利润即为企业当期可供分配的利润。 ( )
6. 经营活动产生的现金流量大于零说明企业盈利。 ( )
7. 企业分配股利必然导致现金流出量的增加。 ( )
8. 资产负债率越高,说明企业长期的偿债能力越强。 ( )
9. 营运能力反映企业资金盈利的效率,表明企业管理人员经营管理和使用资金的能力。 ( )
10. 借助应收账款周转期与企业信用期限的比较,可以评价购买单位的信用程度以及企业原定的信用条件是否得当。 ( )
11. 企业利润表中的利润总额由营业利润和营业外收支净额组成。 ( )
12. 利润表是反映企业一定日期经营成果的会计报表。 ( )
13. "应收账款"科目所属明细科目期末有贷方余额,应在资产负债表"预付款项"项目内填列。 ( )
14. 每股收益越高,意味着股东可以从公司分得更多的利润。 ( )
15. 现金流量表是反映企业一定期间现金流入和现金流出情况的静态报表。 ( )
16. 偿债能力很强的企业,其盈利能力也很强。 ( )
17. 财务分析报告与财务会计报告的内容基本相同。 ( )
18. 在企业起步阶段实现的利润,一般不进行分配。 ( )
19. 在销售利润率不变的情况下,提高资产利用率可以提高资产报酬率。 ( )
20. 净资产收益率是所有财务比率中综合性最强、最具代表性的指标。 ( )

四、简答题

1. 简述财务报表分析的意义。
2. 简述在对资产负债表进行阅读时,应当注意的问题有哪些?
3. 简述在对利润表进行阅读时,应当注意的问题有哪些?
4. 简述偿债能力分析所运用的主要财务比率及相应的含义。
5. 简述盈利能力分析所运用的主要财务比率及相应的含义
6. 简述营运能力分析所运用的主要财务比率及相应的含义。

五、综合题

1. 祥瑞公司 2016 年度财务报表的主要资料如表 3-11、表 3-12 所示。

表 3-11　　**资产负债表**

编制单位:祥瑞公司　　2016 年 12 月 31 日　　单位:万元

资产		负债及所有者权益	
现金(年初 382)	155	应付账款	258
应收账款(年初 578)	672	应付票据	168
存货(年初 350)	483	其他流动负债	234
流动资产合计	1 310	流动负债合计	660
固定资产净额(年初 585)	585	长期负债	513
		实收资本	722
资产总额	1 895	负债及所有者权益总额	1 895

表 3-12　　**利润表(简表)**

编制单位:祥瑞公司　　2016 年 1～12 月　　单位:万元

项目	金额
销售收入	3 215
销售成本	2 785
毛利	430
管理费用	290
利息费用	49
税前利润	91
所得税	36
净利润	55

要求:

(1)计算流动比率、存货周转率、应收账款周转天数、资产负债率、利息保障倍数。

(2) 已知要求(1)中各财务指标行业对应的平均数分别为 1.98、6 次、35 天、50%、3.8,说明该公司经营可能存在的问题。

2. B 公司 2016 年有关财务比率如表 3-13 所示。

表 3-13　　**B 公司部分财务比率(2016 年)**

项目＼月份	1	2	3	4	5	6	7	8	9	10	11	12
流动比率	2.2	2.3	2.4	2.2	2.0	1.9	1.8	1.9	2.0	2.1	2.2	2.2
速动比率	0.7	0.8	0.9	1.0	1.1	1.1	1.2	1.1	1.1	1.0	0.9	0.8
资产负债率/%	52	55	60	55	53	50	42	45	46	48	50	52
资产报酬率/%	4	6	8	13	15	16	18	16	10	6	4	2
销售净利率/%	7	8	8	9	10	11	12	11	10	8	8	7

提示:该题涉及企业财务、生产、采购和营销多方面问题。

要求:根据 B 公司部分财务比率,回答下列问题。

(1) 企业生产经营有何特点?

(2) 流动比率与速动比率的变动趋势为什么会产生差异?怎么消除这种差异?

(3) 资产负债率的变动说明了什么问题?3 月资产负债率最高,说明了什么问题?

(4) 资产报酬率与销售净利率的变动程度为什么不一致?

(5) 该企业在筹资、投资方面应注意什么问题?

3. 某公司2016年的财务预测如下：主营业务收入200万元，流动比率2.2，速动比率1.2，销售利润率5%，净资产收益率25%，产权比率80%，流动负债与股东权益之比为1∶2，应收账款与销售额之比为1∶10。

要求：根据以上资料，编制简化的资产负债表(见表3-14)。

表3-14 资产负债表(简表)

2016年12月31日 单位：万元

资产	金额	负债与所有者权益	金额
现金		流动负债	
应收账款		非流动负债	
存货		所有者权益	
固定资产净值			
总计		合计	

4. 红河公司流动资产由速动资产和存货构成，年初存货为145万元，年初应收账款为125万元，年末流动比率为3，年末速动比率为1.5，存货周转率为4次，年末流动资产余额为270万元。一年按360天计算。

要求：

(1) 计算该公司流动负债年末余额。

(2) 计算该公司存货年末余额和年平均余额。

(3) 计算该公司本年销货成本。

(4) 假定本年主营业务收入净额为960万元，应收账款以外的其他速动资产忽略不计，计算该公司应收账款周转期。

5. 某企业连续三年的资产负债表中相关资产项目的数额如表3-15所示。

表3-15 资产负债表连续三年资产项目(简表)

单位：万元

项 目	2014年年末	2015年年末	2016年年末
流动资产	2 200	2 680	2 680
其中：应收账款	944	1 028	1 140
存货	1 060	928	1 070
固定资产	3 800	3 340	3 500
资产总额	8 800	8 060	8 920

已知2016年主营业务收入额为10 465万元，比2015年增长了15%，其主营业务成本为8 176万元，比2015年增长了12%。

要求：

(1) 计算该企业2016年和2015年的应收账款周转率、存货周转率、流动资产周转率、总资产周转率。

(2) 对该企业的资产运用效率进行评价。

6. 某企业经营A、B、C三种产品，其相关资料如表3-16所示。

表 3-16　　企业销售相关指标表

单位:万元

品种	销售数量		主营业务收入		主营业务成本	
	本期	上期	本期	上期	本期	上期
A	2 700	2 700	567	540	337	334
B	5 400	5 625	3 402	3 375	2 095	1 996
C	4 950	4 500	1 634	1 350	1 029	810
合计	—	—	5 603	5 265	3 461	3 140

要求:计算该企业的毛利额和毛利率,并对该企业毛利额和毛利率的变动因素进行分析。

参考文献

[1] 刘永泽,陈文铭. 会计学[M]. 大连:东北财经大学出版社,2016.

[2] 葛长银. 企业财税会计[M]. 北京:高等教育出版社,2016.

[3] 李莉. 企业财税基础与实务[M]. 北京:清华大学出版社,2014.

[4] 中华人民共和国财政部. 企业会计准则——应用指南 2006[M]. 北京:中国财政经济出版社,2006.

[5] 中华人民共和国财政部. 企业会计准则 2006[M]. 北京:经济科学出版社,2006.

[6] 魏艳华. 会计基础与实训[M]. 上海:上海财经大学出版社,2012.

[7] 华泽会计组. 财经法规与会计职业道德[M]. 上海:立信会计出版社,2014.

[8] 陈昌才,陈玉,刘忠. 基础会计[M]. 北京:北京师范大学出版社,2015.

[9] 黄友,陈娟. 财经法规与会计职业道德[M]. 北京:中国财政经济出版社,2015.

[10] 刘成竹,周俐萍. 企业会计报表分析[M]. 北京:中国人民大学出版社,2010.

[11] 王斯龙,周波. 会计基础[M]. 上海:立信会计出版社,2016.

[12] 陈国辉,迟旭升. 基础会计[M]. 大连:东北财经大学出版社,2012.

[13] 刘永泽,陈立军. 中级财务会计[M]. 大连:东北财经大学出版社,2015.

[14] 企业会计准则编审委员会. 企业会计准则案例讲解 [M]. 上海:立信会计出版社,2016.

[15] 杨闻萍. 初级会计实务应试指南[M]. 北京:人民出版社,2016.